해방 전 중국에서 조선어의 변화 발전 연구

해방 전 중국에서 조선어의 변화 발전 연구

김 광 수

도서출판 역락

머리말

조선인의 중국이주는 오래전부터 시작되었다고 한다. 14세기 중엽 원나라 때 벌써 중국의 요동일대에 몇 십 만의 고려인이 살고 있었다는 기록도 있다. 하지만 중국조선족이 중국 땅에 대량으로 발을 들여놓기 시작한 것은 19세기 중엽부터이고 이미 약 백 오십여 년의 역사를 가지고 있다. 현재 중국조선족 사회는 200만 명의 규모에, 중국의 55개 소수민족 가운데서 13번째에 속하며, 동북지구를 중심으로 하여 중국의 여러 지방에 널리 분포되어 생활하고 있다.

중국의 동북 땅에 이주한 초기에 조선인들은 한족과 만족, 회족, 몽골족 등 기타 소수민족들과 함께 어울려 살면서 자신의 삶의 터전을 개척하였다. 일제가 중국의 동북을 침입하자 일제를 물리치는 항일전쟁의 선두에 나서 싸워 승리를 거두었고 토지개혁, 해방전쟁을 이어 1949년에는 동북의 여러 민족들과 함께 전 중국의 해방을 맞이하였다. 이렇게 중국에서의 조선어는 조선인들과 함께 없던 데로부터 있게 되고 미약하던 데로부터 풍부하게 되었으며 점차적으로 중국조선어 자체의 변화, 발전의 길을 걷게 되었다.

중국 조선족은 역시 자연환경과 정치, 경제생활, 언어를 중심으로 한 세기 반 동안을 중국 땅에서 살면서 이들만이 중국의 풍토에 적응한 독특한 민족문화를 형성하고 있으며 주체민족인 한족의 문화와도 다르고 모체인 조선반도의 문화와도 차이를 가진 독특한 성질을 가지고 있다.

중국에 이주한 조선인들은 우선 자연-지리적 환경이 달라졌고 정치,

경제, 문화적 환경이 달라졌기에 중국에서 살아가려면 이런 변화된 환경에 널리 적응되어야 하며, 이로부터 새로운 자연－지리적 환경과 정치, 경제, 문화적 환경을 반영하는 어휘나 표현들을 쓰지 않을 수 없게 되었다. 하여 중국에서의 조선어는 중국이라는 이 특수한 환경에서 한국이나 조선과도 다른 언어적 특성을 가지게 되었다. 지금의 중국에서의 조선어는 이런 역사적 과정을 거쳐서 이루어졌기에 현대 중국에서의 조선어를 잘 알려면 반드시 전 시기의 언어에 대한 연구와 그의 변화양상을 충분히 고찰할 필요가 아주 많다.

말에는 말을 부려 쓰는 겨레의 역사, 문화, 관습, 의식 등이 반영되는 바 중국 조선인의 말에도 알게 모르게 이들의 역사와 문화가 배어 있기 때문에 해방 전 조선인의 말의 쓰임과 변화를 정밀하게 관찰하면 그 당시 조선인의 사회생활, 정신적 의식구조를 분석할 수 있고, 다른 민족과의 교류의 역사와 함께 기타 민족과도 다른 문화와 의식구조의 차이를 발굴해 낼 수도 있을 것이다.

언어를 독립적인 학문으로 연구했던 옛날과는 달리 주변의 여러 학문과 연관 지어 종합적으로 연구하는 것이 현대 언어학의 흐름이라고 말할 수 있다. 언어를 역사, 문학, 사회, 교육 등 학과와 결부시켜 연구함으로써 언어의 실체를 더 명확히 밝히자는 뜻이다. 해방 전 중국의 조선어를 중국조선인의 역사, 풍속, 지리, 문학, 심리 등과 결부시켜 그 실체를 밝히려 한다.

총적으로 중국에서의 조선어는 조선민족과 함께 중국 땅에 뿌리를 내리게 되었고 조선민족과 운명을 함께 하였다. 중국조선어가 지나온 역사를 돌이켜 볼 때 거기에는 조선민족이 중국에서 150여 년 간 겪어온 피눈물의 역사와 수난의 역사가 배어 있고, 중국의 여러 민족 인민들과 함께 사회주의 중국의 역사를 창조하면서 걸어온 빛나는 역사, 조선민족의 넋을 지켜온 역사의 흔적이 고스란히 남아있다.

본 연구가 중국조선족 어학 계에서 해방 전 중국에서의 조선어의 변화, 발전에 대한 학술연구로서, 조선어발달사 및 조선어사 연구에 기여가 될 뿐 아니라 사회언어학 연구에도 일조가 되며 중국조선족의 언어를 종합적으로 분석하고, 한국이나 조선과 어떤 다른 변화 양상을 보이고 있는가를 분석하는 데도 큰 도움이 되기를 바라는 마음이다.

본 연구는 2006년도 한국학중앙연구원의 지원에 의하여 수행되었다. 연구에 도움을 주신 한국학중앙연구원에 진심으로 되는 감사의 뜻을 전함과 아울러 이 책이 나오기까지 여러 모로 도움을 주신 분들, 또한 쾌히 출판해 주신 역락출판사 이대현 사장님과 이소희 님을 비롯하여 여러 편집위원님들께 진심으로 고마움을 전하고 싶다.

2009년 2월 9일

백성헌(白城軒) 연구실에서

저자 김광수

차 례

제 3 장 해방전쟁시기 중국에서의 조선어   169

해방 전 중국에서 조선어의 변화 발전 연구

제1장 이주초기~1930년까지 중국에서의 조선어

현재 중국 경내에서 사용하는 조선어는 조선반도에서 사용하는 조선어와 기원이 같은 언어이다. 중국에서의 조선어는 조선인들이 조선반도에서 중국 동북지구에 천입하여 자신의 삶의 터전을 개척하면서부터 지금까지 줄곧 사용해온 언어이다.

이주초기~1930년까지 시기[1]는 중국에서의 조선어 형성시기라고 말할 수 있다. 중국의 동북지구에 조선반도에서 조선인들이 천입해오면서 중국이라는 이 환경에서 조선어가 쓰이지 않던 데로부터 일상생활과 사회활동에서 조선인들 사이에 널리 쓰이기 시작하였다.

1905년 이후부터는 또 일제의 야수적인 만행에 울분을 품고 조선반도에서의 수많은 망명객들이 중국의 동북지구에 이주해 오면서 자녀교육을 위하여 서당을 꾸리고 또 반일민족해방운동의 골간과 투사를 양성할 목적으로 신식학교를 창설하고 신식교육을 진행하였다. 이때 중국에서의

---

1) 정덕준(2006 : 36)에서는 이 시기를 '망명기'와 '이주기'라고 하고 만주사변 이후 광복까지를 '정착기', 광복 이후에서 중국정권수립(1949) 이전까지를 '광복기'로 말함.

조선어는 교육의 수단으로 되었기에 더욱 큰 발전을 가져올 수 있게 되었다.

1924년에는 해방 전 중국 경내에서 출판되기는 하나뿐인 문법책인 김두봉 선생의 『깁더조선말본』이 출판되었는바 이는 망명생활의 어려운 환경 속에서도 동북지구로 이주해 온 우리 선인들이 모국어의 고수와 발전을 위하여 피타는 노력을 얼마나 기울였는가를 알아볼 수 있다.

1. 이주초기~1930년까지 조선인들의 이주

1) 조선인들의 초기 이주

중국조선족은 조선반도에서 이주해 온 과경민족이고 중국 55개 소수민족 중에 그 역사가 비교적 짧은 소수민족이다. 1616년 누르하치가 여진 각 부를 통일한 후 후금국(后金國)을 세워 요동, 요서에 향해 그 세력을 끊임없이 확장하였다. 1627년에 황태극이 후금을 청으로 칭한 후 당시 조선이 명나라와 범속관계가 있다하여 늘 병사를 풀어 조선을 공격하였다.

만청정부는 1677년(강희 16년) 연변을 포괄한 백두산구역과 두만강, 압록강 이북의 천 여리 되는 지역을 청조의 발상지로 삼아 봉금구역(封禁區域)으로 정하고 다른 민족이 이주하여 개간하며 인삼을 캐고 진주를 채집하거나 벌목하고 사냥하는 것을 엄금하였으며 또한 수많은 사냥터를 만들고 다른 민족이 이주하는 것을 엄하게 금지하였다.[2] 다만 일 년에 세 번씩 개방하여 조선의 금, 인삼, 모피와 중국의 한약재, 방직품의 교류를

---

2) 김규방 외(1990), 『연변경제사』, 연변인민출판사, 9면.

용허했을 뿐이다.

이 시기 빈곤한 조선농민들은 살길을 찾아 봉금령을 어기고 몰래 '아침에 건너와서 농사짓고 저녁에 남몰래 건너가며, 봄에 와서 씨 뿌리고 가을에 와서 걷어가며, 영(令)이 엄하면 잠시 돌아가고 영(令)이 늦추어지면 또 들어오는' 등 일이 극히 개별적으로 있는 외에 중국의 동북 땅에 와서 발을 붙인다는 것은 아주 어려운 일이었다. 그것은 청나라나 조선이 모두 이 지역에 군대를 파견하여 엄밀하게 감시하고 있었는데 비법월강자를 잡기만하면 도로 쫓아내거나 심지어는 사형까지 처했기 때문이다. 청조통치계급이 동북에 대하여 봉금정책을 실시하게 된 원인은 만족혈통(滿族血統)의 순결성을 보호하기 위하여, 동북관병(주요하게는 만주 8기)의 순수한 양생기지로 보존하기 위하여, 만주귀족들의 동북의 인삼, 진주, 귀중한 야생동물 등 특산물을 독점하기 위해서였다고 한다.[3]

1712년 5월에 청조정부에서는 우라총관(烏喇總管) 무커덩(穆克登)에게 지령을 내려 조선의 관원과 함께 백두산에 올라가 답사하고 정계비를 세우게 하였는바 19세기 50~60년대까지 동북에 대하여 봉금정책을 실시하면서 조선인들의 입경을 엄금하였다.

만주에 대한 청조의 봉금정책은 200여 년 간 지속되었는바 이는 중국의 동북지구의 개척과 경제발전을 엄중하게 장애하고 지연시킨 주요한 원인의 하나였다. 이 시기도 조선북부의 압록강 상류에 있는 평안도, 함경도는 산이 많고 땅이 척박하여 해마다 재해가 들어 농민들은 살아가기 매우 어려웠다. 가난한 조선의 농민들은 청나라의 봉금제도를 어기고 몰래 두만강과 압록강을 건너와서 사냥도 하고 인삼도 캐고 땅을 일구어 농사를 짓는 일이 간혹 있었다.

19세기 60년대 전까지 동북에 이주하기 시작한 조선인들의 정황을 보

---

3) 김규방 외(1990), 『연변경제사』, 연변인민출판사, 10면.

면 우선 압록강유역에 조선인이 중국에 들어오기 시작한 때가 두만강 유역보다 15~20년 더 일찍 했는바 압록강 상류로부터 강을 건너 중국 동북의 장백(長白), 임강(臨江), 집안(集安)과 변장(邊墻) 밖의 남북로 일대에 왔다.

1816년에 조선인은 주로 집안현, 류하현, 무송현, 장백현, 통화현, 해룡현, 임강현, 홍경현, 관전현, 환인현, 단동현, 봉성현 등 12개 현에 집중되었는데 그 인구는 무려 81,217명이었다. 이것은 당시 조선인이 비교적 집중하여 거주한 28개 현 총인수의 98.0% 좌우를 차지한다.

1831년 중국 임강부근 모아산 북방지구에 두 사람이 들어왔고, 1845년경에 수십 명 조선인이 임강현에 들어왔으며, 1849년에도 충청도에서 이주해 왔다는 기록도 있다. 그리하여 이때로부터 남만에는 고려문, 고려성, 조선보자(堡子)란 명사들이 생기게 되었다.

다음 두만강안의 조선의 가난한 백성들도 두만강 상류에 위치해있는 무산, 회령, 종성 등지로부터 강을 건너 산곡과 강을 따라 내지로 들어왔다고 한다.

1714년 두만강 대안 중산성에 남녀 55명이 변경을 농사를 짓다가 당시 녕고탑장군의 병사들한테 잡혀 돌아갔고 1744년 조선 산성의 서연달이(西嬿達伊) 등 25명이 기근으로 하여 강이 언 기회를 타 두만강을 건너왔다가 청조의 순라병들에게 발각되어 되돌아갔다는 기록이 있다. 그러나 청정부에서는 이러한 월경 행위를 막으려고 해도 막을 수가 없었다.

조선인들이 두만강을 건너 연변에 처음으로 와 마을을 세우고 농사짓기 시작한 것은 함풍초기(1851~1856)이다. 이때 조선농민들은 두만강 연안을 지나 해란강 유역인 덕신향 지구에 자리 잡고 금곡촌, 후동, 석문촌을 세웠고, 함풍말년에 또 덕신향에 청림촌을 세워 도합 다섯 개의 촌으로 늘어났다. 이곳은 두만강 유역의 광개향에 비기면 토양비옥도가 낮고 기후도 한량하며 지형도 기복이 있어 농사짓기에 불리하지만 주위에 산림이 무성하여 은폐하기 좋은 점을 고려하여 개척지로 삼은 것 같다.

두만강 좌안에는 처음 정착된 곳이 해란강의 지류—육도하(六道河) 상류에 집중되었다. 당시 이 지대에 세운 마을이 도합 23개였는데 이것은 당시 일어선 조선 마을 수 총수의 92%를 차지했다고 한다. 이들이 조선과 아주 가깝고 토지도 비옥하고 평탄하며 기후도 좋은 두만강 연안에 자리 잡지 않고 오랑캐령(지금의 남강산맥)을 넘어 해란강 중류지류인 육도하 상류 산골짜기에 자리 잡게 된 것은 당시의 만청관리와 국경 순라대들에게 개간민들이 일단 발견되면 구축당하거나 호된 책벌과 혹형을 받기에 은폐하기 좋은 곳을 선택하였기 때문이다.

이때 중국으로 천입한 조선인들 사회는 주로 가정을 단위로 하여 이주하여 이루어진 사회이기에 인간교제는 가정에서 부부 간, 부모와 자녀 간, 형제지간에 주로 반도에서의 조선어를 그대로 사용하였을 뿐이었다.

2) 자연재해와 조선인 이주민의 증가

1860년부터 1870년 사이에 조선북부 지방에 해마다 전례 없는 수재와 한재, 충재가 거듭되었고 특히 1869년 기사년(己巳年)의 재해는 더욱 엄중하였다. 평년작에도 생활난에 쪼들리던 빈한한 농민들은 이와 같은 흉년에 반도에서 살아나갈 길은 더욱 없었다.

처음에는 들나물, 산나물, 산열매로 끼니를 에웠고 그것도 절이 나자 풀과 풀뿌리로 주린 창자를 달랬으며 나중엔 나뭇잎을 뜯고 나무껍질마저 벗겨 먹었다고 한다. 영양부족으로 사람들은 얼굴이 누렇게 되었고 몸은 퉁퉁 부었다. 날이 갈수록 사망자는 점점 더 늘어갔고 굶어죽은 사람 중에는 늙은이가 제일 많았고 다음으로 어린 아이들이었다[4]고 한다. 이런 생사일각에 더욱 많은 농민들이 살길을 찾아 봉금령을 어기고 강을

---

4) 현룡순·리정문·허룡구(1985), 『조선족백년사화(1)』, 요녕인민출판사, 15면.

건너 동북에 와 많이 정착하기 시작하였다.

이때 평안북도와 함경도 북부의 수많은 농민들이 생명을 무릅쓰고 살길을 찾아 자기의 고향을 버리고 부모처자를 거느리고 압록강, 두만강을 건너와서 마을을 세웠다.

압록강 유역이나 두만강 유역 모두가 이주정착이라고 하기보다 은폐적인 잠입이었고 자리 잡은 곳이 땅이 비옥하고 살기 좋은 하곡이나 평원이 아니라 많이는 대지나 구릉, 저산 산골짜기에 숨어서 밭농사를 지었다.

함풍년 말기와 동치년에 이주민이 늘어났고 새로 세운 마을 수도 점차 늘어난 추세로, 이는 이주민이 시간이 갈수록 많게 되고 이입, 정착의 고조를 배태하고 있음을 말해준다. 두만강 북안에 함풍년에 선 마을은 6개밖에 없었는데 동치 5년(1866년)에 일어선 마을 수는 19개였으며 그 이후에 건립된 마을 수도 퍽 늘어났다. 동치초기(1862~1865)에 건립된 마을을 본다면 훈춘시 경신향의 작은벌동, 큰벌동 등이다. 동치초기에는 화형군 농민들이 삼합구역에 이사 와서 덕대동, 삼합동, 청수동 등 20개 마을을 세우고 황무지를 개간하였다고 한다.

1870년 조선함경북도(지금의 자강도) 고산진 일대의 농민들이 중국 길림성 집안현으로 이주해 왔는데 이 길은 압록강의 도선장을 이용하였기에 매우 편리한 노선이었다. 이 시기 조선인들은 압록강 주변과 그 지류 유역 내에 정착하였다.

이 시기 일부 조선인들이 흑룡강으로 들어가기 시작하였다. 1862년 러시아의 연해 변경지구에 살던 조선인 농민 400여 세대가 아무르주의 해란포에 이주하여 농사를 지었고, 1868년 다시 흑룡강을 건너 애훈현의 法別拉河口納金口子, 손하 등지에 이주하여 황무지를 개간하고 벼농사를 지었고5) 1871년(동치 10년) 녕고탑부도통아문(寧古塔副都統衙門)이 조선정부의 요구에 따라 조선이민 454명을 조선에 넘겼다고 한다.

이러한 사실을 보아 흑룡강 녕안일대에는 1870년 이전에 조선인이 이사해 들어갔다는 것을 알 수 있으며 이 시기까지만 해도 조선인이 흑룡강성에 들어간 수는 아주 적었음을 알 수 있다. 1869년 기사년 대흉년 때 조선북부지방의 많은 이재민들은 바다를 건너 먼저 러시아의 울라지보스또크에 갔고 거기에서 철도로 하바롭스크에 갔다가 중국의 흑룡강과 우쑤리강 유역의 무원, 요하, 보청, 밀산 등 지방에 이주하여 왔다.

이와 같이 흑룡강성의 정황을 보면 압록강과 두만강 두 개 유역에 비해 이주인수가 퍽 적었는바, 자료에 의하면 1886년에는 3명의 조선인이 연변을 떠나 흑룡강 요하(饒河)일대에서 약재를 캐면서 30호 좌우의 농민을 요하에 정착시켰고 1888년에는 20여 호의 조선인이 동녕현에 정착하여 황무지를 개간했다.

1895년으로부터 1908년 사이에는 선후하여 목단강지구와 황도하자(橫道河子), 고령자(高岭子), 오상현(五常縣)의 사하자(沙河子), 목릉(穆陵), 수분하(綏芬河), 할빈 등지에 유입, 정착하였다. 이때 조선인들은 주로 중동철도 연선과 흑룡강성 동부 변연지역에 분포되었다.

19세기 말엽에는 흑룡강성 지역으로 이주한 조선인들은 주로 아래와 같은 세 갈래 길로 해서 들어갔다.

한 갈래는 조선의 동북변경인 함경북도에서 두만강을 건너 연변지구의 훈춘에 들어갔다가 다시 瑚布圖河, 대수분하, 대두천하를 건너 동녕, 녕안, 해림 등 현으로 들어갔고, 다른 한 갈래는 조선 서북부의 평안북도에서 압록강을 건너 동변도 지구로 들어갔다가 거기에서 다시 집안, 관전, 통하, 환인, 림강, 류하, 홍경 등지를 거쳐 오상, 아성, 빈강 등지를 들어갔다. 마지막 한 갈래는 먼저 러시아 연해주로 들어갔다가 다시 흑룡강성의 동부, 북부 변강인 밀산, 호림 등 현으로 들어갔다.6)

---

5) 김병호(1994), 『중국조선족마을 연구』, 조선학 민족출판사, 250면.
6) 김병호(1994), 『중국조선족마을 연구』, 조선학 민족출판사, 256면.

1870년(동치 9년) 전후로 하여 조선의 백성들이 집안현으로 이주해 온 호수가 이미 1,000여 호에 달하였으며 임강, 집안과 혼강 양안의 산골에 사는 주민들은 거의 모두가 조선백성들이었다.

1875년부터 봉천에 대한 봉금령이 폐지되었기에 압록강 연안은 두만강 연안보다 더 일찍 이주 정착되었다. 1875년(광서 원년) 통하현 상전자, 하전자의 조선인 농민들이 소택지나 수렁을 논으로 개답하여 벼 시험재배를 성공하였는바 이는 근대동북 수전개발의 첫 시작으로 된다.

1880년대 후부터 청나라는 국내외의 계급모순을 완화시키고 수시로 밀려드는 러시아의 침략위험에 대처하기 위해 조선과 중국 산동성 등지에서 오는 농민들을 끌어들여 황무지를 개간하고 군량을 해결해야 할 필요성으로부터 봉금령을 해제하기 시작했다. 1881년 청정부는 길림에 황무국(荒務局)을 설치하고 훈춘, 연길, 동구(東區)에 초간국(招墾局)을 설치하여 조선이민들을 받아들여 농사를 짓게 하였다.[7]

조선이민이 중국으로 이주의 첫째 고봉은 1875년부터 1882년 사이인데 이때 명명한 조선인마을이 151개이고 연평균 촌이 건립된 수는 19.5개이며 연변의 조선어지명의 26.2%를 차지한다. 건립된 마을은 두만강 중류, 해란강 하류와 부르하통하 중류구역에 집중되었다.

1883년 조선에서도 서북경략사 어윤준이 북선 6진을 시찰할 때 월강봉금령을 실제상에서 폐지시켰다. 이리하여 200여 년 간 봉쇄되어 얼어버렸던 국경선이 풀리게 되자 조선개척민들이 합법적으로 자유로이 대량적으로 중국 동북 땅에 들어와서 개간하는 추세가 날이 갈수록 늘어났다.

두만강 유역에 1884년 종성-개산툰-룡정 노선이 개통되어 많은 조선인이 이사해왔다.

19세기 80년대를 전후하여 만청정부는 조선농민들의 대량이주를 막을

---

7) 최윤갑(1992), 『중국에서의 조선어의 발전과 연구』, 연변대학출판사, 56면.

수 없었고 또 당시 국내정세는 청나라에 아주 불리하였다. 19세기 후반기에 들어서서 청정부에서는 변방을 강화하고 재정수입을 늘이기 위하여 점차 봉금을 폐지하고 개간민을 모집하기 시작하였다. 하지만 산동, 하북 등 지역의 한족이민자들은 상거한 거리가 멀어 시일이 걸렸지만 조선에서는 강만 건너면 되기 때문에 조선인선조들이 만주 땅을 먼저 개척할 수 있었다.[8]

1883년(광서 9년) 3월 청정부는 동변도의 무역을 강화하기 위해 조선과 <봉천과변민무역장정(奉天與邊民貿易章程)>을 조인하여 두 나라간의 변방무역 내왕을 촉진하고 조선인들이 중국의 동북에 오는 문을 열었으며 1884년(광서 10년)에는 연변에 주원(走遠), 영원(寧遠), 수원(綏遠) 등 4대보(四大堡)를 내오고 보 아래에 39개 사(社)를 두고 그 아래에 124갑(甲)과 415패(牌)를 설치하여 조선인들을 모두 편입시켰다. 당시 연변의 조선인호수는 4,308호이고 인구는 2만여 명에 달하였으며 조선인 농민이 개간한 농토는 1만 2천여 쌍이나 되었다.

1885년경에 청나라는 조선인을 끌어들여 변강을 개척하려고 두만강이북의 길이 700리, 너비 50리의 지구를 '조선인개간구역'으로 정하고 화룡욕, 광제욕, 서봉강 세 곳의 통상국검사소를 월간국으로 고친 후 조선개척민의 사무를 겸하여 처리하게 함으로써 조선개척민이 대량으로 연변에 이주해 들어오는 데와 또한 연변을 개척하는 데 유리한 조건을 지어주었다. 그리고 조선개척민을 안착시키고 그들의 생산적극성과 변강수비적극성을 발휘시키기 위하여 간황사(墾荒社)를 내왔다.[9] 이것은 조선의 이재민들이 이주하여 들어오는 고조를 일으키게 한 첫 시기이다. 이때로부터 중국의 동북지구에는 조선인이 많이 정착하여 살게 되었고 조선어가 중국의 동북지역에서 조선인들 사이의 교제도구로 널리 쓰이기 시작

---

8) 정신철(1999), 『중국조선족 사회의 변천과 전망』, 요녕민족출판사, 5면.
9) 조선족략사편찬조(1986), 『조선족간사』, 연변인민출판사, 9면.

하였다.

중국의 동북지구는 지하자원이 풍부하여 중국으로 천입한 조선인들의 직업구성 상에서 광산 노동자의 비율이 증가되었다. 예를 들면 1893년 (광서 18년) 삼도구(연길서쪽 75km)에 1,000여 명의 채금노동자, 이도구(연길 서쪽 약 50km)에 2,000여 명, 천보산 은광에는 500여 명의 조선인, 한족 노동자들이 있게 되어 이때로부터 농토와 관계없는 광구마을이 서게 되었는데 예를 들면 탄광마을, 사금동, 금장동 등 마을을 들 수 있다. 그리고 여러 갈래의 철도수건으로 인한 철로 노동자들의 진입과 인구의 이동이 더욱 빈번하고 가속적으로 진행되어 조선인의 인구분포 구역이 확대되었다.

1890년 화룡현 월간국 툰리 엽함분은 청조의 민족동화정책을 조선인에게 강요하면서 조선농민들에게 '머리를 깎고 옷을 바꿔입어야'만 입적할 수 있고 입적하지 않으면 토지에 대한 소유권이 없다는 영(令)을 내렸다. 하여 어떤 사람들은 아주 단념하고 조선으로 되돌아갔으며 또 어떤 사람은 러시아의 연해지구에 옮겨갔다.

1897년에 통화, 환인, 관전, 신빈 등 지역에 이주해 온 조선농민들이 이미 8천여 가구의 3만여 명에 달하였고, 1905년에는 장백, 임강, 집안, 안동, 봉성과 관전 등 지역에 거주한 조선농민들이 9천 900여 가구가 된다고 한다.[10]

이 시기 조선인 이주민들의 이주노선을 세 갈래로 가려볼 수 있는바, 그 한 갈래는 압록강 상류인 조선의 삼수, 후창, 강계 등 지방으로부터 압록강을 건너 압록강의 지류와 그 산골짜기를 따라 안도, 무송, 장백 등 지방으로 이주하여 왔고, 다른 한 갈래는 압록강 하류를 따라 집안, 통화, 유하 등 지방으로 이주하여 왔으며, 또 다른 한 갈래는 조선의 무산,

---

10) 조선족략사판찬조(1986), 『조선족간사』, 연변인민출판사, 4~5면.

회령, 종성 등 지방으로부터 두만강을 건너 강기슭의 산골짜기를 따라 해란강 이남에 이르렀다가 거기에서 다시 해란강을 건너 부르하통하와 가야하 이북과 이서 지방으로 이주해 와서 개척민마을을 세웠다.[11]

청조정부에서 '농민을 끌어들여 시험적으로 황무지를 개간하고', '개간사업을 잘 조직해야 한다'는 정책을 실시한 후 지방 관리와 지주, 토호 열신들은 생산을 확대하고 수입을 늘이기 위하여 관청에서 황무지개간 측량을 하는 기회를 타서 많은 토지를 독점하였을 뿐 아니라, 개척하여 5년 동안 조세를 받지 않으며 집, 식량, 종자와 일부 농업자금 등을 대준다는 이른바 우대조건을 내걸고 조선개척민들을 많이 끌어들여 고용하거나 황무지를 개척민들에게 소작 주어 개간하게 하였다.

이것은 장기간 봉건적 착취를 받아 빈주먹밖에 남지 않은 조선의 빈고 농민들에게 있어서 의심할 바 없이 연속 국경을 넘어 동북으로 들어오도록 끄는 것이었다.

1900년 짜리로씨야가 연변을 강점하자 연변의 관원과 군경은 길림으로 도망쳐갔다. 이 기회에 조선정부에서 조선이 주민을 보호한다는 명의로 이윤범을 간도관리소로 임명하여 조선인 이민 사업을 추진시키기까지 하였다. 1903년 봉천당국은 압록강북안의 동변도 조선인 촌락을 향, 갑으로 개편하고 향약제를 실행하였다.

1881년 연변경내에 조선인은 1,339호, 1894년에는 5,990호를 차지하고 1910년에는 조선인이 10만 9천 500명에 달했다고 한다.[12]

자연재해로 살길을 찾아 중국으로 이주해 온 조선인 농민들의 중국 동북지구에 이주하여 온 과정도 간고하였지만 그들이 연변을 개척한 과정도 역시 복잡하고 간고한 투쟁과 노동의 과정이었다.

개척초기의 조선인 농민들에게는 식량이 있는 집이 없었으며 심지어

---

11) 박규찬 주필(1991), 『중국조선족교육사』, 동북조선민족교육출판사, 3면.
12) 김규방 외(1990), 『조선경제사』, 연변인민출판사, 14~15면.

곡식종자도 없었다. 게다가 토지에 대한 소유권이 없는 조선인들이 일군 땅도 청조의 관리 또는 만족지주들에게 빼앗겼으며 조선인 농민들은 토지를 소작하는 것조차 제한을 받게 되었다.

이 시기는 전 시기에 비해 더욱 많은 조선인들이 살길을 찾아 중국의 동북지구에 이주하였기에 중국에서 조선어는 그 사용하는 사람들이 늘어나고 가정에서뿐 아니라 사회에서도 일상 교제도구로 이용되기 시작하였을 것이다.

3) 일제의 조선침략과 조선인의 이주

1905년과 1910년에 조선이 일제와의 치욕스러운 조약이 거듭 체결되자 일제의 조선강점에 울분을 금치 못하던 조선의 수많은 우국지사들이 망명하여 두만강과 압록강 이북 중국의 동북 지구에 넘어왔다.

1904년에 연변에는 조선개척민이 이미 5만여 명이나 되었고, 1909년경에는 연변지역 조선인 이주민들이 3만 4,133호에 18만 4,867여 명으로 되었다.[13] 1905년 조선인이 변외 북로의 장백, 임강과 집안 등지에 8,750여 가구, 3만 9,440여 명, 변외 남로의 안동, 풍성(風城)과 안동에 1,190호에 4,920명이 살았다고 한다. 1911년에 와서 변장 밖 북로에는 1만 2,000여 호에 5만 2,100여 명으로 늘어났으며 변장 밖 남로에는 1,490여 호에 6,850여 명으로 늘어났다.[14]

조선인들은 중국의 동북지구의 많은 지역에 정착하기 시작하면서 생활과 노동과정에서 자기의 말과 글을 교제수단으로 늘 쓰게 되었다.

이 시기 많은 조선인들의 대부분은 반일민족해방투쟁을 하기 위하여 중국으로 이주하여 왔고 망국노가 되는 것을 원치 않는 조선의 반일대중

---

13) 조선족략사판찬조(1986), 『조선족간사』, 연변인민출판사, 12면.
14) 조선총독부(1936), 『재만조선인개황』, 13~14면.

들도 이들을 따라 중국의 동북지구에 오게 되자 두만강, 압록강 이북에 조선인들이 이주하는 두 번째 고조가 일어났던 것이다.

이 시기 조선이주민 분포특점을 보면 우선 압록강 유역에서는 중상류에 많이 분포되고 하류지구에는 적었는바 1904년 집안이상 유역에 거주한 조선인은 집안이하 유역에 거주하는 조선 사람의 7.8배에 달했다. 이렇게 된 원인은 압록강 하류지방에는 산동에서 들어온 유민들이 먼저 정착했기 때문이다.

두만강 유역에서 조선인들은 주로 중하류와 그 지류에 분포되었다. 1907년 불완전한 통계에 의하면 해란강 유역에 이미 32,000명 147개의 마을이 일어섰고 두만강 유역에 29,920명, 76개 마을, 가야하 유역에 9개 마을이 일어섰다. 이처럼 좋은 곳을 차지하게 된 원인은 봉금정책에 의해 중국 사람들도 정착한 숫자가 매우 적었거나 없었기 때문이다. 그리고 이주민들이 하곡평원에 자리를 잡기 시작했으나 대부분은 대지거나 구릉지대와 산록지대에 정착하여 밭농사를 지었다. 당시 연변에서의 농작물로는 조, 녹두, 보리, 밀, 콩, 수수, 옥수수, 감자 등이었는데 그중에서 조 파종 면적이 80% 이상이었다.

1910년 8월 일본이 조선매국역적들과 공모 결탁하여 '일한합병조약'을 체결하고 조선을 완전히 강점하게 되자 일본침략자의 무단통치와 잔혹한 수탈로 파산된 많은 농민들과 일본의 침략을 반대하고 민족독립운동에 나섰던 우국지사들이 또 적지 않게 중국으로 들어옴으로서 그 이주민수는 부쩍 늘어났다. 당시 만주에 거주하는 조선인은 20만 명으로 그 가운데 약 15만 명이 간도 지방에 머물러 있었던 것으로 추정된다.15)

조선통사의 자료에 의하면 1910년 7월까지 조선에 들어온 일본인이 143,600명에 달했는데 그들이 점유한 토지면적은 76,700헥타르에 달하

---

15) 이종목(1999), 『중국조선족의 교육현황과 문제』, 현대사회과학연구 10, 3면.

여 토지강점으로 인하여 파산당한 농민들과 생계를 유지하기 어려운 많은 농민들은 살길을 찾아 만주에 이주해 오게 되었다. 그러나 시간이 흐름에 따라 조선인들은 점차적으로 내지 쪽을 향해 유입했다. 그리하여 압록강 연안에 자리 잡은 조선인 집거구의 인구증가속도는 늦고 내지 쪽이 갈수록 빨랐다.

1911년부터 1920년까지 이주 단계를 '자유이민시기'라고 하는데 1910년 일제가 조선을 병탄한 후 일제의 '환위이민(換位移民)'정책으로 말미암아 파산된 조선농민과 '망국노'가 되기를 원치 않는 조선인들이 대량적으로 동북에 들어왔다.

연변지구에도 많은 조선인이 이주하여 들어왔는바 『조선통사』의 자료에 의하면 1910년 9월부터 1911년말까지 일 년 남짓한 동안 19,000여 명이나 늘어났으며 또 일부 자료에 의하면 1910년부터 1925년까지 해마다 평균 1만 5,000명에 달하는 조선 유민들이 동북으로 이주하였다[16]고 한다. 1920년에 동북의 조선인인구는 이미 45만 9천 400명을 초과하였고[17] 1926년 6월에 재간도 일본총령사관의 조사자료에 의하면 당시 연변의 조선인 총수는 351,727명이었다고 한다.

압록강을 건너 들어와 조선인들은 주로 남부에서 살고 두만강을 건너 들어온 조선인은 주로 동부에서 살았다.

흑룡강성에도 이 시기부터 조선인이 적지 않게 유입, 정착하게 되었으나 유입초기여서 인구는 그렇게 많지 않았다. 1910년 이후에 조선에서 이주해 온 반일지사와 농민들은 연변을 경유하여 녕안, 해림, 보청, 요하 등지에 가 자리를 잡고 새 부락을 세웠다. 치치할의 조선개척민은 조선 북부에서 씨비리를 거쳐 이주해 왔다. 만주리의 조선빈민들은 19세기 말에 녕고탑으로부터 눈강유역을 거쳐 해랄에 이주하였는데 1900년에 동

---

16) 고영일 주필(2002), 『중국항일전쟁과 조선민족』, 도서출판 벽암, 64면.
17) 조선족략사편찬조(1986), 『조선족략사』, 연변인민출판사, 33면.

청철도가 다 부설된 후에야 정착생활을 하였다. 흑룡강성 조선인통계표에서 볼 수 있는바 조선인 인구가 비교적 많은 현은 넝안, 목릉, 동녕현 등인데 모두 연변과 잇닿아 있거나 가까운 곳이다.

1917년과 1918년에 이르러서는 선후로 '조선은행간도지행', '동양척식주식회사 간도출장소'를 설립하였다. 이때로부터 일본은 조선인민을 제멋대로 탄압, 수탈하고 중국의 사무를 공공연히 간섭하였으며 연변을 점차 일본의 반식민지로 전락되게 하였다. 이런 사태에 직면하여 중국의 동북지구에 이주한 조선인들은 분연히 일떠나 일본제국주의를 반대하는 성스러운 투쟁에 뛰어들었다.

1919년 3월 13일 용정에서 러시아의 사회주의 10월 혁명과 조선의 3·1반일 민족독립운동의 영향 하에 반일민중대회를 성세호대하게 거행하였으며 또한 3·13반일군중운동은 그 규모에 있어서나 지속된 시일에 있어서나 전례가 없는 것으로서 일본제국주의 침략자들에게 커다란 타격을 주고 조선인인민의 반일운동의 발전을 추동하였다. 1920년 7월의 일본침략군에 커다란 타격을 준 봉오동전투, 1920년 10월에 진행한 청산리 대 섬멸전은 조선인집거구들에서 반일무장투쟁이 거세차게 진행되었음을 증명해준다.

1921년(민국 10년)에 이르러 길림부근은 물론 영길, 교하, 신참(新站), 서란 남부지역에 1,500여 호의 조선인이 1,600여 정보의 논농사를 지으며 살았는바 1921년(민국 10년) 동북지구의 수전 총면적은 73만 3,700여 무에 달했고 총 수확량은 123만 4,000여 섬이나 되었다. 이때로부터 논농사가 보급되기 시작되어 조선인 농민들은 골짜기, 언덕과 구릉으로부터 평원으로 내려오는 추세를 보이기 시작하였다.

연변에는 1910년 9월부터 1911년 말까지만 해도 1만 9,000여 명이 들어왔고, 요녕성 조선인은 1916년의 98,235명으로부터 1920년에 이르러서는 332,737명으로 되어 해마다 58,860명씩 늘어나다가 1930년에 가서는 더욱 늘어났다. 1922년 동북의 조선인 인구는 51만 5,868명으로 증가 되었다.

이 시기 관내에도 조선인들이 적지 않게 거주하였는바 통계에 의하면 1925년에 1,625명, 일본외무성 통계에 의하면 1920년에도 2,200여 명이 있었는데 그중에서 상해에 700명, 천진에 170명, 한구에 20명, 북경에 100명, 제남에 50명, 남경에 15명 좌우 있었다고 한다.

이상의 통계자료와 1916년과 1924년의 조선인 분포상황에서 그 특점을 다음과 같이 종합할 수 있다.

우선 이 시기 일제가 조선을 침략한 후 조선인들이 전 시기에 비해 대량적으로 이주해 왔는바 북간도지방만 보아도 두만강 유역은 그 지류인 해란강 중하류에 58개 마을이 새로 일어섰고 부르하통하 유역에 32개의 마을이 새로 앉게 되었다고 한다.

다음으로 이 시기로부터 수전개발로 인하여 대지나 구릉에 자리 잡았던 조선인들이 평원으로 이동되고 새로 이주해 오는 사람들도 땅이 비옥하고 관개조건이 좋은 평원에 자리 잡게 되었다. 벼 재배실험은 통화지구에서 먼저 시작되었으나 보급 속도는 연변이 더 빨랐기에 수전 개발과 함께 많은 사람들이 간도지방으로 이주하였다.

그리고 도시에 거주하는 조선인수가 늘어났다. 전 시기에는 이주민 중 생계유지의 목적을 가진 사람들도 많았으나 일제의 조선강점시기에는 상품교역, 철로부설, 광산개발, 품팔이 등 돈벌이 목적으로 이주해 온 사람들도 동북에 적지 않게 천입하였다. 1922년 봉천부속지에 상업종사자가 9,108명이고 농촌거주자는 8,506명이었다. 중일 합영의 석탄, 철공사가 본계(本溪)에 설치되자 조선인 노동자수가 늘어났고 도시도 번영하고 봉사행업도 흥성해졌으며 교육인구 유동도 증가되었다.

이 시기 이주해 온 조선인 중에는 반일애국투사들도 적지 않았는데 이들은 편벽한 산골에 자리 잡고 반일단체를 조직하고 군사학교를 세워 반일골간을 양성하였다. 예를 들면 1920년에 왕청현 의란구에 400여 명, 왕청현 봉오동에 300명, 월청구 일대에 300여 명의 반일무장대오가 있었다. 그리고 상해에도 민족주의자들이 모여 한국 임시정부를 세워 독립운동을 했다.

1921년부터 1931년 9·18사변 전까지 일제의 핍박 밑에 <21개 조약>이 체결된 후 일제는 동북의 조선인에 대해 '통제-이용정책'을 실시하면서 조선인에 대한 '치외법권'을 떠들어댔다. 이리하여 중국정부에서는 일제가 '조선인보호'를 구실로 영토주권을 침범하는 것을 방지하기 위하여 조선인들에게 귀화, 입적할 것을 강요하는 동시에 일제의 압박을 받는 조선인에 대해 '박해-구축정책'을 실시하면서 조선이주민을 제한하고 이미 정착한 조선인들에게는 박해를 가하고 구축하였다.

중국정부의 이러한 정책의 실시는 1927년에 고조를 이루어 수많은 조선인들이 이미 개척한 땅을 버리고 조선으로 돌아가거나 북만지역으로 이사하여 갔으나 중국에 이주해 온 조선인 수는 줄어들지 않고 1920년에 45만 9천 4백여 명, 1930년 동북조선인인구는 63만 982명이 되었으며[18] 1936년에는 백만에 가까웠다.

중국으로 이주하는 이주민의 증가와 함께 이 시기 중국으로 이주한 조선인들은 중국봉건 군벌정부의 조선인들에 대한 배척정책의 영향도 많이 받았다.

1925년(민국 14년) 6월 11일 조선총독부 경무국장 미쯔야(三矢)와 봉천성 경무처장 우진(宇珍)이 봉천(심양)에서 '조선인 취제 방법에 관한 중일 쌍방의 토의결정요강', 즉 '미쯔야협정'을 체결하였는데 봉계 군벌정부는 이 협정을 통해 월경한 조선인을 공개적으로 체포하여 일본관헌에 인도하기로 결정했다.

---

18) 김동소·최희수·이은규(1994), 『중국조선족 언어연구』, 한국 전통 문화 총서 6, 효성여대 한국 전통 문화 연구소

1929년 7월 4일(민국 18년) 외교부에서 특파한 흑룡강 교섭원은 '한일문제'에 대한 의견서를 외교부에 올렸는바 의견서에 "이미 들어온 사람은 조사하고 다시 들어오는 것을 엄금한다. 본 지방의 정황에 따라 조선인을 즉시 구축해야 한다. 지방 관헌에 밀령을 내려 한인에 대한 실제적인 보장을 주지 말아야 한다."는 내용이 있으며 또한 1930년(민국 19년)에 흑룡강 정부는 흑룡강성정부 민정청에서 일본 침략을 방지하기 위해 경내 한인을 엄격히 취제, 구축할 데 관한 각 현, 국에 보내는 밀령을 반포하였는바 "한인에 대해 엄하게 취제해야 한다― 한인을 엄격히 취제함에 있어서 조그마한 소홀함도 있어서는 안 된다." 등 내용을 강조하였다.[19]

이 당시 연변에 거주하는 조선인들을 조사해 보면 대체적으로 아래와 같은 다섯 가지 부류가 있다.

① 농, 공, 상업자 및 기타 정당한 직업자
② 민족주의 사상을 품은 독립운동자
③ 공산당 및 그에 유사한 사회주의자
④ 일본주구 및 그에 유사한 친일파
⑤ 중국적에 입적한 귀화인

이상의 부류 중 첫 부류의 사람들이 제일 일찍 연변에 들어오고 인수도 제일 많아 총수의 80%를 점한다. 제5부류인 귀화민도 첫 부류의 농민들과 동시에 생겼으나 지금까지도 인수가 제일 적다.[20]

총적으로 이주초기~1930년까지 시기 조선인들의 중국 동북으로의 초기이주 시기는 당시 청정부의 엄한 봉금정책으로 말미암아 이주민 수가 아주 적었다면, 19세기 중엽부터는 자연재해로 인하여 살길을 찾아 죽음을 무릅쓰고 대량으로 동북으로 이주하게 되었다. 그러다가 일제가 조선

---

19) 고영일 주필(2002), 『중국항일전쟁과 조선민족』, 도서출판 백암, 66면.
20) 심여추(1987), 『연변조사실록』, 연변대학출판사, 66면.

을 침범한 후 많은 우국지사들은 나라를 구하기 위하여 중국의 동북 땅으로 이주하게 되는 이주의 두 번째 고조를 이루었다.

이주초기~1930년까지 시기 중국에 이주해 온 조선인의 절대다수는 농민이었고 이주 초기에는 주로 두만강, 압록강 연안에 분포되었으나 점차 동북 내지(內地)와 내몽골까지 뻗어갔다.

이주초기~1930년까지 시기 중국에서의 조선어는 중국 동북으로 이주한 조선인들에게 있어서 가정, 사회생활 그리고 학교생활에서 교제의 가장 중요한 도구로 되었고 항일구국을 위한 교육과 선전의 도구로 되었다고 말할 수 있다.

2. 이주초기~1930년 조선어방언 분포

중국에서의 조선말과 글은 중국으로 이주한 조선인들에 의해 만들어진 것이 아니라 조선반도에 연원을 두고 있으며 중국에서 쓰이고 있는 여러 조선어방언들도 그 뿌리를 조선반도에 두고 있다. 다시 말하여 당시 중국에서 쓰인 조선 문자도 1444년 조선에서 창제된 정음문자였고, 중국 동북에서 조선어방언이 쓰인 것도 역시 조선의 조선어방언 소유자들의 중국 동북에로의 이주에 의한 것이다.[21]

중국에서의 방언 분포는 주로 19세기 중엽 이후 조선어방언소유자들이 대량으로 중국의 동북 땅으로의 이주에 의해 이루어진 결과이다.

---

21) 북경대학조선문화연구소(1995), 『언어사』, 민족출판사, 641면.

1) 이주초기의 방언 분포

이주초기 조선인들은 크게 조선의 3개 방면으로부터 중국의 동북지구에 이주해 왔다. 그 첫 번째 방면은 조선인의 대부분이 압록강과 두만강을 건너 동북 땅에 들어와 자리 잡았고, 둘째 방면은 조선의 서해안으로부터 요녕성 서남 영구 등 항구를 통하여 들어왔으며 셋째 방면은 조선의 동해안으로부터 러시아 연해주를 거쳐 연변과 흑룡강의 동부변강에 이주해[22] 왔던 것이다.

압록강 유역에 조선인이 중국에 들어오기 시작한 때가 두만강 유역보다 15~20년 더 일찍 했는바 1831년 중국 임강(臨江) 부근 모아산 북방지구에 두 사람이 들어왔고 1845년경에 수십 명 조선인이 임강현에 들어왔으며, 1849년에도 충청도에서 이주해 왔다는 기록이 있다. 이때로부터 남만에는 고려문(高麗門), 고려성(高麗城), 조선보자(朝鮮堡子)란 우리말 지명들이 생기게 되었다.

두만강 좌안에는 처음 정착된 곳이 해란강의 지류인 육도하(六道河) 상류에 집중되었다. 그때 이 지대에 세운 마을이 도합 23개었는데 이것은 당시 일어난 조선마을 수 총수의 92%를 차지했다. 이들은 조선과 아주 가깝고 토지도 비옥하고 평탄하며 기후도 좋은 두만강 연안에 자리 잡지 않고 오랑캐 영을 넘어 해란강 중류지류인 육도하 상류 산골짜기에 자리 잡게 된 것은 당시의 만청관리와 국경순라대들에게 개간민들이 일단 발견되면 구축당하거나 호된 책벌과 혹형을 받기에 음폐하기 좋은 곳을 선택하였기 때문이다.

만청정부는 1875년에는 봉천성에 봉금령을 폐지하였고 1876년에는 봉홍직예청을 세워 그 아래에 안동(단동)현을 두었다. 1877년에는 또 관전, 환인, 통화 등 현을 두었고 무간국을 설치하고 개간민을 모집하였다.

---

22) 심현숙(1993), 『중국조선족 취락지명과 인구분포』, 연변대학출판사, 68면.

1885년에는 두만강 이북에 대한 봉금령도 폐지하고 두만강 이북의 길이 700리, 너비 40~50리 되는 지역을 개간구역으로 만들었고 동시에 화룡욕, 관개욕, 서보강 등 세 곳의 통상국을 월간국으로 고치고 조선인개간민의 사무를 처리하였다. 봉금령이 폐지되자 조선의 농민들이 대량으로 압록강과 두만강 이북으로 이주하였다.

19세기 중엽 이후부터 1910년 이전까지의 시기에 중국의 동북 땅에 이주한 조선인은 20여 만이 된다고 한다.

이 시기 압록강 이북의 집안, 통화, 홍경, 환인, 관전, 안동 등 지방에 이주한 조선인은 대부분 평안도의 자성, 만포, 초산, 벽동, 창성, 의주 등 지방의 출신들이고, 장백지방에 이주한 조선인은 대부분 함경도의 혜산지방의 출신들이며, 두만강 이북의 안도, 화룡, 연길, 왕청, 훈춘 등 지방에 이주한 조선인은 대부분 함경도의 무산, 회령, 종성, 온성, 경원, 경흥 등 지방의 출신들이었다. 그리고 이 시기에 흑룡강성의 무원, 요하, 호림, 보청, 밀산, 동녕, 녕안, 해림, 목릉 등 지방에 이주한 조선인도 대부분 함경도의 출신들이다.

총적으로 압록강과 두만강 이남의 조선인들이 압록강, 두만강 이북의 가까운 지역 내에 분포되게 되었다.

1894년, 1904년, 1910년 조선반도에서 중국으로 천입한 그 출신들을 보면 다음과 같다.

재만 조선인 개황(1933년)[23]

	1894년	1904년	1910년
함경북도	31,500	32,000	41,000
평안북도	14,400	23,000	25,000
평안남도	9,200	8,500	13,000

---

23) 고영일(1986), 『중국조선족력사연구』, 연변교육출판사, 155면 재인용(일본외무성, "재만 조선인개황", 1933년 판).

	1894년	1904년	1910년
함경남도	3,200	4,800	7,500
황 해 도	3,100	3,000	7,000
경상북도	1,300	1,800	5,300
경상남도	1,200	1,700	4,800
강 원 도	-	-	2,000
합 계	63,900	74,800	105,600

도표에서 보여 주다시피 1910년 이전시기 압록강, 두만강 이북의 동북 땅에 이주한 조선인의 대부분은 함경도와 평안도 지방의 출신들이며 또 함경도와 평안도에서도 함경북도와 평안북도의 이주민이 다수를 차지하고 있음을 알 수 있다.

우리는 앞에서 본 조선인 이주민의 분포지역과 이주민의 출신 도별통계자료에 근거하여 1910년 이전시기 중국에서의 조선어방언 분포를 다음과 같이 분석할 수 있다.

이 시기 조선인 이주민의 이주지역은 안동, 홍경, 류하, 돈화, 녕안, 목릉, 밀산, 무원 등 지방을 이은 선을 크게 넘지 않은 이남지역이었다. 안동, 관전, 환인, 홍경, 집안, 통화, 류하 등 지방에는 주로 평안도방언이 분포되었으며 장백, 화룡, 연길, 훈춘, 안도, 왕청, 녕안, 동녕, 목릉, 밀산, 요하, 무원 등 지방에는 주로 함경도방언이 분포되었다.24)

중국에서의 조선인들은 제주도까지 포함한 조선의 방방곳곳에 본적지를 두고 있다. 따라서 중국에는 제주도방언까지 포함한 조선어의 모든 주요방언들이 분포되어 있다고 하겠으나 실제는 동북방언, 동남방언, 서북방언, 중부방언, 서남방언이 많이 쓰이고 제주도방언은 별로 쓰이지 않는다.25)

---

24) 북경대학 조선문화연구소(1995), 『언어사』, 민족출판사, 652면.

2) 한일합병 이후 방언 분포

1910년 8월, 일본은 조선을 강점하고 '한일합병조약'을 체결하였다. 이때로부터 조선은 자주권을 잃고 완전히 일본의 식민지통치를 받게 되었는바 나라를 잃고 땅을 빼앗긴 조선의 수많은 애국지사들과 농민들은 고향을 등지고 압록강, 두만강을 건너 중국의 동북 땅에 들어왔다. 이 시기 조선인이 대량으로 중국 동북 땅에 들어오게 된 데는 '한일합병'과 1919년에 있은 '3 · 1운동'도 중요한 계기로 된다.

조선인 이주민들은 이때 강을 건너 압록강, 두만강 이북의 가까운 지역에 들어오기도 하고 또 일부는 철도를 이용하여 동북의 깊숙한 지방에까지 들어왔다. 당시 동북에는 여러 갈래의 철도가 부설되었으므로 조선인 이주민들은 철도를 이용하여 동부의 여러 지역에 자리를 잡았을 뿐 아니라 조선남부의 이주민도 많이 늘어났다.

1910년 '한일합병' 이후부터 1920년 사이에 압록강 이북으로 이주한 조선인은 9만 8,600여 명이며 두만강 이북으로 이주한 조선인은 9만 3,800여 명이다. 이리하여 1920년까지 동북에 이주한 조선인이 45만 9,400여 명이 된다[26]고 한다.

1931년에는 동북의 조선인인구가 63만 900여 명으로 늘어났는데 연변지구(4개 현)에 40만 9,400여 명, 길림, 장춘 지구에 2만 4,100여 명, 안동, 통화 지구에 5만 500명, 심양, 철령 지구에 9만 7,100여 명, 려대(旅順－大連)지구에 1,700여 명, 북만주에 4만 4,400여 명, 기타 지방에 1,000여 명이 분포되었다.

---

25) 전학석(1996), 『조선어방언학』, 연변대학출판사, 124면.
26) 조선족간사편찬조(1986), 『조선족간사』, 연변인민출판사, 22면.

1910~1912년, 1926년 조선인 이주민 본적지별 통계[27]

본적지 \ 이주지방	1910~1912년			1926년		
	북간도	서간도	기타지방	북간도	서간도	기타지방
경 기 도	91	165	39	1,989	18	182
충청북도	7	22	56	107	20	61
충청남도	18			72		127
전라북도			1	3		263
전라남도	4		1	181		32
경상북도		5,116	59	524	1,256	282
경상남도	259	2,691	15	49	498	124
황 해 도	34	36	2	1,287	241	339
평안남도	90	270	18	841	427	472
평안북도	80	2,285	453	76	384	645
강 원 도	116	1,311	5	2,202	61	136
함경남도	939	410	976	1,655	327	942
함경북도	22,635	6,841	4,729	3,378	377	1,458
합 계	24,273	19,145	6,354	12,364	3,610	5,063

1926년 동북지구 조선인 원적 정황 단위(호)[28]

원 적	북간도 (연길, 화룡, 왕청, 훈춘, 안도)	서간도 (장백, 집안, 임강, 환인, 관전)	기 타
함경남북도	5033	704	2400
평안남북도	917	811	1117
경상남북도	573	1654	404
전라남북도	184	1	32
충청남북도	179	20	188
강원도	2202	61	136
황해도	1287	241	339
경기도	1989	18	182

---

27) 북경대학 조선문화연구소(1995), 『언어사』, 민족출판사, 664면.
28) 양소전(1987), 『중조관계사논문집』, 세계지식출판사, 314면.

우리는 1910년부터 1926년까지의 사이의 조선인 이주민 본적지별 통계자료를 통하여 다음과 같은 이주 상황 및 방언 분포를 귀납할 수 있다.

첫째, 이 시기 조선인 이주민의 이주 상황을 보면 함경도, 평안도, 경상도의 이주민이 보다 많은 수를 차지하며 함경도, 평안도, 경기도의 이주민 가운데서 함경북도, 평안북도, 경상북도의 이주민이 함경남도, 평안남도, 경상남도의 이주민보다 훨씬 더 많다는 것을 알 수 있다. 그리고 강원도, 황해도의 이주민이 경기도, 충청도, 전라도의 이주민보다 좀 더 많은 수를 차지한다.

둘째, 이 시기 조선인 이주민의 이주 지역을 보면 주로 북간도와 서간도인데 이주자의 약 80%가 북간도와 서간도에 자리를 잡았고 20%가 북간도와 서간도의 기타 지방에 자리를 잡았다.

셋째, 함경도의 이주민은 주로 북간도에 자리를 잡았고 평안도의 이주민과 경상도의 이주민은 주로 서간도에 자리를 잡았으며 또 이 시기에 들어서서 점차 북간도와 서간도 외의 기타 지방에 자리를 잡은 이주민이 많이 늘어났다.

1937년 '집단이민' 이전의 중국에서의 조선어방언 분포상황을 분석해 보면 우선 이 시기에 조선어방언 분포지역은 1910년 '한일합병' 이전 시기보다 훨씬 넓어졌다. 1910년 '한일합병' 이전 시기의 조선어방언의 주요 분포지역이 대체로 안동, 홍경, 유하, 돈화, 녕안, 목릉, 밀산, 무원 등 지방을 이은 선을 크게 넘지 않은 이남지역이었다면 이 시기의 조선어방언의 주요 분포지역이 영구, 통료, 부여, 수화, 무원을 이은 선 이남지역으로 넓어졌음을 알 수 있다.

다음으로 이 시기에는 동북3성의 중부지방에 조선인 이주민이 대량으로 증가되었으며 특히 조선남부의 이주민이 동북3성의 중부지방으로 많이 들어왔다. 기타 조선어방언들도 분포되어 있기는 하였지만 해당 방언 소유자들의 인수도 함경도, 평안도, 경상도방언 소유자들에 비하여 훨씬 적고 또 거주지역이 넓지 못하므로 지구를 단위로 방언 분포를 논할 경우에는 어느 지구가 전라도 방언 구역이라든가 경기도 방언 구역이라든가 구획하기 어렵다.

이 시기의 조선어방언 분포구역은 크게 세 구역으로 나눌 수 있다.

- 함경도방언 구역 : 연변지구, 목단강지구, 합강지구의 일부 지방(목단강지구와 인접하여 있는 일부 지방), 통화지구의 장백지방
- 평안도방언 구역 : 단동지구, 무순지구, 심양지구, 영구지구, 철령지구, 통화지구(장백지방을 제외)
- 경산도방언 구역 : 장춘지구, 길림지구, 사평지구, 송화강지구(할빈시를 포함), 수회지구, 합강지구(목단강지구와 인접하여 있는 일부 지방을 제외)[29]

3) 조선어방언의 분포와 특성

이주초기~1930년까지 시기 조선인들은 지금의 표준어가 아니고 자기들이 소유한 방언(함경도방언, 경산도방언, 평안도방언) 등으로 언어교제를 진행하였는바 그들 사이에는 큰 언어적 장애가 없었던 것이다. 그것은 조선반도가 면적이 작은 원인도 있겠지만 제주도를 제외하고는 조선의 전반 방언의 차이가 그렇게 심한 것이 아니기 때문이었다. 조선어에서 다른 지역의 말이라고 해서 일상 회화가 전혀 통하지 않는 방언은 제주도방언을 제외하고는 거의 없다.

청나라－1930년까지 시기 중국에 천입한 조선인들의 방언 분포를 보면 제주도방언 외에 기타 5개 방언을 아주 쉽게 찾아볼 수 있고 상대적인 방언 집거지구를 나누어 볼 수도 있다.

대체적으로 지금의 압록강 이북지역, 즉 요녕성과 길림성 통화현 지구

---

29) 북경대학 조선문화연구소(1995), 『언어사』, 민족출판사, 678면.

는 평안도에서 천입한 사람들, 두만강 이북지역, 즉 연변지구와 목단강 동북부 지구는 함경도에서 천입한 사람들이 많이 살았으며, 지금의 흑룡강성과 길림성 중부 지역은 경상도에서 천입한 조선인들이 모여 살았다. 그 밖에 동북의 여러 성에 극소수가 전라도지역, 경상도지역, 충청도에서 이주해 온 사람들이 생활하였다. 그러나 시간이 가면서 이러한 부동한 방언 구획은 엄밀한 것이 아니라 이러한 방언의 소유한 사람들은 서로 섞여 살게 되었다.

아래 중국 조선인 방언의 어음적 특성을 이론적으로 몇 가지로 간단히 종합하면 아래와 같다.

함경도방언은 동북방언이라고도 하는데 지금의 함경북도, 함경남도, 양강도의 대부분 지역이 이에 속한다. 고저(高低)와 억양에 특색이 있고 음운 면에서는 동남방언과 비슷하였다. 이 방언에는 홑모음 'ㅟ[y]', 'ㅚ[ø]'가 독립적인 음운으로 존재하지 않기에 '귀'를 '[ki]'로, '쇠줄'을 '[sedʒul]'로 발음하며 표준어의 겹모음 'ㅢ[ɰi]'가 없기에 '의사'를 '[is]', '거의'를 '[kəi]'로 발음하는 현상이 있다.

평안도방언은 주로 지금의 평안북도, 평안남도, 자강도가 이에 속하고 황해도 북부지역도 해당되는데 이 방언에서는 천입초기에도 지금과 마찬가지로 구개음화가 완성되지 않고 있었다. 이 방언은 홑모음이 'ㅣ[i], ㅔ[e], ㅐ[ɛ], ㅏ[a], ㅓ[ə], ㅡ[ɯ], ㅜ[u], ㅗ[o]' 등 8개이고, 홑모음 'ㅟ[y]', 'ㅚ[ø]'가 없기에 'ㅟ[y]'는 주로 '[wi]'로 대응시키고 일부 단어에서는 '[u]' 또는 '[i]'로 대응시킨다. '뒤덜미'를 '[twimok]'로, '취'를 '[tsʻi]', '바위'를 '[pau]'로 발음한다. 'ㅚ[ø]'는 주로 'ㅙ[wɛ]'대응시키기에 '되다'를 '[twɛda]'로 '죄인'을 '[ʧwɛin]'으로 발음한다.

경상도방언은 경상북도와 경상남도 및 그 주변지역이 해당되며 성조(聲調)를 가지고 있다. 이들 방언은 홑모음으로 'ㅣ[i], ㅐ[ɛ], ㅏ[a], ㅓ[ə], ㅜ[u], ㅗ[o]' 등 6개가 있으며 단모음 '애'와 '에'의 대립과 '의'와 '이'

의 대립이 없다. '제비'를 '[ʧɛbi]', '모레'를 '[morɛ]'로, '의사'를 '[isa]', '의견'을 '[ig j ən]'으로 발음한다. 자음에서 'ㅆ'를 된소리로 발음하지 못하고 'ㅅ'으로 발음한다. 한편 문법적 형태에는 중세조선어의 자취가 많이 남아 있다.

전라도방언은 전라북도와 전라남도가 이에 해당하고 이 방언은 홑모음이 'ㅣ[i], ㅟ[y], ㅔ[e], ㅚ[ø], ㅐ[ɛ], ㅏ[a], ㅓ[ə], ㅡ[ɯ], ㅜ[u], ㅗ[o]' 등 10개 있다. 이 지방의 말에서 'ㄱ[k], ㅋ[kʻ], ㄲ[kʻ], ㅎ[h]' 등 자음의 모음 'ㅣ[i]'나 반모음 '[j]' 앞에서 구개음화하여 'ㅈ[ʧ], ㅊ[ʧʻ], ㅉ[ʧʻ], ㅅ[s]'로 발음한다. '김'을 '[ʧim]', '견디다'를 '[ʧəndida]', '끼다'를 '[ʧʻida]', '형'을 'səɦ', '힘'을 'sim'으로 발음한다. 중세의 'ㅿ'이 'ㅅ'으로 살아있어 '병이 나아'를 '병이 나사'로 '밥을 지어'를 '밥을 지서'로 발음한다.

중부방언에는 경기도, 충청북도, 충청남도, 강원도, 황해도의 대부분 지역이 이에 해당되고 성조에 있어 동남방언의 영향을 강하게 받고 있는데 이후 조선의 기초방언으로 되어왔다. 이 방언은 홑모음이 'ㅣ[i], ㅟ[y], ㅔ[e], ㅐ[ɛ], ㅏ[a], ㅓ[ə], ㅡ[ɯ], ㅜ[u], ㅗ[o]' 등 9개 있다. 'ㅚ[ø]'가 없기에 이 대신에 'ㅔ[e], ㅞ[we], ㅙ[wɛ], ㅐ[ɛ]'로 발음하기에 '쇠'를 '[se]', '사회'를 '[sahwe]', '되다'를 '[tɛda]'로 되며 'ㅟ[y]'도 일부 단어에서 '[wi]'로 발음되기에 '더위'도 '[təwi]'로 '바위'도 '[pau]'로 된다.

방언에서 동북방언과 동남방언은 역사적으로 깊은 관계가 있으며 고저 악센트를 가지고 있는 점이 특이하고, 서북, 중부, 서남방언은 음장이 있으며 서북방언은 구개음화가 잘 실현되지 않고 있다. 이러한 방언을 사용하는 조선인들은 연변지구 외에 중국 동북의 여러 지구에 분산되어 중국인들의 포위 속에 있었다.

이주초기~1930년까지 시기 조선어방언소유자들은 대부분은 농업생산에 종사하고 기타 방언 구역과 내왕이 적었으며 천입한 시간이 짧았기 때문에 적지 않은 곳의 조선어방언은 오랫동안 잘 보존하여 있었다.

중국의 동북지구, 특히 간도는 개간 초기에 청나라의 통치구역이어서 만족이 많이 살았기에 왕청, 훈춘, 화룡, 도문 등 현시 소재지가 만어 지명으로 되었다. 그리고 당시 만족의 잡거지구인 훈춘에는 만주어로 된 촌 이름이 집중되어 있었는바 '하다문(哈達門), 마적달(馬滴達), 이리하다(伊里哈達)' 등을 들 수 있다.

당시의 만족들은 주로 사냥과 고기잡이에 종사하였기에 연변의 큰 강들인 '도문강(만갈래의 물이 모여 든다는 뜻), 해란강(비술나무가 우거졌다는 뜻), 부르하통하(버드나무가 우거졌다는 뜻), 가야하(긴 적삼과 같다는 뜻), 목단강(구부러졌다는 뜻)은 모두 만어로 되었고, 주요한 산들인 로야령, 할바령, 목단령, 장광재령, 위호령'도 만어로 된 이름이다. 모두어 말하면 연변의 현, 시지명과 큰 산, 큰 강 이름은 조선인이 이사 오기 전에 지은 것이다.[30]

총적으로 이주초기~1930년 시기 중국에서의 방언 분포는 초기 이주 시기는 두만강과 압록강 구역의 조선의 북부지방, 즉 평안북도와 함경북도에서 이주한 조선인들이 강 양안에 가정을 단위로 살았다. 그 후 19세기 중엽 조선의 자연재해로 이주민이 대량으로 증가되면서 이주민이 증가되고 이주범위가 넓어지면서 중국에서의 조선어방언의 분포범위가 점점 확산되었다. 더욱이 '한일합병' 이후에는 더욱더 방언 구역이 확산되어 조선어방언 분포구역은 크게 평안도, 함경도, 경상도 등 세 개로 집중되었다.

시간이 흐르면서 중국에서의 조선어방언 분포가 더욱 확산되었다. 길림성 구역 안에 함경도방언도 분포되어 있고 경상도방언도 분포되었으며, 요녕성 구역 안에 평안도방언을 중심으로 경상도방언도 분포되어 있으며, 흑룡강성 구역 안에 함경도방언도 경상도방언도 분포되어 있었다.

---

30) 심현숙(1993), 『중국조선족 취락지명과 인구분포』, 연변대학출판사, 32면.

그뿐 아니라 한 방언 구역 안에 다른 방언이 분포되어 작은 방언섬을 이루고 있는 지역도 여러 곳으로 나타났다.

3. 이주초기~1930년까지 조선어 사용

이주초기~1930년까지 시기 이조 지배계급과 일본침략자의 가혹한 압박과 수탈로 인하여 중국의 동북지구로 이주해 온 조선인들은 기타 여러 민족 인민들과 함께 청조정부와 봉건군벌 그리고 일제의 가혹한 착취와 압박을 받으면서도 중국의 동북지구 개척에 많은 공헌을 하였다.

중국에서의 조선어는 이때부터 조선인들과 함께 노동과정에서, 사회생활과정 및 교제과정에서 자기의 기능을 남김없이 발휘하였다.

중국 만주지역으로 이주한 조선인들은 장기간 농업을 위주로 하는 봉건사회에서 생활하였기에 그들의 언어는 봉건사회 농경생활을 반영한 어휘가 위주였고 자본주의의 충격과 외래 침략세력의 영향 하에 조선어에는 새로운 어휘들도 적지 않았다. 특히 새로운 지방과 새로운 환경 그리고 다른 민족들과 잡거하여 생활하는 과정에 기타 민족의 어휘들을 흡수하였고 새로운 지명과 새 어휘를 많이 만들어 썼다.

1) 만주지역으로의 이주와 조선어

일본침략자와 이조 지배계급의 가혹한 압박과 수탈로 인해 조선인들은 비참한 생활처지에 이르게 되었고 그러한 처지에서 헤어나가려고 중국 땅으로 이주하였다. 이러한 비통한 심정은 중국 조선인 작가들의 문학 작품에 진실하게 반영되었다.

'월강죄'에 걸리면 목이 잘린다는 것을 알면서도 살길을 찾아 '남부여대(男負女戴)' 하고 만주로 들어온 조선인들은 엄동설한에 얼어 죽은 사람이 많았으며 먹을 것이 없어 초근목피로 연명하다가 굶어죽은 사람들도 아주 많았다. 그러나 이때의 만주 땅은 헐벗고 굶주린 조선인들에게 있어서 희망의 땅이었고 새로운 삶의 터전이었다.

> 산등성이에는 느릅나무, 참나무, 문푸레나무들이 빽빽이 들어서서 그 잎들이 저절로 떨어져 반길씩이나 깔리여있는 곳, 펑퍼짐한 언덕에는 개얌나무, 찔레나무들이 자라나 바람결에 파문을 일으키며 춤추고 있는 곳, 개울바닥, 진펄에는 버드나무가 우거진속에 물쑥, 창포들이 키넘게 무성한 곳, 이것이 간도땅이다. 그리고 벌판을 째여흐르는 개울에는 자넘는 산천어가 푸들푸들 뛰노는 곳, 산속에는 토끼와 노루 심지어 메돼지가 우굴우굴한 곳, 이것이 바로 조선이민이 찾아오는 간도땅이다.
>
> ＿＿ 김창걸의 단편소설 「무빈골전설」[31]

만주에서의 조선인들의 생활이란 한마디로 조선에서의 가난의 연장이었으며 많은 경우 조선에서보다도 더 혹독한 시련을 참지 않으면 안 되는 것이었다. 그리고 이러한 이주 전이나 이주 후의 비참한 생활은 상당한 부분이 일본의 식민지 정책에 의한 강제된 것이었다.

초기 중국에 천입한 조선인들 중에는 자기의 문인이 없었으나 얼마 지나지 않아 곧 중국조선인 문학작품들이 육속 출현하기 시작했다. 이 시기의 시문학은 창가와 한시, 시조, 민요 등의 시형이 주를 이루었고 민요는 우리 민족이 중국으로 이주하면서 가장 먼저 가져온 음악이다.[32]

개별적으로 중국에 천입한 조선의 지식인들은 반일 민족해방투쟁에 투입되었을 뿐 아니라 당시 시대의 요구에 적응하여 반제, 반봉건 내용

---

31) 허경진·허휘훈·채미화 편(2006), 『중국조선민족문학대계 11』, 보고사, 32면.
32) 정덕준 외(2006), 『중국조선족문학의 어제와 오늘』, 푸른사상사, 36면.

의 문학작품을 자기의 말과 글로 창작하였는바 20년대 많은 문학작품이 출현하였다.

민요 <북간도>, <신아리랑>이 바로 그러한 작품들이다.

문전옥답 다 빼앗기고
거지생활 웬 말이냐?
밭 잃고 집 잃은 벗님네야.
어디로 가야만 좋을가나?
아버님 어머님 어서 오소.
북간도 벌판이 좋답디다.

___ 민요 <북간도>[33]

산천초목 젊어가고
인간의 청춘은 늙어만 간다.
[후렴] 아리랑 아리랑 아라리오.
　　　아리랑 고개를 넘어간다.

무산자 누구냐 탄식마라.
부귀와 빈천은 돌고돈다.
[후렴]
밭 잃고 집 잃은 동포들아!
어디로 가야만 좋을가보냐.
[후렴]
괴나리 보짐을 짊어나지고
백두산 고개길 넘어간다.
[후렴]
감발을 하고서 백두산 넘어
북간도 벌판을 헤매인다.

___ 민요 <신아리랑>[34]

---

33) 조성일·권철(1990), 『중국조선족문학사』, 연변인민출판사, 46면.

이와 같이 아름다운 우리말로 된 민요들에는 민족적 울분과 비통의 감정이 행복한 생활에 대한 지향, 민족의 독립과 해방에 대한 열망과 결부되어 나타나고 있는 것이다.

시조작품을 보아도 민요나 창가와 비슷한 경향이 있다.

> 십년을 갈은 칼이 갑속에서 우는구나.
> 시사를 생각하고 때때로 만져보니
> 장부의 일편단충을 어느때에 가서야
>
> ___ 시조 <갑중검>35)

> 금옥이 보배라도 련마않고 광채나며
> 인재가 출중한들 배양않고 영우되랴
> 청년들 방심말고 공부하여 저 수치를
>
> ___ 시조 <청년아>

> 그림자로 벗을 삼는 혁명객의 이 신세라
> 사랑하는 동포에게 무엇으로 정 표할까
> 받아라 신년선석 드리노니 이 내 몸을
>
> ___ 시조 <새해>36)

이 시조는 알기 쉬운 조선말로 민족의 굳은 지조를 지닌 우국지사들이 민족을 위한 성전에 자기를 바치고자 하는 비장한 결의가 나타나고 있다.

19세기 중기부터 가난한 조선인 농민들은 청조의 엄한 봉금정책을 무릅쓰고 중국의 두만강과 압록강을 건너 만주에 정착하였고 천입 초기에는 대부분 통화, 집안, 장백, 신빈, 용정, 화룡 등 압록강과 두만강의 연

---

34) 조성일·권철(1990), 『중국조선족문학사』, 연변인민출판사, 48면.
35) 정덕준 외(2006), 『중국조선족문학의 어제와 오늘』에서 3·1운동 때 나온 작품으로 추정.
36) 권철·김병민·채미화·허휘훈(1999), 『문학작품선(4)』, 동북조선민족교육출판사, 38면.

안에서 살았다.

이 시기 어휘들을 보면 중국 동북으로 천입한 조선인들의 역사를 읽을 수 있다.

① 기사년(己巳年) : 1869년(동치8년) 조선의 북부지방에 역사에 기재할 만한 대 기근을 말함. 이 시기를 계기로 많은 조선인들이 두만강과 압록강을 건너서 중국의 만주로 들어왔다.

② 만주(滿洲) : 중국 동북(東北) 지방을 이르는 말로서 요녕(遼寧), 길림(吉林), 흑룡강(黑龍江)의 동북 삼성(東北三省)으로 구성됨. 간도(間島)를 중심으로 조선인이 많이 사는 곳. 조선인들이 이주 초기에 만주에는 어디로 가나 기름진 황무지이어서 쌀 창고로 불리우면서도 땅 임자는 없다는 소문이 돌았다.

③ 간도(間島) : 중국 길림성 동남부지역, 곧 연길현, 돈화현, 왕청현, 훈춘현, 화룡현, 안도현, 장백현, 무송현, 림강현 일대를 포괄함. 이곳은 두만강과 압록강, 송화강, 목단강과 같은 강들로 둘러싸인 섬 같은 지대로서 조선에서 이주한 사람들이 많이 살고 있었다.

④ 두만강(圖們江) : '장백산정계비'에는 투먼(土門)으로 기록되어 있고 어원을 보면 여진어의 투먼써친(圖們色禽)에서 나온다. '투먼'이란 여진어의 '만(萬)'이란 뜻이고 '써친'이란 강의 원류. 《요사(遼史)》에는 '弛門', 《금사(金史)》에 '統文', '圖們', 《명사(明史)》에서는 '徒門' 등으로 불리우고 그 외에도 '土門', '豆門'으로도 기록되어 있다. 두만강이란 여진어의 음역으로서 만물의 근원 혹은 만수의 회합으로 전이되어 불리워진 명칭.

⑤ 월강(越江) : 압록강이나 두만강을 건너 중국에 가는 것을 말함.

⑥ 효수(梟首) : 죄인의 목을 베어 높은 곳에 매다는 것.

그 당시 월강할 때 남자는 '지게'를 지고 여자는 '함지박'이나 '괴나리 보짐'을 이고 '남부여대' 하고 길을 나섰다.

⑦ 지게 : 짐을 얹어 사람이 등에 지는 조선민족 고유의 운반 기구. 두

개의 가지 돋힌 장나무를, 위는 좁고 아래는 벌어지게 나란히 세우
고 그 사이를 사개로 가로질러 맞추고 아래위로 질빵을 걸었다. 이
기구는 그 당시 가장 널리 쓰이던 운반 기구임.

⑧ 함지박 : 통나무를 파서 바가지처럼 만든 그릇.

⑨ 보자기 : 물건을 싸서 들고 다닐 수 있도록 네모지게 만든 작은 천.

⑩ 괴나리봇짐 : 전날에 먼 길을 가는 사람이 자그마한 보자기로 싸서
지거나 이거나 하는 짐.

⑪ 짚신 : 지난날에 신던 볏짚으로 삼은 신.

당시 중국의 만주족과 접촉하는 과정에 그들의 말도 중국 조선어 어휘
속에 적지 않게 차용되었다.

① 송화강 : 송화강은 옛적에 '수머'(粟末－발해때), '숭와'(宋瓦－금대),
'숭아리'(松阿里－원대)라고 불리다가 여진족은 '숭와리, 삐라'(宋瓦
哩 畢拉)라고 불러왔는데 '천하'(天河)의 뜻으로 해석하고있다. 후에
한자로 음역될 때 '송화강(松花江)'으로 고착되었다.

② 푸르하통하 : 연길시의 중심을 흘러 두만강으로 들어가고 있는데 금
사(金史)에서 '복간수'(僕幹水)로 기록되어 있다. 푸르하통은 푸얼하
투(布爾哈圖)로 불리웠는데 이것은 여진어 푸얼가(布爾噶)에서 기원
한 것이다. 푸르하통은 버드나무가 무성하다는 즉 '총류'(叢柳)라는
뜻이다.

③ 해란강 : 해란강은 여러 가지 이름으로 불리웠는데 금대에 이르러서
는 지금의 연길현 일대는 해란로총관부(海蘭路恩管府)에 소속되어 있
었다. '해란'이란 여진어에서 '느릅나무(楡樹)'를 의미하는바 한자의
해란은 여진어의 음역이다.

④ 목단강 : 이미 명대의 문헌에 출현되고 있다. 여진어 '무단'이란 '물
굽이'를 의미하는바 역시 여진어의 음역으로서 목단꽃과는 하등의
인연이 없다.

이밖에 '도로기(파종할 때 신는 신), 울라신(토방법으로 만든 소가죽신),
마파리(눈에 달리는 마차)' 등도 들 수 있다.

동북에 온 많은 조선인들은 절대 다수는 가난한 농민들로서 당시 만주에 있는 여러 민족들과 함께 장기간에 걸쳐 중국 동북 농업개발을 위하여 힘써왔다. 조선인 거주지의 초기 분포가 두만강, 압록강 지대로부터 동북 각지로 확대되는 과정은 바로 동북지구에서의 수전개발의 신속한 발전에 따라 출현하였다. 이리하여 조선인은 동북 각지에서 여러 인민들과 잡거하면서 온갖 지혜와 피땀으로 동북 농업개발을 가일층 촉진시켰고 자신의 새로운 역사를 창조하였으며 형제민족 인민들과 불가분리의 관계를 이루었다.

⑪ 황무지(荒蕪地) : 아무데도 이용되지 않은 채 거두지 않고 내버려둔 거친 땅
⑫ 부대 : 산속의 나무나 풀을 베고 그 자리에 불을 놓아 일군 밭 또는 거기에서 짓는 농사
⑬ 씨 : 열매 속에 있으며 앞으로 새로운 낱 몸이 될 단단한 물질. ~ 없는 수박

동북에서 제일 처음으로 벼농사를 시작한 곳은 길림성 통화현 하전자(下甸子)이다. 1870년 김 씨라는 조선인 농민이 이곳으로 이사하여 들어왔는데 처음에 이곳은 날씨가 차고 물도 차니 관내나 조선처럼 '논농사'를 지을 수 없다고 여겨 '밭농사'를 짓고 살았다. 몇 해 동안 세심한 관찰과 체험을 거쳐 그 일대 기후와 수온의 변화정황을 상세히 파악하게 된 그는 이곳에서도 벼농사를 지을 수 있겠다는 생각이 들었다.

김 씨는 남몰래 압록강을 건너 조선에 가서 볍씨 몇 근을 사가지고 와서 햇볕이 잘 쪼이는 양지쪽 냇가에다 논 두어 바닥 풀고 볍씨를 뿌렸다.

통화 하전자 김 씨의 벼농사실험이 성공했다는 소식은 재빨리 그 주변 조선인 농민들에게 널리 전해졌다. 이리하여 통화와 인접한 홍경현, 유화현, 환인현 각지는 물론, 요남 일대 조선인 농민들도 벼농사를 대대적

으로 벌이게 되었고 나중에 조선인 농민들은 북만, 내몽골 일대까지 이주하여 들어가 벼농사를 개척하였다.

　⑭ 벼 : 주로 논에 심고 가꾸어 흰쌀을 생산하는 알곡작물 또는 그 열매. 잎은 좁고 길며 줄기 우에 이삭이 나와 열매를 맺음. 벼는 조선에서 강냉이와 함께 주되는 알곡작물로서 수확고가 높고 그 품질이 아주 좋다. 밭에 심어 가꿀 수도 있다.

이 시기 벼와 관계되는 어휘들이 많이 쓰였을 것인바 '벼농사, 논밭, 논갈이, 물도랑, 볍씨, 벼이삭, 벼밭, 벼이삭, 벼단, 낟가리, 쌀, 이밥, 누룽지, 풍년, 흉년, 천하지대본, 논농사' 등 어휘들이다.

안수길의 소설 『벼』[37]를 통해서도 중국의 동북지구로 이주한 조선인들은 벼농사를 하였다는 것을 알 수 있다.

　첫해에 푼 것이 열상가량이였다.
　농사는 쉬웠다. 볍씨는 맨 나중에 들어온 사람이 가지고 왔다.
　거름도 할 필요가 없었다.
　의외에 물이 좋았다. 벼에는 좋은 물이지만 사람한테는 맞지 않았다. 설사하는 사람도 생겼다. 몸에 부스럼이 나는 사람도 있었다. 그러나 이것도 이일 수 있었다. 어른들은 이내 물에 익숙하였으나 저항력이 없는 어린애들은 설사하다가 죽는 일도 있었다.

중국에 천입한 대부분 조선인들은 주로 농업에 종사했지만 시간이 지나면서 점차 일부 이주민들은 채금업이나 광산업에도 종사하여 생계를 유지하였다.

　⑮ 홍기하(紅旗河) : 훈춘현 성에서 마적달로 올라가는 어간에 훈춘하로

---

37) 연변대학 조선문학연구소편(2006), 『안수길』, 보고사, 286면.

흘러들어가는 자그마한 강이 있었는데 1875년 전부터 이곳으로 금
전 군들이 이곳저곳에서 모여들었다. 그들은 제가끔 그곳 강 일대에
붉은기를 꽂아 놓아 자기들의 사금구역을 표식하였다. 그리하여 강
양쪽 벌판은 수십 리에 거처 온통 붉은 기발이 나붓겼는바 하여 강
이름을 홍기하라고 하고 지명도 홍기하라고 명명되었다.

⑯ 사금장(沙金場) : 연변에서의 광업은 사금장을 벌리는 것부터 시작하
였는바 채금자들이 사처로부터 모여들어 대성황을 이루었다. 이것은
연변으로 이주민들이 많이 모여들어 인구가 증가하게 된 원인의 하
나로 되었다.

⑰ 은광 : 청조 말엽인 광서 초년(1875년)부터 관내 산동 등지에서 온
한족들과 조선으로부터 넘어온 조선인들이 천보산(天寶山) 정착하
여 농사에 종사하다가 부분적 사람들이 은광을 채굴하였다.

⑱ 주금 : 만청의 지방관부에서 경영하면서 일부분의 주금을 부유한 자
들이 출자하여 경영하는 방식을 말한다.

⑲ 노두구탄광 : 천보산 광산이 점차 번영 되자 그에 뒤따라 제련용 석
탄이 수요되어 그 부근의 노두구 탄광을 개발하였다.

⑳ 덕대제 : 광업주와 광산 노동자 지간의 중계자로서 그들은 광업주에
게서 광산구역을 세내어 채광권을 얻은 후 채광하여 얻은 이윤가운
데서 광업주에게 일정한 수량의 세금을 납부하고 나머지는 자기 호
주머니에 넣는다. 채광권을 세 맡고 노동자를 모집하여 고용하는 착
취방식을 말한다.

이와 같이 중국 동북지구에 채금업과 광산업이 발전하면서 이에 관련
된 어휘들인 '금전, 금광, 채금, 금, 은, 사금, 사금장, 채굴, 채탄, 탄광,
석탄, 세금, 채광, 광업주, 광산' 등이 많이 사용되었을 것이다.

중국 만주에 이주한 조선인들의 고향에는 선조의 산소가 있고 피땀으
로 가꾸었던 전장이 있었으며 어릴 때부터 함께 놀던 고향친구가 있었다.
그들은 정든 고향마을을 떠나기가 아쉬웠으나 앞에 놓은 것은 기아뿐이
었기에 떠나기 싫어도 큰 희망을 품고 고향을 떠나 만주로 향하게 되었던
사실들이 상술한 어휘들에는 똑똑히 기록되어 있다고 할 수 있다.

두만강과 압록강을 건너 만주에 온 후 주로 농업에 종사하고 부분적으로 광업에 종사하면서 생활하였기에 이러한 사회현상을 반영한 어휘들이 이주초기~1930년까지 시기 중국조선어 어휘구성 속에 들어왔다.

2) 중국의 봉건 통치와 조선어

중국의 동북 대륙으로 이주해 온 조선인들에게는 이 땅에 발을 붙인 그날부터 정치, 경제, 문화상에서 이중, 삼중의 압박과 착취가 들씌워졌고 이주해 온 그날부터 다른 민족의 언어, 풍속습관이 강요되는 고난의 역사가 시작되었다.

그것은 만청 통치시기에 청나라로부터 치발역복하고 입적할 것을 강요했고, 신해혁명 이후 중화민국 시기에는 한족으로부터 귀화입적 할 것을 강요당했다. 그러나 조선인들은 불요불굴의 정신으로 자기 민족의 넋을 지켜왔고 민족의 징표의 하나인 자기의 언어와 문자를 굳게 고수하여 왔다.

중국에 천입한 조선인들은 우선 자연－지리적 환경이 달라졌고 정치, 경제, 문화적 환경이 달라졌기에 중국에서 생존하려면 이런 변화된 환경에 널리 적응되어야 하며 이로부터 새로운 자연－지리적 환경과 정치, 경제, 문화적 환경을 반영하는 어휘나 표현들을 쓰지 않을 수 없게 되었다.

우선 중국의 봉건착취제도를 반영하는 어휘들을 사용하였다.

① 향약(鄕約) : 중국 송나라 때의 여씨 향약(呂氏鄕約)을 본뜬 것으로 당시 청조의 지방의 기층정권이다. 향에는 향약이 관청의 세력을 등대고 농민들을 마음대로 약탈하였다.

② 패두(牌頭) : 당시 청조의 지방의 기층정권, 향약과 함께 툰에는 패두가 있어 관청의 세력을 등대고 농민들을 약탈하였다.

③ 치발역복(稚發易服) : 길림장군 장순(長順)은 청정부의 명령을 받고

1890년 비법으로 입적한 조선 개간민들에게 치발역복하고 입적하는 정책을 실행하였다. 즉 조선 개간민들이 중국국적에 가입하고 중국인이 되게 하였다. 머리나 옷차림새를 만족처럼 해야 한다고 다른 민족에게 강요한 청조통치자들의 민족동화정책이다. 이민족들은 만족들처럼 앞머리를 깎아버리고 만복을 입어야만 소작권을 주었고 불복하는 자에게는 소작권을 박탈하였을 뿐더러 구축하여 버렸다.

④ 방청(살이) : 방청(榜靑)은 지주가 소작인에게 식량, 종자, 역축 등을 대여주고 소작을 짓게 한 다음 가을에 지주의 요구대로 소작을 바쳐야 하는 가장 가혹한 착취방법, 동북농촌의 봉건토지제도 하에서 지주들이 농민들을 착취하던 소작제도의 하나이다.

'방청살이'에는 '리방청', '외방청'이 있었는데 조선인들은 이를 지주의 '지팡(地方)살이'라고도 하였다. '방청살이'는 착취가 가혹하였으나 조선인은 이주 초기에 적수공권의 처지에서 삶을 위해 부득불 지주에게 "의탁"하는 '방청살이'를 할 수밖에 없었다.

⑤ 점산호(占山戶) : "대량의 토지를 점유하고 있는 만청 팔기군 지주"를 가리키는 말이었고 당시 재정난에 봉착한 청조의 지방관부에서는 부정축제에 눈이 어두어 기전(旗田)이요, 학전이요, 관전이요 하는 따위의 명목으로 두었던 토지들을 점산호들에게 팔아버렸다. 이리하여 점산호들로 하여금 더욱 큰 토지점유자로 되게 한다.

⑥ 반작(半作) : 지주 측에서 식량, 종자, 장, 소금, 담배를 꾸고, 부림소도 빌려 농사를 짓고 가을에 가서 총 수확량의 절반을 바치는 소작 농사를 말한다.

⑦ 타작(他作) : 마당질하는 한편 소작료를 바치는데 일반적으로 그 해 산량의 3~5할(짚이나 곡식대를 포괄함)을 바쳐야 한다.

⑧ 도조(稻租) : 풍년이 들든 흉년이 들든 관계없이 일률로 계약에 따라 소작료를 바치는데 그 비률은 평균산량의 10분의 3~4이다.

⑨ 고리대(高利貸) 혹은 고리대금 : 착취계급이 돈이나 낟알을 꾸어주고 비싼 이자를 받아먹는 착취의 한 형태이다.

당시 지주가 밭을 빌려준 대가라고 하여 소작인이 농사지은 곡식에서 착취해 가는 '소작료'가 있었고 조선 농민들이 수전을 부치고 소를 사양한다고 하여 '수리세', '소사양세'를 덧붙였으며 또 관청에 드나드는 '문턱세', 남에게 고용되었다 하여 '고용세' 그리고 '인두세', '굴뚝세', '입적료', '이주증서수속료', '호구세', '소금세' 등 수십 가지의 세금을 내라고 강박하였고 지주들은 조선인 농민들이 피땀 흘려 개간한 논밭을 강제적으로 빼앗기까지 하였다.

⑩ 굴뚝세 : 집집마다 굴뚝이 있음
⑪ 소사양세 : 소를 먹이는 집
⑫ 문턱세 : 관청의 명령에 따라 호출되었거나 일이 있어 관청의 문턱을 넘나듦
⑬ 호세(戶稅) : 각지 농민들은 그 지방에 주둔하고 있는 군대에게 때때로 입쌀, 닭, 달걀, 장, 술, 화목, 담배 지어는 일상생활용품까지 바침

조선인들이 중국으로 이주한 초기에 어려웠던 생활처지를 우리말 자유시에 담아 표현하기도 하였다.

신재령에도 나무리벌
물도 많고
땅 좋은 곳
만주 봉천은 못살곳

왜 왔느냐
왜 왔느냐
자국자국이 피땀이라
고향산천이 어디메냐

___ 김소월 <나무리벌 노래>(1928년)

민국초기에 혼란한 틈을 타서 화룡현의 진천장(陳天障)은 주둔 퇀장 맹부덕(孟富德)과 결탁하여 '화간공사(華墾公司)'란 간판 밑에 현 내의 국유지, 삼림, 광산을 비법, 강점하였고, 현지부 양배조(楊培祖)와 결탁하여 관부 내에 '총사(總社)'란 행정기구를 설치하고 명목이 번다한 가렴잡세를 꾸며 냈다고 한다. 그리고 당시 연변지구의 가렴잡세의 예를 들면 1913년 안도(安圖) 경내의 한 농민이 시장에서 닭 두 마리를 6조(弔)를 받고 팔았는데 세금이 3조(弔)였다38)고 한다.

이외에도 봉건사회를 반영한 어휘들로는 '보릿고개'(햇보리가 날 때까지 넘기기 힘든 고개라는 뜻으로 가난한 농민들이 묵은 곡식은 다 떨어지고 햇보리는 아직 여물지 않아 식량사정이 가장 어려운 시기를 비겨 이르는 말), 또는 '분익(分益), 병작(竝作)'하는 따위의 지조가 있는가 하면 초봄에 지주가 소작인에게 소작료를 정한 후 풍년이 들거나 흉년이 들거나를 막론하고 원래 정한 지조대로 바쳐야 하는 '정조(定租)'라는 것도 있었다고 한다.

'녹피바지'는 생활비를 최대한도로 저하시켜 한 푼이라도 더 긁어모을 작정으로, 피륙으로 의복을 지어주는 것이 아니라 노루가죽이나 사슴가죽으로 바지를 만든 것을 말한다.

'팔기군(八旗軍), 부다지(浮多地), 학전(學田), 집조(執照), 주자(租子), 경찰서, 헌병, 집단부락, 집단이주, 서당' 등 어휘들도 있었다.

⑭ '귀화민', '끼살이(寄戶)' : 청조정부는 조선인의 호구를 조사하여 치발역복한 조선인을 '귀화민'으로, 치발역복을 원치 않는 조선인을 '끼살이(寄戶)'로 규정하고 '귀화민'에게는 토지소유권을 주고, '끼살이(寄戶)호'에 대해서는 문패에다 '끼살이(寄戶)'라고 표시하게 하고 토지소유권을 주지 않았을 뿐만 아니라 이미 개간한 땅마저 몰수하여 한족과 만족에게 전매하여 '끼살이(寄戶)호'는 한족, 만족지주의 소작농으로 전락시켰다.

---

38) 고영일(1982), 『조선족력사연구』, 요녕인민출판사, 165면.

상술한 어휘들은 모두 당시 조선 북부의 인민들이 살길을 찾아 눈물을 머금고 남부여대(男負女戴) 하여 중국 만주에 이주하여 봉건통치의 착취를 힘겹게 생활하던 사회현실을 반영하여 주었다.

중국에 이주한 조선인들은 일정한 행정구역에 정착하고 중국정부의 관리를 받지 않으면 안 되었다. 중국에 있어서의 조선어휘구성에 중국정부기구의 명칭, 행정구역의 명칭, 관리명칭이 사용되었다.

본래 조선의 행정구역 획분은 '도(道), 군(郡), 읍(邑), 면(面)'이었는데 19세기 말에 청조는 두만강 이북지대에 개간허락구역을 내오고 행정구역을 나누어 놓았기에 조선인들은 중국에 이주하여 '보(堡), 참(站), 사(社), 갑(甲), 패(牌), 호(戶)' 등 청정부의 행정 획분을 따랐다. 그때 연길변무공서에서는 현급 단위 밑에 '향약', '패두' 등 단위를 설정하였고 1891년 청정부는 훈춘 초간국을 국자가에 옮긴 후 1894년에 모든 간도를 4보 40사로 획분, 124갑 415패로 편입, 그중 조선인이 9,990호, 한족은 264호를 점하였다고 한다.[39]

① 행정기구, 행정구역 명칭 : 황무국, 초간국, 간민국, 무간국, 국자가, 병비도, 도윤공서, 도태부, 시정주비처
② 관리명칭, 행정관리인원 명칭 : 관찰사, 도윤, 도태, 보장, 사장, 갑장, 패장

이주초기~1930년까지 시기 봉건군벌당국 및 지주들의 안팎으로 되는 착취와 탄압으로 말미암아 조선인들은 생활의 권리마저 박탈당하였다. 앉아 버티어도 죽음이요, 유랑하며 돌아다녀도 죽음이요, 조선인 농민 앞에는 살아나갈 길이 아득하였다.

---

39) 손춘일 편(2002), 『중국조선족사회문화발전』, 연변교육출판사, 13면.

내 그대를 따라 이 땅을 찾음은
반생에 그리움 정을 행여나 풀가 하야
북관—천리길에 로자도 한푼 없이
한줄기 글만 믿고 내 홀로 떠나왔소.

고개마다 넘는 고개 님의 기척 살피나
적적한 세상이라 소식 듣기 어려우니
넘어가는 초생달에 눈물만 스치고서
한고비 뭉친 한을 또다시 태우고있소..

봄들은 여진땅을 다시금 밟아올 때
옛님이 꿈결의 내 앞을 가리우니
목메인 물소리도 내 귀엔 설음이요
동솟은 모아산도 내 눈엔 가시라오.

한이야 타든말든 님이나 만났으면
어슬렁 뜨는 마음에 만단설화 하렸더니
님은 가셨어라 찾아볼 길 없아오매
되거퍼 고개넘기 발길만 허득이오.

무정하오시라 필시 기약하던 랑군
보름달 넘기전에 소식 멀리 하려드니
불원천리 이 내 마음 불현듯 꺼져들듯
되돌아가랴 하니 눈물 먼저 앞을 서오.

___ 근파, 「님을 찾으며」(1928년)

이 시는 1928년 『민성보』에 발표된 작가 근파(根波)의 시이다. 서정적 주인공은 만주로 온 님을 찾아 노자 한 푼 없이 북관에 왔지만, 유랑하며 돌아다니는 내 님을 찾으려야 찾을 길 없는 애타는 심정을 우리말로 된 시어에 담아 잘 표현하였다.

이러한 환경 속에서 반동통치계급과 투쟁하여야 삶의 길이 열린다는 진리를 점차 알게 되었다. 그리하여 조선인 농민들은 각지에서 폭동으로 반동정부와 지주들에게 대항해 나섰다.

당시 중국 조선인 농민들의 투쟁모습을 흑룡강성 아성현 해구(海溝)농민조합에서 산포한 삐라에서도 어느 정도 보아낼 수 있는데 이때 조선어가 봉건통치를 반대하여 싸우는 투쟁에서 선전 고동 역할을 놀았음을 알 수 있다.

> 동지들이여 일떠나라, 남녀로소들이여! 일제히 떨쳐나서라!
> 소작인에 대한 지주의 행패를 반대하자!
> 지주의 소작인구축을 반대하자!
> 지주의 소작인학대를 반대하자!
> 자주의 소작인토지몰수를 반대하자!
> 관청에 붙잡혀갈 때는 일제히 대항하자!
> ___ 1930년 3월 31일 해구농민조합 해구토지조득위원회(海溝土地租得委員會)[40]

이 시기 우국지사와 지식인들을 중심으로 간도, 북경, 상해 등지에서 민족 계몽운동을 벌였는바 우리 글로 된 수많은 근대적인 신문과 잡지들이 적지 않게 출현하였다.

1909년부터 1919년 사이에 『월보』(1909), 『한족(韓族)신문』(1911), 『대진(大震)』, 『학우보』(1916), 『조선독립신문』(1919), 『한족신보』(1919), 『애국신문』(1919), 『조선민보』(1919) 등은 아름다운 우리말과 글로 새로운 문명을 수용 보급하는 한편, 당시 암흑한 봉건통치에 맞서 민족해방, 민족옹호, 산업과 교육의 진흥 등에 대해 선전하여 조선인 대중들을 계몽함으로써 인민대중의 민족적 각성과 단합, 사회의 근대적 발전과 문명개화를 촉진시키는 데 이바지하였다.

---

40) 현룡순·리정문·허룡구(1985), 『조선족백년사화(1)』, 요녕인민출판사, 74면.

3) 민족공상업의 발전과 중국조선어

이주초기~1930년까지 시기 연변의 경제활동은 그 내용으로 보면 순수한 토지경작활동과 토지매매활동, 토지조차활동 등으로서 이러한 경제활동은 이후 오래 동안 지속된 것이다.

당시 연변은 원래부터 여러 가지 자원이 풍부하고 인류의 생산활동에 적합한 지대였다. 그러나 오랫동안 계속되었던 명·청전쟁의 재난과 청조통치계급의 200여 년 간의 봉금정책으로 하여 매우 늦게야 개발되기 시작하였다.

연변에서 농업, 광업, 어업은 청조중엽 이후 여러 민족 이주민이 증가됨에 따라 개척되고 개업되었으며 임업, 사냥업은 청조말기에 이르러서도 의연히 미개발상태였다. 농업은 청조시기 연변지구의 주업으로서 주민의 거의 전부가 농업에 의지하여 생활하였다. 당시 사회경제 성질은 봉건적인 자급자족의 자연경제에 속하여 인민들의 경제생활 수준은 당시의 생산력수준의 제한성과 통치계급들의 온갖 착취로 하여 여지없이 빈곤한 처지에 있었다.[41]

1909년에 '간도협약'이 체결된 후 일제의 상부지로 된 연변의 몇몇 지방과 일제가 경영하는 남만철도연선 및 그 부속지 내의 조선인 지역은 일본자본주의의 염가상품시장으로 농산물원료시장으로 전락되었다.

중·조·러 3국과 연접되어 있는 변경 지대인 연변지구는 전국 각지와 마찬가지로 중국의 반식민지반봉건의 사회성격을 추호도 개변하지 못한 채 외래제국주의, 특히는 일본제국주의의 경제침략을 받아 세계자본주의 시장에 휩쓸려 들어갔는바[42] 이는 어떤 의미에서 말하면 당시 중국 조선인의 공업과 상업의 발전에 일정한 자극을 주었다. 그리고 1924

---

41) 김규방 외(1990), 『연변경제사』, 연변인민출판사, 33면.
42) 고영일(1982), 『조선족력사연구』, 요녕인민출판사, 156면.

년에 철도가 개통됨에 따라 중국조선인 집거지와 조선, 일본과의 무역이 급속히 발전하게 되었고 따라서 20세기 20년대에 이르러 조선인의 민족 공상업은 일정한 발전을 가져오게 되었다.

당시 조선인이 비교적 집중되어 있었던 연변의 용정, 국자가, 회경가, 남양평, 구산창, 두도구, 동불사, 노두구 등 곳에는 조선인거리가 생기기 시작하여 임시시장이 설치되고 야장간, 정미소 등 수공업제작소가 서기 시작했으며 잡화점, 포목점, 해산물, 육포, 여관, 음식점 등 여러 가지 봉사 업체들도 나타났다. 그리고 일부 조선인들은 한족들이 집거한 도시에 가서 특산물을 교역하고 잡화상점을 꾸리거나 주변조선인농촌을 대상으로 정미소, 철공장, 여인숙, 음식점 등을 경영하기도 하였다.[43]

1910년~1918년간 용정촌 일본무역액은 8년 동안에 13만 해관냥으로부터 270여 만 해관냥으로 급격히 증가되어 실제로 21배로 증가되고 당지 총 무역액 중 80% 이상의 압도적 우세를 차지하였다[44]고 한다.

1924년부터 1925년 사이에 연변에는 31개 곳에 시장이 설치되었는데 1년 교역총액은 270만 1,808원이었다고 한다. 이밖에도 해산물, 여러 가지 면방직품, 축산물 무역과 기타 잡화무역의 총액은 371만 9,606원이었다.

상업중심지였던 용정에는 여러 가지 점포 308개소가 있었고 봉사업에 222세대, 양주업에 2세대가 종사했다. 국자가에는 기계수리, 농기계제조, 소 수레 제조, 도자기업, 벽돌공장과 양주업 등 소규모적인 공장명칭이 14개소가 있었다.

용정의 인구통계를 보면 1907년 8월에는 409명에 불과했으나 1918년에 와서는 1만 5,847명으로 격증되고 그중 한족이 1만 1,200명, 조선인이 4,177명, 일본인이 470명에 달하였고[45] 용정의 골목을 두고 '아흔아

---

43) 김철수·강룡범·김철환(1998), 『중국조선족력사상식』, 연변인민출판사, 52면.
44) 간도일본영사관 편, 『만주사정(滿洲事情)』, 일문판 제2집─『조선인역사연구』를 재인용.
45) 고영일(1982), 『조선족력사연구』, 요녕인민출판사, 157면.

홉골목'이라고 하였는바 장거리도 번화하여 한 달에 다섯 번 장날이 섰다고 한다. 장마당으로는 하시장, 평양가시장, 사구금(四九金)시장, 새시장, 세관촌시장, 정거장시거리시장 등 고유명사가 있었다. 그때 조선인들은 아직도 자급자족의 소농경제에서 해탈하지 못하였기에 점포에 가서 수시로 상품을 사는 대신 장날을 기다려 사는 습성이 있었기에 시장무역이 매우 중요하였다. 장날이면 천 장사, 잡화 장사들이 가게를 벌이고 부근의 농민들을 상대로 결매도 하고 물물교환도 하고 현금판매까지 하여 장군들이 그야말로 인산인해를 이루었다.[46]

특히 1924년부터 천도 경편철도가 개통되고 게다가 용정에 해관이 선관계로 연변에서 수매한 상품은 모두 용정에 운수되었다가 각지로 분배되었다. 그러므로 용정은 당시 연변에서 가장 번창한 도시로 되었을 것이고 우리말과 글도 상품매매의 아주 중요한 교제도구로 되었을 것이라는 것도 짐작이 된다.

국자가로 불린 지금의 연길시는 연변의 정치, 경제의 중심지로서 인구의 증장을 보면 1907년 8월 대략 1,500명으로부터 1920년경에 와서는 3만 명으로 격증되었다. 이곳의 무역은 주로 모피(毛皮), 목재 등이 길림 및 훈춘 방면을 경유하여 내지와 노령으로 판매되었고 국외로부터는 면사포, 권련, 석유, 사탕, 종이, 일용잡화 등이 수입되면서 이러한 고유어휘들이 사용되었을 것이다.

1924년 통계에 의하면 연변에는 콩기름과 콩깨묵을 생산하는 전문공장이 모두 32개소나 있었는데 그 생산설비 역시 원시적이고 낙후하여 생산량도 그리 높지 못하였다. 당시 연길, 화룡, 왕청 등 3개 현의 20개소 착유공장에서 생산하는 콩기름의 연간 생산량은 828킬로에 달하고 콩깨묵은 84만 킬로에 달하였다. 콩기름의 주요원료는 당지에서 많이 생산하

---

46) 현룡순·리정문·허룡구(1985), 『조선족백년사화(1)』, 요녕인민출판사, 41면.

는 콩이었으며 생산된 콩기름은 식료와 공업용으로 당지에서 소모되는
외 국내와 해외에 수출되었으며 생산된 콩깨묵은 주로 가축사료로 해외
에 많이 수출되고 민용으로 공급되는 것은 매우 적었다.[47]

연변시장에서 범람한 일본상품을 보면 면사포, 석유, 종이, 사탕, 권련
등 소비품이었고 이곳의 수출품은 콩, 좁쌀, 수수쌀, 두병 등 농산품과
동광석 등 공업원료였다.

연변지구의 금융방면을 보면 이 시기 동북주요도시들에서 일본은행이
중국의 관은호(官銀號)를 배제하고 절대우세를 차지한 것과 마찬가지로
연변의 금융실권은 일제의 조종 하에 있었다. 하여 일제는 동북의 경제
침략으로 금융시장을 조종하고 있었다.

남만지역에는 1926년 조선인상점이 674개소가 있었고 어업에 5개소,
정미업에 55개소, 가마니와 새끼꼬기업에 162개소가 종사하였으며 여관,
음식점, 양복점과 여러 가지 수공업수리소 등 봉사업에 157세대가 종사
하고 있었고[48] 1929년(민국 18년) 말 조사에 의하면 연변 4개현(연길, 화룡,
왕청, 훈춘)에 시장이 30개 있었다. 그중 연길현에 14개, 화룡현에 8개, 왕
청현에 5개, 훈춘현에 3개가 있었는바 30개 중 용정촌 시장이 가장 번화
로워 4개 현의 중심도시라고 말할 수 있다.[49]

이때 주로 용정촌 수출, 수입 무역품은 아래와 같다.[50]

가루, 쌀, 보리, 밀, 수수, 기장, 귀밀, 팥, 녹두, 중국소주, 마른 국수, 콩
기름, 중국삼베, 널, 두병, 고추가류, 참깨, 조, 옥수수, 메밀, 콩, 백태, 생
나물, 가금알, 삼바, 원목, 자리, 밀가루, 생고추, 가야하목재(수출품)
정백미, 밀가루, 생선, 전고기, 청주, 된장, 원염, 소가죽, 타면, 표백명주,

---

47) 김규방 외(1990), 『연변경제사』, 연변인민출판사, 43면.
48) 김철수·강룡범·김철환(1998), 『중국조선족력사상식』, 연변인민출판사, 53면.
49) 심여추(1987), 『연변조사실록』, 연변대학출판사, 32면.
50) 심여추(1987), 『연변조사실록』, 연변대학출판사, 35면.

명주, 무명실, 마대, 석회, 쇠꼬쟁이, 양철, 권연, 약재, 화학품, 콩, 마른고기, 사탕, 맥주, 간장, 과실, 통졸임, 성냥, 명주, 솜, 면직품, 천, 장화, 구두, 선철, 소, 조선종이, 시계, 학술의기, 목재(수입품)

일본에 수출하는 훈춘무역품, 훈춘 수입무역품도 아래와 같다.

조, 기장, 쌀, 벼, 수수, 메밀, 콩, 팥, 녹두, 백태, 중국소주, 생나물과 마른나물, 중국밀가루, 마른국수, 원목, 널, 자리, 두병, 훈춘하 밀강하 목재(수출품)

밀가루, 마른물고기, 사탕, 맥주, 된장, 통졸임, 성냥, 명주, 무명, 무명실, 장화, 구두, 쇠꼬쟁이, 철판, 소, 조선종이, 시계, 학술의기, 목재, 생선, 전물고기, 청주, 알콜, 과실, 소가죽, 타면, 표백명주, 면직물, 솜, 선철, 권연, 석유(수입품)

이와 같이 민족 공상업의 발전과 함께 문물교환, 상품매매를 통하면서 상품이름(고유어)은 주로 우리말로 하고, 우리 민족 서로 간에는 상품교역에서는 주로 조선말로 하였기에 조선어가 중국의 동북지구에서 많이 쓰이고 입말의 발전을 촉진하였으며 우리말의 대량적으로 보급되었을 것이고 조선어의 방언적 차이를 많이 줄였을 것이다.

4) 일제를 반대하는 투쟁과 조선어

1907년 일제는 중국의 동북에 침입하여 '한인보호'의 구실 밑에 조선인을 통치하려고 하였으며 1910년 후에는 중국에서의 조선인도 조선반도의 조선인과 마찬가지로 '제국시민'이라고 하면서 그들에 대한 '영사재판권'을 실시하려고 하였다. 그리하여 중국에 이주한 조선인들도 조선반도의 조선인들과 마찬가지로 일제의 식민통치를 받게 되었다. 게다가 중국정부는 중국의 영토주권을 수호하려는 목적에서 조선인들의 귀화입적을 강요하였으나 귀화입적은 실질상 민족, 동화정책이었다.

1910년 8월 조선이 일제에게 강점당한 후 동북으로의 조선인 이주민의 격증은 조선인지구에서 흥기된 문화교육 계몽활동으로 하여금 처음부터 반일의 기치를 들고 일제의 침략세력과 맞서 싸우면서 민족의식을 각성시키는 것으로써 반일무장투쟁을 온양하였던 것이다.[51]

20세기 중국의 동북 침략 당시에 우리말과 글의 사용과 보급은 이렇듯 일제의 탄압과 지방봉건세력의 저애에 맞서면서 반일사상을 선전하고 민족의식을 고취하는 과정에서 그 기능을 발휘하고 그 생명력만을 잃지 않고 살아왔다.

이천만 동포야 일어나거라
일어나서 총을 메고 칼을 잡아라
잃었던 내 조국과 너의 자유를
원쑤의 손에서 도로 찾아라.

한산의 우로(雨露)받은 초목까지도
무덤속에 누워있는 혼령까지도
로소를 막록하고 남이나 녀나
어린애까지도 일어나거라.

끓는 피로 청산을 고루 적시고
흘린 피로 강수를 붉게 하여라
섬나라 원쑤들을 쓸어버리고
평화의 종소리 울릴 때까지.

　　　　　　　　　　　　　　　　　　　　____「봉기가」[52]

---

51) 고영일(1982), 『조선족력사연구』, 요녕인민출판사, 168면.
52) 권철·김병민·채미화·허휘훈 편(1996), 『중국조선민족문학작품선』(해방전편), 동북조선민족교육출판사, 32면.

창가는 우리말로 조국의 해방과 자유를 찾기 위하여 노소를 막론하고 떨쳐나가자는 드높은 선동력을 불러일으켰는바 우리말의 보급과 발전을 촉진하였던 것이다.

1914년(민국 3년) 1월 초에 국자가의 순경들은 국자가 서쪽 교외의 상발원(祥發源)에 와서 조선인 집집마다에 '입적비'를 내라고 강박하자 이에 분개하여 상발원 농민들은 줄을 지어 국자가에 있는 '동남로관찰사서(東南路觀察使署)'로 진군, 연길현, 화룡현 각지에서 온 '농민계'에서도 조선인 민중 수백 명과 합세하여 관청을 포위하고 '입적비' 강요자들을 처벌해 달라고 청원하였다.

1914년(민국 3년) 8월 독일에 대한 선전포고를 구실로 일제가 산동에 침입한 후 청도와 교제(膠濟) 철도연선을 강점하여 산동에서의 독일의 지위를 탈취하였다. 1915년(민국 4년) 1월 18일 북양군벌 원세개는 황제복구를 획책하는 한편 일제가 제출한 중국을 멸망시키는 '21개조'를 접수하자 전국인민들은 즉시로 성세 호대한 전국성적인 반일애국운동을 전개하여 일떠났다.

나가자 나가자 싸우러 나가자
용감한 기세로 어서 빨리 나가자
제국주의 군벌들은 죽기를 재촉고
강탈과 학살을 여지없이 하노라

왔고나 왔고나 혁명이 왔고나
혁명의 기세는 전세계에 덮었다
돈 없는 로동자 망치 메고 나오고
땅 없는 농민은 호미 메고 나오라

밥짓던 누나는 식칼 들고 나오고
글짓던 오빠는 붓대 들고 나오라

아세아 무산자 구라파 로동자
전세계 무산자 총동원하여라

___「총동원가」[53]

혁명가요「총동원가」는「붉은 5월의 노래」라고도 하는데 바로 일제의 야수적인 압박과 착취에 반항하여 노동자, 농민, 부모형제 할 것 없이 모두 일떠나 투쟁하자는 호소를 조선말로 잘 엮었다.

각지의 성시에서는 각종 반일애국조직이 우후죽순처럼 성립되고 일본제국주의의 중국침략의 죄행을 통책하는 운동이 분분히 일어났다. 이때 중국에 이주한 조선인들도 적극적으로 이 투쟁에 참가하였다.

1915년 5월 연길 도윤공서는 조·한 인민들이 동북각지에서 일떠나 전개하고 있는 반일애국운동에 휩쓸려 들어갈까봐 조선인이나 중국인이나 막론하고 법에 의하여 엄벌한다고 포고를 내렸다. 그러나 길림 등 각지에서 날로 심입, 발전되고 있는 반일애국운동은 국자가 여러 민족 인민대중을 크게 고무하였는바 6월에는 당지 한족, 조선인 각계 인사들이 북산(北山)학당에 모여 '구국저금회'를 개최하였다.

1917년(민국 6년) 일본은 용정에 '조선은행파출소'를 내오고 거기에 '간도상업금융주식회사'며 '조선인민회금융부'까지 세우고 연변의 경제명맥을 틀어쥐고 자원을 모았다. 1918년(민국 7년) 6월 '중일길회철도차관'이 체결되었다는 소식이 길림성 내 각지에 전해지자 연길도립학교, 길림성 성립1중, 제1사범, 농업중학, 육문(毓文)중학에 재학하는 조선인 학생들은 한족 등 여러 청년학생들과 함께 친일매국역적인 단기서(段祺瑞)군벌정부의 죄행을 성토하였다.

---

53) 권철·김병민·채미화·허휘훈 편(1996), 『중국조선민족문학작품선』(해방전편), 동북조선민족교육출판사, 138면.

구호 : '일본이 길회철도를 수축하는 것을 반대한다!'
혈서 : '제국주의를 타도하자!', '불평등조약을 취소하라!'

1919년 조선에서 '3·1반일독립운동'이 일어났고 용정에서는 '3·13 민족해방운동'이 일어났으며 북경에서는 '5·4운동'이 일어났다. 거세찬 반제 애국운동의 조류에 의해 중국 동북에서도 들끓기 시작하였고 곳곳에서 일본제국주의와 그 주구를 때려 엎기 위한 군중성적 무장조직과 단체들이 우후죽순마냥 일어났다.

일본제국주의는 혈안이 되어 연변의 조선인들의 반제 애국운동을 탄압하였는데 조선인들은 경상적으로 군중모임을 가지고 우리말로 된 '웅변대회', '연설회' 등을 조직하여 민족문화에 대한 일본제국주의의 유린을 반박해 나섰으며 필요할 때에는 집회나 시위행진을 진행하면서 항의도 제기하였다.

- 1919년 연변지구 반일무장단체 : 국민회, 군정서, 의군부, 신민부, 군무도독부
- 1920년대 일제와의 투쟁을 반영한 어휘 :
  '훈춘사건', '경신년대토벌', '청산리전역', '봉오동전투', '조선인구축'

1920년(민국 9년) 9월 12일 일제는 친일비적 코싼(考山) 통하여 동녕현 노흑산 일대에 둥지를 틀고 있는 토비 왕사해, 만순 등을 매수하여 훈춘현 소재지를 습격하게 하였다. 400여 명의 비적들은 훈춘에 처들어가 변방초소에 불을 지른 후 현공서, 세무국, 전보국을 들이쳤다. 10월 2일 일제는 토비 두목들인 진동, 진중하와 만순의 토비무리 400명을 사촉하여 훈춘 일본 영사분관을 습격하게 한 '훈춘사건'을 조작한다.

1920년(민국 9년) 10월 연변에 출병한 일제침략군은 훈춘, 왕청, 연길, 용정, 화룡 및 동녕 등지에서 조선인 반일 무장대오와 조선 거주지역에

대해 '토벌'을 감행하였는바 이것이 바로 '경신년대토벌'이다. 불완전한 통계에 따르더라도 훈춘, 연길, 화룡, 왕청 4개 현에서 일본 침략자들은 조선인 백성 3,500여 명을 살해하고 5,058명을 체포하였으며 가옥, 2,500여 채, 사립학교 30여 개소, 양곡 4만 5,000여 섬을 불태웠다.

1920년에 들어서면서 더욱 앙양되고 있는 '5·4반제애국운동'의 역사적 조류 속에서 '훈춘사건'을 구실로 일본침략군이 동북의 남부 압록강 유역일대와 길림성 동남부일대에 침입하였다는 소식이 전국 각지에 전해지자 즉시로 각기 각 계층 군중들은 치솟는 격분을 자아냈다.[54]

일본침략군대는 '훈춘사건' 후 신속하게 연변 각 현성 및 중요 지방에 진주하는 한편 짧은 시일 내에 반일무장을 소탕할 타산이었다. 즉 일제는 전국 인민의 반일고조에 직면하여 중국인민의 반일 예봉을 피하기 위하여 짧은 시일 내에 각 노선으로부터 한 개 사단 반 이상의 병력을 동시적으로 연변지구에 침입시켜 반일 무장대오를 한곳에 몰아넣고 일거에 소탕하려는 방침이었다.

동북지구의 조선인들의 반일무장투쟁은 전국적인 반제반봉건투쟁의 앙양 속에서 지지와 성원을 받았다. 특히 동북 각 계층 인민대중의 '경신년토벌'을 반대하여 일떠선 반일투쟁의 고조 속에서 진행되었는바 일제가 망상했던 단시일 내로 반일무장을 '소탕'하려는 계획은 철저히 파산을 선고하고 중국인민의 반일투쟁을 더욱 촉진하였다.

1920년(민국 9년) 10월 19일 반일 무장대오는 일본군의 대중대가 기병대를 선두로 봉미동을 향해 들어오고 있다는 정보를 받게 되자 적들이 사면에서 습격해 올 것을 예측하고 만단의 준비를 갖추었다. 21일부터 26일까지 홍범도, 김좌진 등이 영솔하는 반일 무장부대들은 화룡현 삼도구, 이도구 등지에서 일본군 900~1,200명을 섬멸하고 '청산리전역'의

---

54) 고영일(1982), 『조선족력사연구』, 요녕인민출판사, 247면.

대승리를 이루었다.

'청산리전역'은 전국적으로 심입되는 반제반봉건투쟁의 고조 속에서 반침략의 투지를 충분히 표현하였는바 일제 및 봉건군벌통치를 크게 타격하였고 나아가서 일제의 조선강점을 반대하여 싸우고 있는 조선민족 해방투쟁을 직접적으로 크게 추동하였다.

1925년 '미쯔야협정'을 계기로 동변도 지역에서부터 실시되었던 조선인 구축정책은 1927년에 이르러 전 만주지역으로 확대되어 갔다. 북간도에서의 조선인 구축방식은 '간도협약'에서 조선인들의 거주권과 귀화, 입적자들에 대한 토지소유권이 인정되었기에 동변도 지역과 같이 무력으로 축출하거나 역복을 강요한 것과는 구별되었다. 그러나 '미쯔야협정'을 계기로 조선인들에 대한 취제와 단속은 1927년 중국 내의 국권회복운동과 더불어 배일운동의 일환으로 확대되면서 전 만주지역에서 이른바 조선인구축조치가 취해졌던 것이다.

민국정부가 북간도지역에서 취한 조선인 구축조치는 대체로 두 가지 방식으로 진행되었는데 하나는 귀화조건을 강화하여 조선인들을 중국인으로 완전 동화시키는 것이고 다른 하나는 중국인의 이주를 적극 추진시켜 조선인들의 생활환경을 악화시킴으로써 조선인들 스스로 일제의 지배권에서 이탈하여 진정으로 귀화, 입적하거나 아니면 고국으로 돌아가게 한다는 간접적인 구축방법이다.

1920년대 후반 조선인에 대한 민국정부의 압박이 심화되자 재만 조선인 사회내부의 부동한 세력, 요컨대 민족주의 진영, 사회주의 진영, 친일세력 등은 그들이 처한 사회경제적환경과 정치이념에 따라 각기 부동한 대응방침으로 조선인사회가 직면한 위기국면을 극복하고자 하였다.

일본이 동북을 강점한 이후에는 조선인에 대한 귀화, 입적이 강요되면서 여러 가지 어휘들이 사용되었다.

① 귀화입적(歸華入籍) : 청조정부는 '국적법'을 제정하여 조선인들로 하여금 국적법에 따라 중국에 '귀화입적'시킴으로써 일제의 통치기반에서 이탈시켜 중국정부의 귀속시키려고 함, 조선인들은 중국의 '귀화입적'하지 않으면 토지소유권을 향수하지 못하고 또 '친일파'로 취급되어 여러 가지 민족적 차별과 억압을 받게 되었고 설사 '귀화입적'하였다 해도 일제가 이를 승인하지 않으므로 일률로 '일본인'으로 취급되어 '영사재판권'을 강요당하였다.

② 입적비(入籍費) : 조선인민에 대한 민족적 기시정책으로 강제적 입적한 후 입적비까지 물게 함, 1913년 말 반동관부당국의 조선인 앞잡이들은 경찰들과 결탁하여 이곳 조선인 인민들에게 매호당 '입적비' 30전씩 안기였다(당시의 물가 시세를 보면 일반 조선인 농민들의 매 인당 한달의 생활비가 1원이 되나마나함). 그자들은 이 돈을 지방관부에 바치는 것이 아니라 자기들의 사복을 채웠다.

이 외에도 '간민회(墾民會), 농민계(農民界), 국적, 귀화, 입적, 간민려행사, 자치획득, 조선인자치운동, 역복, 토지소유권, 향사운동, 인두세, 고용세, 문패세, 수리세' 등 어휘들이 사용되었다.

③ 간민회(墾民會) : 연변에서의 첫 번째의 사회단체, 그 본부를 국자가 동남로관찰사공서 내에 둠, 실제상에서 자산계급, 소자산계급의 조직으로서 연변지구 내에서 거의 5분의 4를 차지하고 있는 조선인의 민족문제를 해결하고 조선인의 자치적 단체를 발전시켜 반일활동을 효과적으로 전개하자는데 그 목적

④ 농민계(農民界) : 간민회(墾民會)와 반대되는 조선의 고유문화를 표방하고 입적활동을 반대
반일단체 : 독립당, 국민회, 의군단, 군정서, 도독부, 친목회, 경학회, 부민회, 대한민회
1927년(민국 16년) 연변조선공산당 조직 : 조선공산당, 고려공산청년회, 제3국제공산당, 만주총무국, 동만구역국, 국제공산청년회, 재동만조선청년총동맹, 고려공산당만주총회, 고려공산당청년회만주총국
연변친일파 : 조선거류민회, 광명회, 우정통신, 금융업, 학교교육

1929년 연변의 반일 대중조직 : 반일회, 부녀회, 반제동맹, 적위대, 소년선봉대

일제 침략자들은 중국 동북에 진입한 후 행정시설을 무시하고 연변에 구(區), 사(社)를 설치하고 친일 분자들을 '도지사', '사장'으로 배치하여 '도사장제'를 실시하면서 중국의 지방행정기구에 맞서 나서기도 하였다.

이 당시 자본주의 생산관계를 반영하는 새로운 단어, 새로운 표현들도 중국 조선어의 어휘구성을 풍부히 하였고 일본 문화의 철학, 정치, 경제, 문화, 과학, 기술 등 각 부분의 새로운 단어들이 급증하였다.

일본이 중국의 동북을 침범한 후 이러한 새로운 단어들은 일본어를 통하여 직접 일본어 한자음을 음역하여 이루어졌다.

예를 들면 '시장, 상업, 금융, 화폐, 유통, 조합, 입장, 철학, 물리, 객관, 과제, 추상, 관념, 동기, 자본, 정당, 기회, 방침, 의무, 국제, 공업, 영토, 전보, 지질, 역사, 과학, 원리, 화학, 분자, 원자, 종교, 학기, 학위, 미술, 민족, 집단, 관점, 좌익, 간부, 경공업, 중공업, 결산, 담판, 자치, 출판, 개량, 비판' 등이다.

5) 애국계몽운동과 조선어

1920년 초부터 마르크스ー레닌주의가 연변을 비롯하여 남북만 조선인 거주지구에 전파되기 시작하였다. 특히 조선인 조기공산주의자들이 학교에 들어가서 혁명적 청년학생들에게 마르크스ー레닌주의와 사회주의의 혁명사상을 전파하였다. 일찍 러시아 10월사회주의 혁명에 참가하였거나 그 영향을 받은 조선인 조기공산주의 자들은 소련의 원동지구에서 조기 마르크스주의 단체를 결성하고 마르크스ー레닌주의의 서적과 간행물을 조선문으로 번역, 출판하여 동북3성의 조선인민들에게 보내주었다.

출판운동은 애국문화 계몽운동의 중요한 부분으로서 초기에 중국에 천입한 조선인은 중국의 여러 곳에 분산되었기 때문에 재력이 부족하고 인쇄기술 역량과 설비가 결핍하고 경험이 부족하기에 자체로 출판물을 출판 간행한다는 것은 아주 어려운 일이였다. 때문에 당시 여러 신문, 잡지는 모두 조선에서 조선글로 된 인쇄물을 직접 인입하였다.

반일 민족운동의 활발한 전개와 애국계몽운동의 심입과 함께 조선인 집거구에는 소형의 인쇄소가 출현하였는바 이동휘는 1920년 상해에서 '고려공산당'을 조직하였고 1921년 5월에는 상해에서 한족동지들의 방조 하에서 조선문 인쇄공장을 꾸리고 마르크스-레닌주의의 서적과 간행물을 번역, 출판하였다.

여운항이 상해에서 『공산당선언』을 처음으로 조선문으로 번역하였는데 이런 서적과 간행물은 점차적으로 연변일대에 들어오기 시작하였다. 이러한 서적과 간행물은 각종 경로를 통하여 연변 및 남북만의 조선인 인민들에게 전파되었다. 이런 간행물 가운데 『공산당선언』, 『러시아공산당정강』, 『무산계급의 전진방향』, 『로동조합독본』 등 서적과 『서광』, 『공산』, 『새 세계』, 『로동세계』, 『적기(赤旗)』 등 10여 종의 간행물이 있다.

조선인은 지역적인 우세로 아주 빨리 마르크스-레닌주의 혁명적 도리와 사상을 접수하였으며 여러 곳에 각종 형식의 혁명단체, 즉 청년회, 부녀회, 학생회, 노동조합, 소년회 등이 건립되었다. 그리고 야간학교, 청장년 식자반을 조직하여 농민들에게 문화지식, 혁명가요를 전파하면서 신문화운동을 전개하였다. 그들은 늘 웅변회, 변론회를 조직하여 인민대중들의 혁명적 각오와 적극성을 높였다.

이러한 모든 것들은 조선어의 발전에 중요한 작용을 하여 조선어에 맑스주의 새로운 단어나 표현이 증가되고 조선어의 어휘구성이 크나큰 변화를 가져왔다.

당시 연변에서 발행된 조선문 신문으로는 『인민보』, 『신국보』, 『중외

통신』, 『국구일보』, 『조선민보』 등이 있었다. 신문에서는 당시 조선인 인민들의 비참한 생활을 제때에 보도하였고 일제를 반대하고 조국변경을 지켜 싸우는 투사들의 피어린 투쟁업적을 진실하게 기록하였으며 제국주의를 타도하고 봉건군벌통치를 뒤엎고 해방의 길을 찾으려는 조선인 인민들의 사상, 염원을 비교적 진실하게 반영하였다.[55] 이러한 신문과 잡지의 구입과 자체 출판은 조선어의 보급과 발전을 크게 추동하였고 조선에서의 국문운동의 초보적인 승리는 조선 문자가 국가의 관방 공식문자의 지위를 차지하게 되었다.

이 시기 조선인 진보적인 작가들은 조선인 인민들 속에서 현실생활을 반영한 제재로 하여 문학창작을 견지하였다. 『만선일보』, 『독립신문』, 『간도일보』, 『북향』 등 신문, 잡지에 시가, 소설, 산문으로 된 작품을 발표하여 일제의 침략 죄행과 식민지통치의 암흑하고 부패한 현실을 폭로하였고 민권, 자유평등, 문명개화, 민족독립을 옹호하고 항일무장투쟁을 노래하는 창가가 많이 유전되었다.

> 나아가세 독립군아 어서 나가세
> 기다리던 독립전쟁 돌아왔다네
> 이때를 기다리고 십년 동안에
> 갈았던 날랜 칼을 시험할 날이
> 나아가세 대한민국 독립 군사야
> 자유독립 광복한 날이 오늘이로다
> 정의의 태극깃발 날리는 곳에
> 적의 군세 락엽같이 쓰러지리라.
>
> 보느내 반만년 피로 지킨 땅
> 오랑캐 멀발굽에 밟히는 모양

---

55) 김영옥(1992), 『20세기초 연변에서의 우리 글의 사용과 보급(2)』, 중국조선어문, 1992년 제5호, 52면.

듣느냐 이천만 단조의 혈손
원쑤의 칼 아래서 우짖는 소리
양만춘 을지문덕 피를 받았고
이순신 림경업의 후손 아니냐
(이하 약)

_____「독립군가(獨立軍歌)」[56]

이 가사는 1910년대 말에 독립군부대와 민중들에게 널리 불리웠다고 한다.

애처로와라
우리 독립군
무성한 풀밭에서
괴로운 잠 자고
쓰린 배를 얼마나 쥐여 뜯더니

애처로워라
산 좋고 물 맑은 내 조상나라
잊지 못할니라 잊지 못할니라
달이 고요한 그때나
비소리 요란한 그때나

애처로와라
저-청산과 백운(白雲)밖에서
울고울고 헤매이는
2천만의 동포형제가 있는줄을
잊지 못하리라 잊지 못하리라.

_____「애처로워라」(경재(璟載))

---

56) 작가미상, 『독립신문』 1920년 2월 17일자, 3월 1일자 두 번 게재.

이러한 가사를 창작한 작자들은 자기의 작품을 통하여 민족의식을 불러일으키고 반일민족독립을 선전하는 동시에 언어사용 과정에서 알기 힘들고 군중을 이탈한 한문식 표달 방식을 떠나고, 한문을 숭상하면서 형성되는 언문불일치의 폐단을 극복하고 조선 문자를 주요한 수단으로, 인민대중이 즐기는 일상생활 용어를 널리 사용하였다.

이러한 계몽을 위한 창작활동은 인민대중의 언어를 풍부히 하고 조선인언어의 보급과 발전을 위한 중요한 작용을 하였다.

1914년 좌우에 용정, 연길 그리고 조선인들이 모여 살고 있었던 여러 도시와 마을들에서 근대적인 연극 활동이 활발하게 진행되었는데 그 가운데는 민권자유, 남녀평등, 미신타파 등 사상내용을 표현한 <신가정>, <미신 타파>와 같은 연극 작품들이 공연되었다고 한다.

1922년 7월 5일부터 8월 9일까지는 동경 유학생들로 조직된 순회극단이 남북 조선에 대한 순회공연을 마치고 '가도까지 순연(巡演)'하였다고 한다. 우리말로 된 동경유학생들의 연극은 어떠한 '장난거리'로도 될 수 없었고 거기에는 사람들을 깨우치려는 그리고 그들에게 진리를 말해주려는 예술적 진실성이 있다[57]고 긍정하였다.

중국 관내에서의 조선족 연극 활동 정황을 살펴보면 1923년 3월 1일 남경 한인 기독교 여자청년회에서 '독립운동을 위하여 활동하다가 적에게 잡혀 곤욕 당하던 관경으로써 각본을 만들어 연극을 하였다'고 썼고 1924년 1월 1일 원단에 상해 예수교에서 '탄강절'을 계기로 청년들이 <탕자회개>라는 정극을 공연했다는 기록도 있다.

1925년 좌우에 왕청현 라자구와 훈춘일대에서 봉건 지주계급의 압박 착취를 고발하고 농민들의 비참한 생활처지와 그 운명을 생동하게 묘사한 장막극 <경숙의 마지막>을 공연하였고 이 밖에도 <어디로 갈 것인

---

57) 김운일(2006), 『중국조선족연극사』, 신성출판사, 30면.

가?>, <야학으로 가는 길>, <민며느리>, <아버지의 뜻을 이어>와 <혁명가의 아내> 등 많은 작품들도 우리말로 된 연극들도 연변의 각지에 널리 보급되었다. 연극 <어디로 갈 것인가?>는 착취계급에 대한 가혹한 압박 속에서 날로 첨예화되는 농민과 지주 간의 모순갈등을 보여주었다면 <야학으로 가는 길>은 딸에게서 온 편지를 둘러싸고 벌어진 희극적인 이야기를 통하여 제 글도 모르는 민족적인 수치를 유머아적으로 조소하면서 문맹퇴치의 필요성을 생동한 형상으로 그려보였는바 이는 한편 연극 활동을 통하여 중국에서 조선어의 보급과 발전에 기여하였다고 할 수 있다.

1926년 상해에는 공산주의 청년단 상해 조선인지부까지 세우고 반일 선전활동을 활발하게 전개하였는바 그들은 해마다 '3·1민족 독립운동절'을 맞을 때마다 문예절목들을 준비하여 조선인 학교인 인성학교 무대에서 공연활동을 벌였다. 그 가운데 안세권이 창작한 연극 <형제>는 지금도 그 대략적인 이야기 줄거리가 전해지고 있다.58)

중국 고유의 정치, 경제, 문화와 관련되는 어휘 외에 일반어휘는 기본적으로 조선과 일치하였다. '땅, 밭, 부모, 자식, 씨앗, 감자, 나뭇잎, 찾다, 꽃, 그윽하다, 나무, 마사지다, 심다, 노을, 눈초리, 멋쟁이, 꼬랭이, 곰팽이' 등 어휘들은 그 당시 조선에서나 중국에 천입한 조선인들이 함께 쓰는 일반 어휘였다.

이밖에도 '수수, 콩, 조, 퇴비, 밭, 심다, 자작, 싱아, 쌀알, 도토리, 밥, 술, 저, 배, 사과, 감, 밤, 떡, 보리알, 고추장, 두부, 고기, 마늘양념, 두부찌개, 우동, 빙수, 봉투쌀, 막걸리, 국밥, 선술집, 탁배기, 밥통, 쌀밥, 새우젓, 알림미, 공기, 빙수, 가싯물' 등 음식용어, '치마, 저고리, 조끼, 주머니, 지갑, 짚신(집신), 버선, 양복, 양복쟁이, 구두, 목도리, 사각모, 외투,

---

58) 김운일(2006), 『중국조선족연극사』, 신성출판사, 35면.

버선, 유가다, 중절모, 잠뱅이적삼, 각반' 등 의복과 관계되는 어휘들도
있었다.

6) 조선인의 외래어 차용

중국조선어 특히는 연변 지구 조선어에 지금까지도 만주어 차용어가
쓰이고 있는바 이러한 만주어 어휘들은 만주족과의 접촉을 떠나서는 차
용될 수 없었다. 물론 외래어가 간접적으로 차용될 수 있으나 중국조선
어에 차용된 만주어는 결코 간접적으로 차용된 것이 아니다. 그리고 19
세기 말 내지 20세기 초까지 중국조선어에 차용된 만주어 어휘는 지금보
다 퍽 많았을 것으로 추측된다. 지금까지 만주어를 차용하였다는 근거를
들 수 있는 것은 연변지구의 지명을 들면 아래와 같다.

해란강, 왕청, 훈춘, 도문, 화룡, 연길, 밀강, 의란, 부르하통하, 가야하

가. 지명 '해란강'에서 '해란'은 만주어 <hairan>(느릅나무의 뜻)의 발음
　　을 한어로 적은 것이고 '부르하통'은 만주어에서 <연기가 둘러오르
　　다> 또는 <버드나무가 무성하다>라는 뜻을 나타내는 말이라고 보
　　는 부동한 견해가 있다.[59]
나. 지명 '왕청' 등은 만주어에 기원을 둔 말이다. 본래는 '대두천'이라
　　고 하였고 후에 '보루', '요새'라는 뜻을 나타내는 만주어 대응어를
　　차용하여 한어로 '旺欽'이라고 표기하는 것이다.
다. 지명 '훈춘' 은 본래 '대팔툰'이라 하였고 지금의 지명은 만주어에
　　서 차용한 말로서 '변강', '변강땅'이라는 의미를 나타내는 말이다.
라. 지명 '도문'은 '만'이라는 뜻을 나타내는 여진어에서 들어온 것이고
　　그 원음은 '두만'이며 한자를 거쳐 들어왔다.
마. 지명 '화룡'은 '골, 골짜기'라는 뜻을 표시하는 만주어의 차용어이
　　다. 만주−퉁구스어군의 여러 언어들에서 그 어음표기와 단어의미

---

59) 장흥권(1994), 『조선학』, 민족출판사, 76면.

가 다 근사한 바 만주어 <holo>와 비슷한 어음외피와 뜻을 가지고
있다.
바. 지명 '연길'은 한어 '烟集'의 발음에 따라 동음어 '延吉'로 표기되었
고 또 조선말 한자어 음독법에 좇아 '연길'로 적게 된 것이다. 그 원
어는 만주어에서 '연기가 둘러오르다'라는 뜻을 나타내는 <burgatu>
로 보는 견해가 있고 또 만주어 <yamji>(저녁)에서 유래하였다.[60]

청나라 말기 북경을 중심으로 한 산해관 이남 지구에 내려 간 만주족
들 가운데 적지 않은 사람들은 중국어를 중요한 교제수단으로 하였으나
동북지구 특히 변경이나 편벽한 지구의 만주족들은 의연히 만주어를 쓰
고 있었으므로 조선인들에 의한 조선어와 만주어의 이중 언어도 가능했
을 것으로 믿어진다.

1900년 의화단 운동이 일어남으로 연변에 있던 청나라 군대들이 내지
로 들어감에 따라 연변 지구 만주인들의 수는 줄어들고 19세기 말부터
이동해 오기 시작한 한족의 수가 점차 많아지기 시작하였다.

19세기 말부터 동북지구의 두만강, 압록강 연안에 한족 이민들도 들어
오기 시작하여 조선인, 만주족, 한족의 잡거가 형성되었다. 신해혁명 이
후 청나라가 붕괴되고 군벌통치가 시작되면서 중국어가 점차 이 지구에
서 한족과 만주족사이의 공용어가 되기 시작하였다. 이러한 사회 환경은
조선인들로 하여금 조선어와 중국어의 이중 언어생활을 하게 하였다.

조선어와 중국어 이중 언어 사용결과 대량의 중국어 어휘가 조선어에
침투되어 들어왔는바 조선어에 차용된 중국어 어휘들은 대개 구두어에
서는 음차한 것들이 많이 쓰였던 것으로 여겨진다.

몇 개를 예로 들면 아래와 같다.

가. 거리로 향한 왼편구석에 널판지 얼거리가 있고 그 얼거리우에 원시

---

60) 장흥권(1994), 『조선학』, 민족출판사, 77면.

적기분이 농후한 꺼먼 질그릇속에 삐죽삐죽하게 콩기름에 지져낸
<u>유자쾌</u>(조반죽반찬하는 떡)가 땀뿍 꽂히여있고 그옆에는 방금 구워
놓은 먹음직스런 <u>쪼빙</u>(떡)들이 불규칙하게 담겨있는⋯⋯

___ 주요섭 「인력거군」[61]

나. 그랫스면야 조치만 <u>마쟝(麻雀)</u>이라는게 어듸 헛내기야 재미잇나. 처
음엔 국수내기 그것이 따분해 <u>훠궈즈(火鍋子)</u>내기, 그것이 성에안차
첨에 五十전으로부터 시작해 一원 三원 五원으로 올라가는거구[62]

다. 씌팡, 지팡(地方), 쿨리(苦力), 퉁전(銅錢), 호개지팡(胡家地方) ─ 싹트
는 대지
아문(衙門) ─ 만성보, 빼주(白酒) ─ 재만조선시인집

동만주 일대 조선인들 사이에서는 친일파, 독립운동파, 공산주의 운동
파 등 여러 가지 파벌이 생겨났고 이들이 자기의 민족어와 이민족 언어
의 관계를 처리하는 태도가 달랐다. 친화파는 중국어를 중시하고 친일파
는 일본어를 중시하고 독립운동파와 공산주의 운동파는 자기의 민족 언
어를 중시했다.

한일 합병 이후 일본 침략자들의 마수를 중국에까지 뻗어들어 왔다.
일본 제국주의자들은 조선인을 보호한다는 이름으로 북간도에 군대를
주둔시켜 조선인들의 반일 투쟁을 탄압하는 한편 조선인 후손들을 쟁취
하기 위해 갖은 수단을 다 썼다. 그들은 거액의 자금을 들여 교사를 짓
고 조선인 학생들을 받아들이려 하였으나 양심 있는 조선인들은 자기의
자녀들을 일본인 학교에 보내지 않았다.

일본 학교에서는 조선인 학생들을 유인하기 위해 조선 학생에게는 학
비를 면제해 주고 무료로 기숙사에 기숙시켜 주었으며 달마다 약간의 용
돈까지 주었다. 다른 한편 조선인들이 꾸린 학교의 경영권을 빼앗아 가

---

61) 권철·김병민·채미화·허휘훈 편(1996), 『중국조선민족문학작품선』(해방전편), 동북조
   선민족교육출판사, 167면.
62) 1920년~1931년 시기 소설에서.

고 일본어과를 필수과로 설치하였다.

9·18사변 이후에는 공공연히 일본어를 '국어'로 일본 역사를 '국사'로 배우게 하였으며 사회 청년들을 대상으로 하는 일본어 강습소를 꾸려 노화교육을 강화하였다. 조선인의 머리 위에 들씌워진 일제의 강제 동화는 조선인 수난사에서 전대미문이었다.

아래의 당시 입말에 들어온 일본어 단어들을 예를 들면 아래와 같다.

> 가. 상해시가의 이백만 백성이 하룻밤 동안 싸놓은 배설물을 실어가는 꺼먼 <u>구루마</u>들이 요란한 소리를 내며 잔돌 깔아 울툭불툭한 길우로 이리 달리고 저리 달리고 하는 것이 아찡의 눈앞에 나타났다.[63]
>
> ___ 주요섭 「인력거군」
>
> 나. 명식이는 각반에 <u>지까다비</u>와 가튼 한차림새로 단장아페 나타낫다.[64]
> 다. 그럼 네 뇌속은 두부주머니처럼 물렁물렁하겟구나?
> 오빠 <u>아이데</u>(상대)가 안돼. 언니, 언닌내가뭘생각햇겟다고 생각해요?

4. 이주초기~1930년까지 조선어 교육

어떤 민족이나 그 민족의 문화건설에서 민족교육을 통한 민족 언어, 문자의 보급이 아주 중요한 자리를 차지한다. 자고로 우리 민족은 역시 교육을 숭상해 왔고 밥을 굶어도 자녀만은 공부시키는 미풍양속을 키워 온 민족이다.

초기 중국 동북에 이주해 온 조선인들도 자기 민족의 글과 말을 잃는

---

63) 권철·김병민·채미화·허휘훈 편(1996), 『중국조선민족문학작품선』(해방전편), 동북조선민족교육출판사, 167면.
64) 안수길의 『북향보(北鄕譜)』에서.

것은 민족의 수치라고 여기면서 그 어떤 세월이든, 그 어떤 환경이든 자기의 민족의 글과 말만은 굳건히 지키려고 천방백계로 노력하여 왔다.

1) 초기 서당교육과 조선어

일찍 19세기 말부터 조선인이 중국에로 대량 이주하였고 20세기 초 만주에는 조선이주민들의 부락과 마을이 많았는데 대부분은 편벽한 산골 또는 깊은 골짜기였다. 그들은 여기에서 황무지를 일구며 씨앗을 뿌리었고 삼을 심어 베를 짰다. 허나 아무리 깊은 심심산골마을이라 하더라도 벌써 조선인 3세대가 모여 사는 마을이고 생계를 유지할 수 있을 정도면 서당만은 가지고 있었다고 한다.

그들은 무슨 방법으로든, 그 어디에 가서든 꼭 훈장을 모셔다 자식들에게 자기 말 글 공부를 시켰으며 한가한 농한기일 때에는 성인들도 다니면서 자기의 글을 읽곤 하였다[65]고 한다.

이세를 위하여 그장래를 생각하는 마음은 남의 땅에와서 더부사리하며 흙을 파는 농민이나 여유있는 도횟사람이나 다를것이 없다. 오히려 도횟사람보다 더불탔다. 교육기관이나 훈육기관이 완비된 도횟사람은 손쉽게 그들의 자제를 취학식힐수 있으나 그런기관이없는 매봉둔주민에 있어서 그들의 히망을 실현할길이 없다 생각하니 향학열이 도횟사람의 두곱세곱 더 탈수 박게 없다.

더욱 그들은 고향을 떠나올때 학교다니든 아이들을 중도에서 떼어가지고왔다. 혹은 일학년에서 혹은 삼학년에서 어린이들은 부형들의 이사로 말미암아 꿀같이 달든 배움의 마당을 하직하고 산천부터 적막한 만주들판에 끌려온다. 부형의 경작에 조력도하나 조력이라는것이 대수롭지 않은 것은 물론이러니와 한창 소년다운 생활에 앞뒤를 몰리야할 그들은 그들

---

65) 김영옥(1992), 『20세기 초 연변에서의 우리 글의 사용과 보급(1)』, 중국조선어문, 1992년 3호, 28면.

의 세계를잃고 만다.[66]

___ 안수길 「벼」

이 글에서 고향에 있을 때 생활은 그렇게도 어려웠으나 그래도 자식을 출세시키기 위해 공부를 시킬 수 있었지만 부모를 따라서 만주로 온 후 배움의 길을 잃게 된 아이들에 대한 조선인들의 가슴 아픈 심정을 읽을 수 있다.

이조 500년 이래로 조선사회를 통치한 계급은 양반계급들이었고 양반계급의 사상은 유교사상이었다. 유교사상은 당시 학교 교육에서나 사회생활에서나 통치적 지위를 차지하였다고 말할 수 있다. 조선의 상층사회생활에서는 『사서오경(四書五經)』을 배우고 과거에 급제하면 벼슬하였고 그러지 못하면 풍월을 읊조리며 안위하고 몸소 서당을 꾸리고 후대를 가르쳤다. 일반백성들의 사회생활에서나 가정생활에서도 유교사상에 습관적으로 지배되었는바 특히 관혼상제 같은 것들은 거의 모두가 이 사상의 범례에 따라 처사되었다.

중국으로 이주한 조선인들의 초기교육은 여전히 조선반도교육의 연장으로서의 서당교육이었으며 따라서 그것은 한문에 의한 유교사상 전수를 위한 교육이었다.[67] 이리하여 중국으로 이주한 조선민족들은 조선과 마찬가지로 서당들에서 『사서오경』, 『천자문』, 『동몽선습(童蒙先習)』, 『통감』 등 유교의 교리와 윤리 도덕을 가르쳤었다.

중국에서의 조선인들도 서당에서 개별교수를 위주로 하였고 통일된 학과목과 교재가 없었으므로 각 지방에서는 자기 나름대로 학과를 설치하고 교재를 선택하였다. 그러나 배우는 면에서 대체로 비슷한 방법을 채용하였는데 주로 글을 읽고 그 뜻을 밝히는 것, 시나 글을 짓는 것, 글

---

66) 연변대학 조선문학연구소 편(2006), 『안수길(중국조선인문학대계10)』, 보고사.
67) 전학석 등(1999), 『중국조선족언어문자 교육 사용 상황연구』, 연변대학출판사, 492면.

쓰기 연습을 하며 읽히는 것 등이었다.

서당은 민족교육사에서 오랜 역사를 가진 사설 초등교육기관의 하나였고 근대교육기관이 설립되기 전에는 향촌의 유일한 교육기관이었다. 조선 이주민에 의하여 설립된 교육기관인 서당은 교실이나 교육설비 같은 것은 완전한 것이 거의 없었으나 조선인 이민들로 말할 때 자기 민족의 글을 배우고 조선글을 보존하는 면에서는 자못 의의가 깊었다.[68]

중국으로 이주한 조선인들에게 있어서 서당은 기본 자산이거나 허가를 요구하지 않고도 자유로 설립 또는 폐지할 수 있어 교육에 뜻을 둔 사람이면 누구나 다 서당을 꾸리고 아이들에게 계몽교육을 할 수 있었으며 이러한 봉건적인 서당교육은 중국에서 20세기 초에 이르기까지 다시 말하면 1905년에 이르기까지 봉건통치배자들의 반동적인 책동으로 말미암아 근대적인 기관으로 발전할 수 없었다.[69]

중국조선인교육에서 종래의 유교경전 중심의 낡은 교육을 청산하고 새로운 근대교육을 실시하고 기독교에서 선교할 목적으로 처음으로 조선어를 비롯한 산수, 체육, 창가, 성경 등 학과목을 가르치는 학교 훈춘현 옥천동 동광소학교가 1904년 4월에 설립되었으며 1905년 이후부터 근대문화의 영향, 조선의 애국문화 계몽운동의 영향으로 민족사립학교들이 선후하여 우후죽순마냥 일어섰고 봉건교육을 하던 구식서당이 근대적인 민족사립학교거나 개량식서당으로 개편되었다.

이때로부터 서당은 근본 상에서 봉건적인 구식서당의 성격을 개변하여 단순한 글방이 아니라 조선어를 비롯한 산수, 조선 역사, 조선지리 등도 가르쳐 학도들에게 민족적 긍지와 민족적 자부심을 키워주고 반일사상을 가지도록 교육하는 사상정치교양기관으로 전변하기 시작하였다.

---

68) 김영옥(1992), 「20세기 초 연변에서의 우리 글의 사용과 보급(1)」, 중국조선어문, 1992년 3호, 29면.

69) 박규찬 주필(1991), 『중국조선족교육사』, 동북조선민족교육출판사, 7면.

재래식 서당이나 개량식 서당이나 모두 근대교육시설이 부족하고 의무교육이 실시되지 못한 당시의 형편에서 초등교육의 한몫을 담당하여 나섰다고 말할 수 있고 조선말을 사용하고 조선 글을 가르치기 시작한 단계라고 말할 수 있다.

2) 근대교육의 시작과 조선어

제일 처음으로 중국조선인들의 근대학교 서전서숙(瑞甸書塾)이 1906년에 용정에 설립[70]되었다. 이상설, 이동녕, 정순만, 여준 등 민족 지사들은 민족독립운동의 기지를 북간도 용정촌으로 옮기기로 하였다. 그들은 용정촌은 조선인들이 집결된 곳이므로 교육을 진행하기 편리할 뿐 아니라 북으로는 러시아와 가까이 있어 외교활동을 전개하기에도 편리하며 조선과는 두만강을 사이 두고 있어 조선과 내왕하기도 편리하다고 인정하였다.

그들은 1906년 4월에 일제의 감시를 피하여 인천항에서 중국인 상선에 올라 상해로 갔고 거기에서 울라지보스또크(海參威)를 거쳐서 그해 8월 용정촌에 도착하였다. 그들은 이곳에서 용정촌 기독교의 인사 최병익의 집을 개인재산으로 사서 교포의 자녀를 교육하는 요람인 서전서숙을 설립하였다.

서전서숙은 설립초기에 이상설을 숙장으로 하여 교원 4명에 학생 22명을 가지고 있었다. 그리고 중·소학교교육을 망라한 근대적인 학교교육을 진행하였으며 일제의 노예교육을 반대하고 신지식을 가르치는 한편 반일사상으로 학생들을 교양하였으며 이상설의 사인자본에 의하여 운영경비를 해결하였다.

---

70) 『중국조선족교육사』에서는 우리나라에서 제일 처음으로 설립된 조선민족의 근대학교를 1906년에 설립된 서전서숙라고 함(16면).

서전서숙의 설립은 중국조선인 교육발전사에서 전통적인 구식서당으로부터 근대적인 학교교육에로 넘어가는 첫 시작이었다는 것을 상징하며 중국조선인의 근대학교는 첫 시작부터 반일적인 성격을 띠었다는 것을 의미한다.[71] 서전서숙에서는 학생들에게 조선의 역사, 지리 등도 체계적으로 가르침과 더불어 반일성격의 교육도 진행하였다.

서전서숙이 바야흐로 조선인 학생들에게 조선 글과 역사를 배워주며 민족의 자부심과 계몽의식을 틔워주고 있을 때 일제는 연변 땅에서 싹트는 조선민족문화의 새싹을 보고 안전부절 못하면서 '불온사상'을 양성하는 학교라고 억설하면서 강압적으로 폐쇄하여 버렸다.

1908년에 화룡현 명동촌에 설립된 명동학교(明東學校)는 조선인 사립학교의 선봉이다. 명동학교의 전신은 명동서숙이였고 이 서숙의 전신은 규암제였다. 당시 명동촌에 망명하여온 규암, 김약연(金躍淵)은 규암제라는 서숙을 꾸리고 민족의 새 세대들을 교육, 교양하였다. 서전서숙이 일제 침략자의 파괴로 하여 해산을 선포하자 이 서숙의 운영에 참가하였던 박정서와 이 서숙의 학생이었던 김학연 등이 근대 학교교육의 필요성을 느끼고 명동촌에 왔다. 이들은 규암제를 취소하고 지방의 유지인사들의 협조 하에서 1908년에 4월 27일에 사립명동서숙을 설립하였다.

한학자이며 반일민족지사인 김약연은 반일사상으로 조선민족의 후대들을 교양하기 위하여 1909년에 조선 서울청년학관을 졸업한 정재면을 초빙한 뒤를 이어 선후하여 역사학자 황희돈을 역사교원으로, 한글학자 장지영(張志英)을 국문교원으로, 법학사 김철을 정치법률교원으로, 의병출신인 김치관을 체육교원으로 초빙하여 왔다. 명동학교의 교원들은 대부분 망명하여온 애국적인 지식인들이었다. 이러한 지식인들이 교편을 잡고 학생들을 가르쳤기 때문에 명동학교의 성망은 조선인 인민들 속에서

---

71) 박규찬 주필(1991), 『중국조선족교육사』, 동북조선민족교육출판사, 18면.

날로 높아갔다.

당시 명동학교에서는 일제의 민족말살정책에 저항하여 민족 자부심을 키우고 민족의식을 높이는 데 중점을 두고 조선어와 조선국문, 조선역사, 조선지리 및 조선가요 등 학과목으로서 과정 안에 배정하여 가르쳤을 뿐 아니라 어떤 학과목은 일본어로 된 것을 죄다 조선어로 번역하여 가르쳤 으며[72] 조선어가 다른 학과목을 배우는 기초과목의 역할을 남김없이 발 휘하였다.

조선에서의 첫 조선어문법서는 1908년에 출판되었다. 조선어 연구가 방금 시작하였을 때 중국의 동북의 각 조선인학교에서 이미 조선어문법 과를 시작하였다. 더욱이 명동학교의 개교 초기에 벌써 『대한문전』(조선 어문법)과를 과정 안으로 설치하였다는 것은 당시 조선어과를 얼마나 중 시하였고 조선어문교육을 얼마나 충실히 하였는가를 보아낼 수 있다.[73] 『대한문전』은 개화사상으로 정치무대에서 활약한 정치활동가이며 저술 활동을 많이 한 문필가, 학자인 유길준의 집필한 문법서였다.

『대한문전』 1편 서론, 2편 언어론, 3편 문장론으로 이루어진 체계적인 문법서이다. 서론에서의 의의, 음운, 문자, 어음변화에 대하여 서술하였 으며 언어론에서 8개의 품사를 설정하고 매개 품사의 문법적 특성을 지 적하였다. 그리고 문장론에서는 문장성분과 문장의 유형에 대하여 서술 하였다.[74]

『대한문전』의 어음과 문자에 대한 견해만 고찰하면 아래와 같다. 우선 음운이란 무엇이고 음운을 다시 모음, 부음, 자음으로 나누었다. 모음은 'ㅏ, ㅓ, ㅗ, ㅜ'와 같은 것이고 부음은 'ㄱ, ㅌ, ㅁ, ㅅ'와 같은 것이며 자음은 부음과 모음이 합하여 이루어진 것으로 설명하였다. 그리고 두

---

72) 박규찬 주필(1991), 『중국조선족교육사』, 동북조선민족교육출판사, 22면.
73) 손춘일 주편(2002), 『중국조선족사회문화발전』, 연변교육출판사, 126면.
74) 김영황(1996), 『조선언어학사연구』, 김일성대학출판사, 235면.

개의 동일한 부음이 합하여 하나의 부음으로 되는 것을 격음이라 하면서 그 예로 'ㄲ, ㄸ, ㅃ, ㅆ, ㅉ'를 들었으며 향간에서 쓰는 'ㅅㄱ, ㅅㄷ, ㅅㅂ, ㅅㅅ, ㅅㅂ'로 쓰는 것은 잘못된 것임을 지적하였다.

받침소리에 대하여 지음이라고 하면서 '각, 난' 따위를 단지음, '닭, 넓' 따위를 복지음이라 하고 지음은 근래에 'ㄱ, ㄴ, ㄹ, ㅁ, ㅂ, ㅅ, ㅇ'의 7개에 그치고 다른 것은 쓰지 않으나 'ㅋ'는 'ㄱ'로, 'ㄷ, ㅌ, ㅈ, ㅊ'는 'ㅅ'로, 'ㅍ'는 'ㅂ'로 되어 다른 것들도 지음으로 쓸 수 있음을 지적하였다. 두 가지 이상의 모음이 연합하여 한 개 모음을 이루는 것을 중모음이라 하면서 'ㅘ, ㅝ' 따위를 중모음, 'ㅙ, ㅞ' 따위를 복중모음이라 한다고 하였다. 어음의 변화현상인 연음현상과 축약현상도 지적하였다.

『대한문전』에서 문자의 이름에 대하여 모음 'ㅏ, ㅑ, ㅓ, ㅕ'는 '아, 야, 어, 여'라 하였으며 자음에 대해서는 ㄱ(윽), ㄴ(는), ㄷ(든), ㄹ(를), ㅁ(믐), ㅂ(븝), ㅅ(슷), ㅇ(응), ㅈ(즈), ㅊ(츠), ㅋ(크), ㅌ(트), ㅍ(프), ㅎ(흐)라는 하였으며 'ㆆ, ㅿ, ㆁ'는 그 당시 쓰이지 않는다고 이름을 주지 않았다.

이 밖에 동북에는 훈춘현 용진학교, 밀산부 한민학교, 환인현 동창학교, 화전의 화전의숙, 신빈의 화흥중학, 통화의 양진학교 등 많은 근대사립학교들이 육속 일떠섰다. 이러한 학교의 대부분은 조선의 독립운동가 또는 민족의 선각자들이 교육을 애국, 자주, 독립의 하나의 무기로 삼아 군중을 근대지식으로 무장시키고 반일민족의식을 불러일으키기 위하여 설립한 사립학교들이었고 또 교원들 대부분이 민족의 독립을 창도하는 사람들이어서 조국광복을 취지로 삼지 않을 수 없었다.

이주초기~1930년까지 시기 조선인 거주지구들에서는 이르는 곳마다 교육열의가 앙양되어 갔는바 농민들은 사립학교를 설립하는 일이라면 만사를 제쳐놓고 제 집일처럼 달라붙었다. 그들은 겨우 생계를 이어가는 형편에서도 서슴없이 의연금, 의연곡식을 사립학교 설립에 헌납하였다. 사립학교에서 교편을 잡는 교원들은 재정곤란으로 하여 노임을 제대로 받지 못하면서도 자기의 옷을 저당 잡힌 돈으로 분필, 공책 등을 사가면서까지 교수 사업을 견지하였다. 학교운영경비가 어려운 학교들에서는 논밭을 부쳐 거기에서 거둔 수업에 의하여 학교를 운영하였거나 학교의 기본자금의 이자에 의하여 학교를 운영하였다고 한다.

근대교육 시초에 중국에서의 조선어 학과목은 기초적 학과목으로서 다른 학과목, 즉 조선역사, 조선지리, 및 조선가요 등을 잘 학습하는 도구적 역할을 했을 뿐 아니라 민족 자부심을 키우고 민족의식을 고양하고 민족어를 굳게 고수하는 역할을 하였다.

3) 식민지 노예교육과 조선어

일한 합병 이후 일본의 식민지 노예교육이 본격적으로 추진됨에 따라 조선에서 힘차게 전개되던 교육구국운동이 저조기에 들어가자 연변을 비롯한 남, 북만에 와서 민족사립학교 설립운동을 활발히 전개하였는바 용정에 동흥중학교와 대성중학교 등이 서게 되었다.

1911년(선통 3년) 8월 '조선교육령'을 공포하여 조선인의 교육은 '교육에 관한 칙어의 취지에 기초하여 충량한 국민을 육성하는 것을 본의로 한다.'고 규정하고 이 칙어(勅語)의 취지에 따라 일제는 조선민족을 말살하기 위하여 민족의 넋인 조선말과 조선글의 사용을 금지하고 조선역사, 조선지리, 조선문학, 조선풍습에 대한 교육을 제지하였다.

1919년 조선에서는 3·1운동이 일어났고 중국에서는 5·4운동이 일어났다. 용정에서 일어난 3·13반일 대 시위를 통해 일제의 중국침략 죄를 성토하였고 1920년대 초기부터는 마르크스─레닌주의가 학교에 전파되기 시작하였다.

1919년 5·4운동 이후부터 1931년 9·18사변까지의 중국 조선인 교육은 당시 중국으로 이주한 조선인들에 대한 근대 신문화교육을 실시하는 시기였다. 일제의 식민지로 변한 동북지구의 교육특징은 마르크스—레닌주의의 선전이었고 군사교육과 훈련의 강화였으며 종교와의 분리였고 반일 민족의식과 중국 해방투쟁에 관한 의식을 불어넣었다고 할 수 있다.

1920년 10월 일본침략자가 연변에서 '경신년대토벌'을 감행할 때 명동학교는 일제토벌대에 의하여 불에 타버리고 말았다가 용감한 조선인 민중들의 적극적인 지지와 당시 학교의 교직원, 학생 및 주민들의 공동한 노력으로 모인 의연금 14,000여 원의 자금으로 다시 일떠섰으나 1924년에 연변에 갑자기 흉년이 들자 재정난에 봉착하여 부득불 중학부를 취소하지 않을 수 없었다.

사립동흥중학교는 반일민족지사이고 천도교의 신자인 최익룡에 의하여 1921년 10월 1일에 용정촌에 설립되었다. 창립초기에 교원은 3명이였고 학생은 4개 학급에 113명이였다. 학생들 속에는 용정촌지구와 연변 각 지방에서 온 천도교인의 자제들을 위주로 하여 남북만, 조선 지어는 구소련의 연해주에서 온 청년들도 있었다. 그들이 배운 학과목으로는 우선 조선어였고 다음 산수, 대수, 물리, 화학, 영어, 생리, 역사, 지리, 한문, 도화, 작문 등이 있었으며 천주교의 교리도 있었다. 학교운영경비는 조선에서와 당지에서 모은 기부금과 학생의 수업료에 의하여 해결하였다.[75]

당시 중국 측에서도 일본이 만주의 재만 조선인을 앞잡이로 삼아 중국에 대한 침략을 노골화할 것을 염려한 나머지 간도지방에서 실시되고 있던 조선인 교육에 대하여 노골적으로 간섭하고 압박을 시작하였다. 1927년(민국 16년) 11월 20일 중국 측에서는 교육부령으로 '외국인경영학교취제변법(外國人經營學校取締辦法)'을 제정하여 간민사립학교에서는 조선어 및

---

75) 박규찬 주필(1991), 『중국조선족교육사』, 동북조선민족교육출판사, 29면.

지리 외에는 중국의 교과서를 사용할 것, 조선어, 조선역사, 지리는 중국어로 번역하여 심사를 받을 것, 시간표와 교과서는 심사를 받을 것 등이며 위의 사항을 위반할 경우 공립학교로 개편하거나 해선한다고 하였다.[76)

1928년 5월의 조사한 '위만주국교육방안(僞滿洲國敎育方案)'의 통계에 의하면 전 동북3성에 조선인 사립학교가 470개에 교원이 839명, 학생이 16,929명이 있었다.[77) 당시 조선인사립학교들에서는 모두 조선어문교육을 진행하였는바 이런 학교들에서는 통일된 과정 안이나 교재가 없었다. 학교에서는 설립종지와 배치되는 '조선교육령'에 규정된 과정안을 따르지 않고 교과서도 총독부에서 편찬한 것을 쓰지 않고 선명한 애국의 사상을 재현한 교재를 편찬하여 썼다.

당시 조선어문교원들 중에는 저명한 언어학자들인 장지영(화룡현명동학교), 이극로(환인현 동창학교), 김두봉(상해 인성학교) 등이 있었다. 조선어문교원들은 일본 침략자들의 갖은 유혹과 협박 하에서도 온갖 난관을 이겨가며 조선어문교육을 활발히 진행하고 과외활동도 폭넓게 벌였는데 때때로 우리말로 하는 변론회, 웅변회 등을 가지고 일제의 침략죄행을 폭로하고 격앙된 어조로 국권회복을 호소하였다.

이극로 선생님은 조선에서는 언어학자, 반일애국열사, 사회활동가로 불린다. 경남 의령군 지정면 두곡리의 농가에서 출생하여 서당 공부를 한 후 1912년 중국 동북지방 내도산의 독립군 부대에서 훈련도감으로 있다가 1911년 윤씨형제들과 함께 요녕성 환인현에 와서 동창학교를 세웠으며 무송의 백산학교와 동창학교에서 학생들에게 조선어를 가르쳤으며 1914년경까지 이 지방에서 활동하다가 1914년에 이곳에서 그가 신채

---

76) 김성준(1964), 『3·1운동 이전 북간도의 민족교육』, 3·1운동 50주년 기념논문집 동아일보사, 193면.
77) 박규찬 주필(1991), 『중국조선족교육사』, 동북조선민족교육출판사, 30면.

호를 만났다는 기록도 있다.

1930년 신간회 대표로 동포구제의 목적을 띠고 만주지방을 돌아보다가 귀국했다. 1942년 7월 조선어학회사건으로 함흥감옥에 갇혔다가 해방과 함께 출옥했다. 이극로 선생은 일생 동안 조선어학회 복구, 조선말교과서 편찬, 국어강습회조직 등의 사업을 적극 추진하는 한편, 조선인류학회, 에스페란토학회, 국술협회 등을 조직지도하기도 했다. 조선어학의 주요 논문으로는 "조선어 어음의 된소리 음리에 대한 과학적 천명"(1928), "훈민정음의 독특한 음성 관찰"(1932), "'ㆍ'의 음가에 대하여"(1937) 등이 있으며 일제침략 기간의 조선과 중국동북에서 조선어 교수 및 연구 활동을 통하여 조선어의 발전과 과학적 해명에 큰 공을 세웠다.

4) 사립학교교육과 조선어

이 시기 중국 조선인사립학교의 종류에는 여러 가지가 있었는데 그중 하나는 반일민족단체들에서 설립, 운영한 학교이고 다른 하나는 종교계통에서 설립, 운영한 학교이며 또 다른 하나는 반일민족지사와 진보적인 지식인 및 광범한 민중들에 의하여 설립, 운영된 학교였다.

전 동북3성 조선인 사립학교 통계표(1928년 5월말)[78]

학교류별＼항 목	설립주체	학교수(개)	교원수(명)	학생수(명)	%
조선인사립학교	반일민족주의단체	34	57	1,218	6.7
	종교단체	108	259	6,430	35.4
	광범한 민중	328	580	10,499	57.9
합 계		470	896	18,147	

---

78) 박규찬 주필(1991), 『중국조선족교육사』, 동북조선민족교육출판사, 48면.

당시 조선인 사립학교의 교육내용은 교육목적, 교육방침에 의하여 규정되는데 사립학교를 설립한 최고 이념은 비운에 빠진 조국과 고통에 허덕이는 민족을 구하고 외세를 몰아내며 자주적인 독립 국가를 건설하기 위한 믿음직한 투사를 육성하는 것이었다.

이러한 인재 양성과 교육의 취지에 의해 당시 조선민족사립학교의 과정 안이 통일되지 않아 학교마다 약간 차이가 있었지만 총체적으로 볼 때에는 대동소이하였는바 그중에서 사립정동중학교에는 한어(조선어), 중어, 일어, 영어, 윤리학, 역사, 지지, 박물, 식물, 지문(地文), 생리, 수학, 경제학, 교육학, 교수법, 작문, 음악, 체육 등 22개 학과목이 배정되었고 장백현 내의 사립중소학교들에 배정된 학과목으로는 주로 역사, 지지, 작문, 산수, 이과, 수신, 지나어, 성서, 습자, 국문, 체조, 창가, 대한지지, 한문, 수학, 윤리, 화학, 물리, 도화 등이 있었다.

중국정부는 중국에서의 조선인들의 교육기관설립과 민족교육 내용이 중국의 주권을 침해함과 동시에 일본제국주의의 세력신장으로 이어진다고 생각하고 이를 필수적으로 저지하고자 하였다. 중국 측을 보면 조선인 역시 일본신민(日本臣民)으로 여겨졌기 때문이다.[79]

당시 동북3성의 조선인사립학교들에서 조선어문과는 가장 중요한 학과목으로 되었다. 내용은 반일 민족 해방사상을 전파하고 형식에서는 조선어문지식을 각별한 주의를 돌려 수업하는 것이었다. 사용한 조선어 교과서로서는 『국어』, 『국어독본』 등이 있었다.

통화현 반랍배(半拉背)의 배달(培達)학교에서 사용한 『국어』 교과서에는 『지기지우(知己之友)』, 『고향』, 『무기의 변천』 등 과문들이 수록되었고 소학교 3학년용 『국어독본』에는 『애국심』, 『독립』 등 과문이 수록되었는바 이러한 과문들은 예술적 형상을 통하여 조선인청소년들에게 일제에

---

79) 홍종필(2000), 「간도지방 조선인 이민의 교육에 대한 중·일의 압박에 대하여」, 귀천원 유한교수 정년기념 논총(상).

대한 민족적인 증오심과 반일투지를 키워주고 그들을 반일투쟁에로 불러일으키는 내용으로 넘쳐있었다.

사립학교의 과정안을 보아도 당시의 사립학교는 옛날의 봉건적인 서당과 완전히 다른 근대성을 띤 신형의 학교였다는 것을 알아볼 수 있고 새 지식의 전수에도 중시를 돌렸겠지만 그보다도 새 세대들에게 반일민족의식을 키워주기에 더욱 심혈을 기울였다.

이주초기~1930년까지 시기 사립학교의 학과목교육 중에서 조선어문교육이 특별히 중시되었는데 그것은 학교교육에서 기초도구 학과라는 일반 의미에서만이 아니었다. 그것은 우선 근대사립학교의 특점의 하나가 한학과 유교경전의 교육을 본 민족 어문교육과 근대문화교육으로 대체한 것이기 때문이었고, 다른 하나는 학과목 중에서 학생들의 민족의식을 계발하고 그들에게 '조국광복의 큰 뜻'을 지니도록 교육함에 있어서 무엇보다 감화력과 호소력이 큰 과목이기 때문이었으며, 다음으로 당시 일제에 의하여 설립된 보통학교와 그들의 '보조학교'에서 실시한 조선어 말살정책에 대항해 나서는 하나의 실제행동으로 되기 때문이다. 게다가 나라를 잃은 민족에게 있어서 자기 말과 글을 가르치고 가꾸는 것은 하나의 정신적인 의탁으로 되기 때문이었다.

중국에서의 조선인 애국문화운동자들은 애국문화 계몽운동 중에서 '내수외학'을 활동강령으로 내세웠으며 구체적으로 교육운동, 출판보급활동, 언문일치(言文一致)운동 등을 다양한 형태로 줄기차게 벌였다. 그들은 민족의 성취와 국가의 존망, 인간의 생존은 죄다 교육에 달렸다고 여긴 나머지 민족의 해방과 근대적 발전을 위하여 교육을 틀어쥐어야 한다고 강조하면서 교육 사업에 많은 심혈을 부었다. 그리하여 각 지방들에서는 그 지대의 실정에 비추어 여러 가지 형태의 교육회를 결성하고 도처에 사립학교, 야학교, 강습소를 세웠다.[80]

이 시기 교육운동은 단순히 지식을 전수하고 기술을 보급하는 데 그치지 않고 그와 더불어 인민대중을 반제반봉건의 사상으로 무장시키며 우리말과 글을 보급 침투시키는 데서도 커다란 역할을 했으며 문학발전에도 많은 영향을 주었다. 그리고 교육내용은 교육목적에 의하여 결정된다.

> 2천만 동포 우리 소년아
> 민족의 수치 네가 아느냐
> 천부의 자유권 차가 없거늘
> 우리 민족 무슨 죄로 욕을 받는가.
>
> 민족 사랑하는자 적지 않지만
> 모험행진 하는자 몇이 되느냐
> 깰지라 소년들아 험한 마당에
> 조금도 사양말고 달려나가세.
>
> ___ <소년모험행진곡>

창가에서 보여주다시피 민족의 비운에 처한 민족을 구원하고 자주독립을 이룩하기 위하여 열심히 공부를 하였다는 것을 알 수 있다.

중국에서의 조선인 사립학교는 조선인 민간교육기관으로서 광범한 조선인민중들에 의하여 설립되고 운영되었던 만큼 교육목적도 이에 의하여 결정되었다. 조선인사립학교에서 한문을 배우되 한 개 과목으로 설치하며 교육 용어는 조선말로 한다고 선포하였다. 조선 글을 더 많이 가르치고 조선말을 더 많이 사용하기 위하여 조선인사립학교들에서는 근대적인 새 지식전수와 결합하여 교과서를 설정하고 교수내용을 제정하였다. 즉 그들은 국어시간에만 가르치던 조선 글을 조선역사, 조선지리 시간에도 적당히 결부하여 가르침으로써 학생들이 더 광범한 범위 내에서 조선 글을 배우도록 하였다[81]고 한다.

---

80) 조성일 · 권철(1990), 『중국조선족문학사』, 연변인민출판사, 17면.

이때 사립학교들에서는 음악교육을 진행하였는데 창가를 가르치는 것을 통하여 근대문명에 발맞추어 새 세대들에게 근대적인 정서를 키워 주기 위한 것도 있겠지만 주로는 반일민족의식을 불러일으키는 데 그 목적을 두었고 조선어의 보급과 발전에 기여하였다.

통화현 배달학교에서 등사기로 찍은 창가 책에는 <소년남자가>, <학도가>, <권학가>, <혈성대가>, <우리의 운동장>, <의무가>, <세계일주가>, <태평양행>, <부모의 은덕>, <상봉가> 등 28수의 노래가 수록되었다.

이러한 창가를 례로 든다면 아래와 같다.

동방의 붉은 해빛 명랑한 곳에
갱생의 큰소리 요란하지만
눈멀고 귀먹으면 어찌 알리오
눈뜨고 귀밝히자 청년학도야

___ <학도가>

사람은 사람이란 이름 가질 때
자유권은 똑같이 가지고 났다
자유권 없이는 살고도 죽은 몸이니
목숨은 버리어도 자유 못버려

배달의 어린이야 어서 자라서
우리의 자유를 위해 싸우라
자유를 찾든지 우리가 죽든지
끝까지 기운떨쳐 힘써 싸우라

___ <자유가>[82]

---

81) 김영옥(1992), 「20세기 초 연변에서의 우리 글의 사용과 보급(1)」, 중국조선어문, 1992년 5호, 50면.
82) 권철 · 김병민 · 채미화 · 허휘훈 편(1996), 『중국조선민족문학작품선』(해방전편), 23면.

이러한 창가는 우리말과 글로 중세기적 몽매와 질곡에서 한시 급히 벗어나 날로 문명, 개화하는 시대적 조류에 따를 것을 권유하는 내용을 담고 있다.

화전자(樺甸子)의 광성(光成)학교 등 사립학교들에서 쓰던 창가 책에는 상술한 노래 외에도 <모험행진곡>, <복수설치가(報仇雪恥歌)>, <운동가>, <동심가>, <학생전지가>, <쾌남가(快男歌)>, <상봉유사가(相逢有思歌)> 등 많은 노래들이 실리었다.83)

      잠을 깨세 잠을 깨세
      어둠컴컴 꿈속에서
      만국이 휘등하야
      문명개화 한다더라

                                        ___ <동심가>

      만났도다 만났도다 원쑤 너를 만났도다
      너를 한번 만나려고 수륙으로 몇만리를
      천신만고 거듭하여 가시성을 더듬었다
      혹은 륜선 혹은 화차 로국 청국 방황하고
      너를 오늘 만나니 너뿐인줄 아지 말라
      오늘부터 시작하여 한놈두놈 보는대로
      남의 나라 놈들 내 손으로 죽이리라.

                                        ___ <복수설치가(報仇雪恥歌)>84)

이러한 창가는 비운에 처한 민족을 구원하고 자주독립을 이룩하기 위하여 떨쳐나설 것을 선동한 것으로서 널리 보급되었다.

사립학교들에서 학과목에 대한 공부와 함께 민족의 운명을 구원하기

---

83) 현룡순 · 리정문 · 허룡구(1982), 『조선족백년사화』, 요녕인민출판사, 129면.
84) 권철 · 김병민 · 채미화 · 허휘훈 편(1996), 『중국조선민족문학작품선』(해방전편), 26면.

위하여 조선인인민이 처한 사회정치적 위기에 대해 토론을 진행하였다. 즉 우리말로 된 '웅변대회', '연설회'를 정기적으로 열고 청년학생들로 하여금 사회와 민족에 대한 견해를 우리말로 발표하게 하면서 그들의 불타는 반일정서를 양성하였다.

이런 우리말로 된 노래들은 당시 조선인인민들이 일본제국주의와 봉건군벌의 통치에 대항해 나서는 인민들의 사기를 북돋아 주었을 뿐 만 아니라 당시 동북에서 조선어의 발전과 보급에도 큰 기여를 하였다는 것을 알 수 있다.

사립창동학교 1926년의 교가(박창익 작사, 최재경 배사)는 민족성을 살린 사회주의 운동을 의미한 교가였다.[85]

> 흰뫼가 우뚝코 두만강물 흐르는
> 넓다란 벌판에 형제의 마음과 힘을 모이여
> 배우의 집을 세웠으니 창동
> 동천에 불그스레 돋은 해 같이
> 젊은 생명에 힘을 주노라!
> 보아라, 보아라, 이 세상을 보아라,
> 주림에 우는자 광야에 엎드러진 그 참경,
> 오늘까지 사랑없는 이 땅,
> 즐거운 동산을 이룰양으로,
> 젊은 생명에 힘을 주누나!
>
> 우리의 힘 될 이 위해
> 북돋아주고 길러주나니
> 같이 기르자 동무야
> 창동을, 창동을

---

85) 박규찬 주필(1991), 『중국조선족교육사』, 동북조선민족교육출판사, 60면.

조선말로 된 유희에서도 역시 반일의식을 고취하기에 힘썼다.

첫 사람이 아라비아숫자 (1)하고 발음하면 그 다음 사람이 <십진가> 형식으로 첫 음과 발음이 같은 말을 이어가면서 순차로 재담을 이어 내려가는 유희를 하였다.

예를 들면

1. 일본놈, 2. 이등박문, 3. 삼천리강산을 삼키려고 날뛰다, 4. 사처로 찾아다니던 안중근이, 5. 오래동안 기다리던 할빈역에서, 6. 륙혈포로 쏴넘겨놓으니, 7. 칠성구멍으로 피를 토하며, 8. 팔짝팔짝 죽어가는 이등을, 9. 구름같이 모인 사람들 앞에서 이등의 모가지를 디디고 만세, 3창, 10. 열 번 다시 죽어도 속만 씨원해라!

일제의 식민지 노예화교육정책에 저항하여 반일 민족 지사들은 일제에 의하여 발행 금지된 조선 역사와 조선지리, 조선국문 등 조선민족교과서를 조선민족자치단체인 '간민교육회'의 산하에 편찬위원을 두고 편찬하게 하였다. 즉 학자들을 초빙하여 『조선어』, 『조선역사』, 『동국사략』 등 사립학교용 교과서를 편찬하여 등사하여 발행하였고 『최신조선지리』, 『조선어독본』 등을 편찬하여 인쇄하여 조선인사립학교에 발행하였으며 『최신동국사』, 『동양역사』, 『월남망국사』 등 역사 교과서를 출판하였다.

조선인 집거구에 수많은 근대적인 신문과 잡지들이 출현하였는바 1909년부터 1917년 사이에 『월보』(1909), 『한족(韓族)신문』(1911), 『대진(大震)』, 『학우보』(1916), 『조선독립신문』(1919), 『인민보』(1919), 『조선민보』(1919) 등은 새로운 문명을 수용 보급하여 민족해방, 민족옹호, 산업과 교육의 진흥 등에 대한 선전으로 대중을 계몽함으로써 인민대중의 민족적 각성과 단합, 사회의 근대적 발전과 문명개화를 촉진시키는 데 이바지하였다.

그 당시 다른 과목들의 교재는 조선에서 쓰는 것을 이용할 수 있었으나 역사과나 조선어과는 그럴 수 없었다. 즉 학과목의 지식과 함께 반일

민족해방사상을 고취하기 위해서는 자편교재를 편찬하여 쓰지 않을 수 없었다. 요녕성 홍경현(興京縣, 지금의 신빈현)의 왕청문(汪淸門) 화흥중학교(華興中學校)에서는 교재를 편찬하여 글씨를 잘 쓰는 학생들에게 쓰게 하여 등사를 시켰다고 한다.

여기에서 우리는 알 수 있듯이 조선어는 학교교육에서 아주 중요한 위치를 차지하고 다른 과목을 가르치는 기초과목으로 되었을 뿐 아니라 일제의 봉건적 노예교육을 반대하고 사상교육을 진행하는 무기로 되면서 더욱 풍부, 발전하였음을 알 수 있다.

5) 문법교수 및 연구와 조선어

연길현 명동학교에서는 『대한문전』을 가르쳤고 신흥학교를 개칭한 양성중학교에서는 『국어문전』 등을 가르쳤다. 조선에서 조선어문법서가 처음 공개출판된 것이 1908년의 최광옥 저 『대한문전』이다. 이에 먼저 일부 학자들, 즉 유길준, 김규식, 주시경, 김희상 등이 조선어문법을 연구하고 강의했거나 교재로 등사한 것은 있으나 본격적으로 조선어문법연구가 시작된 지는 그리 오래되지 않았다. 이와 같이 조선에서 조선어문법연구가 시작된 지 몇 해 되지 않는 때에 벌써 이런 학교들에서 문법교수까지 하였다는 것은 당시 중국에서 반일구국교육가들이 조선말과 글에 가르치는 것을 얼마나 중시하였던가를 여실히 보여준다.

더욱이 명동학교에서는 조선에서 한글연구에 이름 있는 한글학자이며 교육가인 장지영과 같은 분을 초빙하여 조선어문교원으로 모시기까지 하였다고 하니 이러한 사실도 조선어문과에 대해 얼마나 중시했으며 이 과목을 보다 더 잘 가르치기 위해 얼마나 고심하였는가 하는 것을 충분히 보여주고 있다.

일찍 서울사범학교시절에 주시경 선생의 가르침을 받은 적이 있는 이호원(李浩源) 선생이 이 학교의 주임교원으로 있으면서 조선어 과의 교재를 편찬하여 지도하였다. 그는 오랜 동안의 감옥생활에서 조선어연구를 진행하였으며 조선어문 지식이 연박하여 학생들의 존중을 받았으며 학생들이 선생을 '산자전'이라고 부르기까지 하였다.

이와 같이 여러 학교들에서 문법교수를 진행하였으며 후일의 저명한 어학자들이 와있었었다는 것은 문법연구가 진행되었다는 것을 추측할 수 있으나 지금까지 남겨진 자료가 없는 것이 유감이다.

관내에 망명해 온 조선인들은 민족해방운동의 어려운 환경에서도 조선인학교를 설립하고 반일민족해방사업의 인재를 양성하는 데 각별히 주의를 돌렸다. 망명하여 온 민족 구국지사들로 이루어진 이런 학교의 교원들과 사회활동가들 가운데는 일찍 조선어연구에 조예가 깊은 이들이 적지 않았다.

조선어문법연구의 조기학자인 김규식, 후에 조선어학연구와 조선어학회에서 골간적 역할을 한 이극로(李克魯), 주시경 선생의 충실한 계승자로 불리운 김두봉(金斗峰) 등이 한때 상해에서 활동했었다. 이런 분들 중의 일부는 학교에서 교수사업을 하면서 조선어교재는 자체로 편찬하여 가르쳤고 또 자기들의 조선어연구에서 얻은 성과를 학생들에게 전수하였다.[86] 이분들은 반일민족독립운동가로서 학자인 동시에 교육자였는바 민족독립운동을 줄기차게 벌이는 동시에 한편으로는 학교를 창립하고 청소년과 애국청년을 교육하고 한 편으로는 조선어를 연구하고 조선어를 보급시키고 발전시키는 여러 활동을 적극적으로 벌였다.

해방 전 중국경내에서 조선어문법서가 출판되기는 『깁더조선말본』 하나뿐이다. 문법서는 김두봉이 중국에 망명하여 와 있을 때에 상해에서 출판한 유일한 문법서이다. 이 문법서는 1916년에 간행한 『조선말본』을

---

86) 허동진(1991), 「항일시기 중국에서의 조선어문교육」, 중국조선어문, 1991년 3호, 63면.

수정하고 증보한 것이다. 김두봉은 이규영과 함께 주시경의 충실한 계승자로 손꼽혔다 한다. 그는 주시경이 작고하자 그의 사업을 계승하여 조선어강습원(韓字講習所)을 설치하고 최남선이 조직했던 조국광문회에서 국어사전『말모이』의 편찬을 책임졌다. 이『말모이』의 문법부분을 정리하기 위하여『조선말본』을 저술하였다고 하였다.

『깁더조선말본』의 머리말에서 그는『조선말본』을 박은 지 여덟 해 만에야 이 책을 다시 박게 되었다고 하였으니『조선말본』을 박은 해를 1916년으로 치면『깁더조선말본』을 박은 해는 1924년이 될 것이다.『깁더조선말본』은 품사의 명칭이나 분류가 대체로 주시경의『국어문법』과 비슷하나 세부에서는 일정한 발전된 견해를 보인다. 문법체계는 1916년의 초판과 크게 달라진 것이 없고 부록(붙임이라 했음)으로 덧붙인 3편은 1916년의 말본에 없는 내용이다. 붙임에 한글의 풀어가로 쓰기인『좋은글』과 속기법인『날젹』과『표준말』3편이 덧붙여 있다.

김두봉 저『깁더조선말본』의 '머리글 알기'에서 보면 이 책의 부록으로 덧붙인 조선 글을 풀어서 가로쓰기와 속기법은 '지난 여름 <한글 익힘집>에서 가르친 흘림글씨와 날젹글씨를 그대로 아니하고 좀 고친 것'이라 하였으니 이들은 상해에서『한글익힘집』(한글강습소)을 설치하고 한글만 가르친 것이 아니라 그들의 연구 성과인『흘림글씨(朝鮮語的分解橫書法)』,『날젹글씨(朝鮮語速記法)』 등도 말본과 함께 가르쳤다는 것을 보여준다.

그들의 가르침을 받아 당시 상해에 있는 조선교민들이 '3·1운동기념대회'를 할 때 회장 앞에 가로붙인 횡폭표어를 조선글자로 풀어서 가로쓰기법으로 썼고 또 1943년 경진서북혁명근거지에서 열린 '조선의용군전사추도회'의 회장 앞 횡폭표어도 조선글자를 풀어서 가로 쓰는 법으로 썼다고 한다.

이러한 사실은 관내에 망명했던 조선인들이 자기 말과 글을 연구하여 가르치고 배우는 열정이 매우 높았었다는 것을 말해주며 또 당시의 조선

글을 가르친 영향이 관내 조선인들에게 널리 미치고 퍼졌으며 배운 이들
은 기회만 있으면 배운 것을 실천에서 써보려고 하였다는 것을 말해준
다. 그들은 이처럼 망명생활의 어려운 환경 속에서도 모국어의 고수와
발전을 위하여 피타는 노력을 기울였다.

이처럼 상해에 망명하여 왔던 조선어학자들은 반일민족해방의 어려운
싸움 속에서도 조선어 교수사업과 연구 사업을 견지하여 후대들에게 가
르침으로써 그 영향이 널리 항일근거지에까지 파급되었다.

이 시기 조선말에는 그 당시 일제의 침략제도를 반영한 어휘가 적지
않게 있었을 것이고, 게다가 마르크스주의 전파와 함께 새 정치, 경제,
문화를 반영한 정치용어, 항일의 목적으로 창립된 반일 단체명칭 및 새
혁명적 생활을 반영하는 많은 어휘들이 들어오게 되었다.

1924년에는 해방 전 중국경내에서 출판되기는 하나뿐인 문법서 김두
봉 선생의 『깁더조선말본』이 출판되었는데 이는 망명생활의 어려운 환
경 속에서도 모국어의 고수와 발전을 위하여 피타는 노력을 얼마나 기울
였는가를 알아볼 수 있다.

항일전쟁시기 조선어문과는 모든 학과목을 배우는 도구이며 기초로
될 뿐 아니라 그 내용에 있어서는 반일애국사상을 전수할 수 있는 과목
이어서 그 어느 과목보다 중시를 받았다. 때문에 매 학교마다에서 조선
어과를 중요한 위치에 놓았었다. 조선글이 나라의 공용문자로 된지 얼마
되지 않는 시기여서 우선 글을 깨치는 것이 중요하였기에 일부 학교에서
는 조선어문법을 가르치기도 하였다.

이 시기에 와서는 교육제도가 일정하게 개선되고 대중공보수단이 발
달한 조건에서 새로 생겨난 한자어의 보급은 봉건사회의 경우와 다르다
고 할 수 있다. 즉 새로운 사회경제용어와 과학기술용어가 생겨나면 그
것은 교육과 통신보도를 통하여 대중 속에 전파되어가고 인민들의 언어
생활에서 일정하게 자리를 잡게 되기 때문이다.[87]

개인, 자유, 인권, 법률, 교육, 산업, 상업, 공업, 기업, 국민, 약물학, 화
학, 의학, 과학

이 한자들은 인민들의 언어생활에서 일정한 자리를 차지하게 되면서
새로운 단어합성의 기초로 널리 이용되었다.

- 교육 : 가정교육, 사회교육, 산업교육
- 사회 : 봉건사회, 노예사회, 법치사회
- 국민 : 국민운동, 국민교육, 국민은행

또한 이 시기에는 한자어 접두사와 접미사에 의해 새로운 파생어도 많
이 생겨났다.

- 무 : 무권리, 무보수, 무책임
- 전 : 전국민, 전세계, 전사회
- 적 : 독립적, 세계적, 국가적
- 성 : 예술성, 식물성, 자립성

---

87) 김영황(2006), 『민족문화와 언어』, 과학백과사전출판사.

제 2 장 일제침략시기 중국에서의 조선어

일제침략시기 중국에서의 조선어는 일제의 중국동북 침략에 대한 조선인들의 반항과 항일구국운동과 함께 크게 변화, 발전했다고 말할 수 있다. 일본이 중국 동북을 강점한 1931년 9·18사변 전까지 동북에 거주한 조선인들의 총수는 100여 만에 달해 동북 총 인구의 30분의 1을 차지했고,[1] 1939년에는 106만 6천을 넘어 동북지구에서의 조선인은 이미 백만을 넘은 민족으로 되었기에 그 당시 중국에서의 조선어는 한어의 버금으로 동북지구에서 널이 쓰이는 언어로 되었다.

이 시기 중국에서의 조선말에는 그 당시 일제의 침략제도를 반영한 어휘가 적지 않았을 것이었고, 게다가 마르크스－레닌주의 전파와 함께 새로운 정치, 경제, 문화를 반영한 정치용어, 항일의 목적으로 창립된 반일단체이름 및 새 혁명적 생활을 반영하는 많은 어휘들이 쓰이게 되었다.

---

1) 고영일 주필(2002), 『중국항일전쟁과 조선민족』, 도서출판 백암, 63면.

1. 일제침략시기 중국에서의 조선인

1931년 '9·18사변' 후 중국의 동북지구가 완전히 일제의 식민지로 전락되면서 일제는 중국침략과 만주건설의 수요에 따라 많은 조선인들을 만주에 이주시켰다. 이 시기 일본이 중국에 있는 조선인에 대한 정책을 통제와 안정시기(1932년부터 1936년까지), 통제와 부추김시기(1937년부터 1945년까지)로 두 개 단계로 나눈다. 전 단계는 9·18사변에서 충격을 받은 동북의 조선인을 안정시키기 위해 조선반도에 있는 조선인들이 중국 동북지구에 천입하는 것을 적극적으로 장려하지 않는 것이고, 후 단계는 1937년 후 통제와 부추김시기로서 일제의 중국에 대한 침략이 박두하면서 일본은 전쟁 식량을 해결하기 위하여 새로운 조선인 이민정책을 실시하였다.[2]

1) 조선인의 동북이주 안정시기

1931년 '9·18사변' 후 조선반도의 남부지역에서 살던 농민들이 동북으로의 이주하는 수량은 점차 늘어났다. 이를테면 안봉 철도선의 개통으로 경상남도의 농민들이 직접 요녕성 홍경현으로 이주해 왔거나 전라북도 무주군에서 연변의 안도현 무주툰에 이사해온 것 등이다. 그리고 일제는 대륙침략의 목적으로 집단적 또는 분산적 형식으로 강제적 이민도 조직하여 만주 각지에 정착시켰다.

1932년 8월에 제정한 조선인에 대한 일제의 '통제-안정정책'에 좇아 일제의 식민회사인 '동아권업회사(東亞勸業會社)'는 1932년부터 1935년까지 남만과 북만의 조선인들을 영구현 전장대, 철령현 란석산, 유하현 삼

---

2) 손춘일 편(2002), 『중국조선족사회문화발전』, 연변교육출판사, 30면.

원포, 흑룡강성 주하현 하동과 수화현 수화부근에 집중시켜 '안정농촌'을 세웠고 토지 9,850여 정보를 사들이고 조선인 3,546세대를 수용하여 수전을 개간하게 하였다. 일제는 눅은 값으로 사들이거나 강점한 땅을 높은 값으로 쳐서 조선인 농민들에게 강요하여 '소작료'에 해당한 '관리비'를 해마다 바치도록 하였다.3) 당시 '집단부락'과 '안전농촌'에 '수용'된 농민들은 정치면에서 압박받고 통제와 감시를 받을 뿐 아니라 경제면에서 일본식민회사의 가혹한 착취를 받아 매우 비참한 생활을 하였다.

1936년 8월에는 또 일본관동군은 괴뢰만주국을 사촉하여 '재만조선인지도요강'을 만들어냈는바 '요강'에는 매년 조선으로부터 1만 호의 이민을 동북에 이주시킨다는 것, 조선인 이민의 이주 구역을 연길, 화룡, 훈춘, 왕청, 안도, 반석, 목릉, 문순, 홍경, 청원, 유하, 해룡, 동풍, 금천, 휘남, 몽강, 관전, 환인, 집안, 림강, 통화, 무송, 장백 등 23개 현으로 규정한다는 것, 중─소 변경일대에 분산되어 거주하고 있는 조선인 농민들을 일률로 지정된 지역에 이주시킨다는 것 등과 같은 내용들이 들어있다. 1936년 9월에는 이러한 이민정책을 실시하기 위한 기구로서 서울과 장춘에 각각 '신만척식주식회사'와 '만선척식유한주식회사'를 세웠다.

통계에 의하면 용정, 훈춘, 왕청현은 1930년과 1936년의 인구수가 비슷하고, 돈화현은 1.32배, 화룡현은 1.1배로 늘어나 총인구는 계속 늘어나는 추세였고 1930년 인구분포에 비해 서북쪽과 북쪽으로 이동되는 것이 뚜렷하다. 예를 들면 북쪽에 있는 서란 구태, 조남, 서북쪽에 있는 해덕에도 새로운 조선인 집거구가 형성되었다. 그리하여 이때 흑룡강성 이내의 조선인 인구도 1930년의 44,463명으로부터 1935년에 이르러서는 87,350명으로 늘어났다.

1931년부터 1936년까지 '이민통제시기' 일제는 동북에서의 저들의 식

---

3) 김철수·강강범·김철환(1998), 『중국조선족력사상식』, 연변인민출판사, 89면.

민통치가 아직 온정 되지 못한 상황에 비추어 기주 조선인들에게 '통제
-안정정책'을 실시하는 동시에 '집단이민'사업 준비를 다그치면서 새
이주민은 조선총독부의 '이주민증'을 휴대하게 하고 이주 후에는 집단부
락에 집중시키기로 하였는바 1936년에 이르러 동북의 조선인 인구는 85
만 44,11명에 달하였다.

2) 집단이민과 개척이민 시기

1937년부터 1941년까지는 '집단이민' 시기이다. 동북에서의 저들의 식
민통치가 비교적 튼튼히 확립되었다고 인정한 일제는 동북을 대륙침략의
병참기지로 건설하기 위하여 이민정책을 '3대 국책'의 하나로 삼았다.

일제는 20년 동안에 일본이민 100만 세대를 중국에 이주시키되 그 보
조적 수단으로 해마다 조선인 이민 1만 세대를 이주시킴으로써 동북의
'토지개발'에 투입시키려고 하였다. 1938년에 와서는 이민 수가 증가됨
에 따라 이민구역을 종전의 23개 현으로부터 개원, 철령, 서안, 서풍, 태
래, 요남, 통료, 영길, 액목, 돈화, 쌍양, 회덕, 서란, 화전, 녕안, 수화 등
16개 현을 더 확대하여 39개 현으로 규정하였다.

1937년 서울 '만선척식주식회사'는 조선남부에서 2,500여 세대의 농
민을 선정하여 동북의 '만선척식유한주식회사'를 통하여 괴뢰간도성과
괴뢰봉천성에 이주시켰다. 100세대를 단위로 이루어진 이민부락은 집단
부락의 형식으로 조직되고 이른바 '자작농창정'이 실시되었다.

1938년(민국 26년) 7월 일본관동군은 조선인 이민범위를 확대하기로 결
정하고 '조선인 농민처리요강'을 반포하였는바 주요 내용은 조선인 이민
을 의연히 해마다 1만 세대씩 받아들이되 이민지역을 중국-소련 국경
지대와 특정지역 외의 전 동북의 39개 현으로 확대하는 동시에 이민형태
를 집단이민, 집합이민, 분산이민 등 3개 부류로 획분하는 것이었다.

1939년 12월에는 종전의 조선이민 방안을 '만주개척정책기본요강'으로 고쳐 제정하였다. 이 '기본요강'에서는 1938년에 규정한 39개 현의 이민구역을 취소하고 원칙상에서 전 동북을 이민구역으로 규정하였으며 이민형태를 집단이민, 집합이민, 분산이민 등 세 가지로 하고 매년 1만 호를 동북에 이주시키되 반드시 조선통총독부의 이민증명서가 있어야 하며 이미 동북 각 지방에 분산되어 거주하고 있는 조선농민들을 다시는 지정된 구역에 집중시키지 않는다는 것과 같은 내용을 규정하였다.4) 1939년까지 조선집단 부락수는 147개로, 이민수는 9,600세대, 4만 9,600명으로 늘어났다.5) 이런 정책의 실시 밑에 연변과 동변도, 길장 및 북만 지역의 39개 현에 대량의 조선인을 이주시켜 1839년에 동북의 조선인인구는 106만 5528명이나 되었다.

일제의 집단이민의 정책은 조선에서의 자기들의 식민지통치를 공고히 하는 한편 조선인 농민들의 수전 농사기술을 이용하여 동북에서의 염가 농산물을 약탈하여 식민지 이익을 얻으려는 데 그 목적이 있었다. 때문에 일제의 조선인집단이민정책은 파쇼적 강제와 기만적인 선전을 토대로 하여 감행되었다.

안도현에 들어온 집단이민의 본적지6)

이민차례	호 수	이민의 본적지
제1차(1937년)	1,042	함경북도, 함경남도, 강원도
제2차(1938년)	809	전라남도, 전라북도, 강원도, 충천북도, 경기도
제3차(1939년)	994	전라북도, 전라남도, 강원도, 충청북도, 충청남도, 경상남도
제4차(1940년)	608	전라북도, 충청남도, 충청북도, 경상북도, 경상남도
제5차(1945년)	80	강원도

---

4) 북경대학 조선문화연구소(1995), 『언어사』, 민족출판사, 680면.
5) 김철수·강용범·김철환(1998), 『중국조선족력사상식』, 연변인민출판사, 95면.
6) 『조선족연구총서(2)』, 1989년, 연변인민출판사, 179~187면.

그 후 일본제국주의자들이 결정한 강박적인 이민정책으로 하여 조선 인민들이 육속 송화강 유역과 삼강평원에 들어가 1940년에는 흑룡강에 거주한 조선인이 154,357명으로 늘어났다. 1940년에 만주지역의 조선인 수는 145만 명으로 급증하며, 간도지방의 조선인도 15만 명에서 62만 명으로 4배나 증가한다.[7]

1941년부터 1945년까지는 '개척이민' 시기이다. 1941년(민국 30년) 6월 에 반포된 '만주개척정책기본요강'에 따르면 집단이민, 집합이민은 해마 다 1만세대의 절반을 점하여야 하였는바 새로운 규정에 따라 재래의 집 단이민은 집합이민으로 취급되고 새로운 집단이민은 '일본개척단법'에 따라 조직되는 '개척단이민'이 되었다. 이것은 일제가 송하강 하류와 동 요하일대에서 긴급경작지건설에 조선인 이민을 내몰아 수전을 개발하게 하기 위해서였다.

1941년 일제가 태평양전쟁을 발동한 후 '출하세', '양식관리법' 등을 제정하여 농민들을 가혹하게 착취한데서 적지 않은 농민들이 연변을 떠 나 흑룡강성의 오상현, 벌리현, 가목사, 밀산현으로 옮겨갔다. 당시 인구 유동에서 홀시할 수 없는 것은 철도교통의 발달이다. 이전에는 도보로 걷거나 우차로 다녔으나 이때부터는 한 가정 남녀노소가 함께 더욱 살기 좋은 곳으로 이사 갈 수 있어 인구의 유동성이 더 커졌다. 그러나 총적 으로 보면 연변인구는 이사 간 사람이 이사 온 사람과 비슷하였거나 더 많았다. 이리하여 1941년부터 1944년까지의 사이에 동북에 들어온 개척 민이 도합 6만 4,887여 명에 달하였다고 한다.

관내의 조선인 이주상황을 보면 그 수자는 많지 못하다. 1939년 통계 에 의하며 화북지방의 북경에 8,516명, 천진에 7,833명, 창려에 7,856명 (1937년 통계), 석가장에 2,260명, 태원에 1,334명, 제남에 1,398명, 청도에

---

7) 이종목(1999), 『중국조선족의 교육현황과 문제』, 현대사회과학연구 10, 3면.

1,882명으로서 모두 18,985명이 거주하였다. 기타 구역인 장가구에 464 명, 대동에 2,453명, 상해에 3,138명이 살았고 무한, 광주, 남경, 등지에 도 군관학교 애국단체 성원으로서 조선인들이 살고 있었다. 동북에 정착한 조선인들은 주로 농업에 종사했다면 관내에 정착한 조선인들은 상업, 회사사원, 관리, 각종 기술인원과 민족주의 분자들로서 조성되었다.

이 시기 조선인 이민의 대다수는 조선남부의 농민들이다. 일본침략자들은 동북을 중국대륙을 침략하는 기지로 삼고 나아가서는 '만주농업', '일본공업'의 목적을 실현하기 위해서는 동북에 대량의 수전을 개발하여 알곡생산을 늘여야 했으며 게다가 태평양전쟁이 지속됨에 따라 대량의 양식이 있어야 했다. 일본침략자들은 이런 침략의 수용에 따라 주로 조선남부로부터 수전 농사에 능한 대량의 농민들을 동북의 넓은 벌에 이주시켜 수전을 개발하게 하였다.

일제는 날로 승격하는 침략전쟁의 수요를 만족시키기 위하여 새 농지 조성계획을 실시하면서 조선이주민도 '개척단이민'으로 북만과 서만 지역에 강제로 이주시켰다. 이리하여 1945년 광복직전까지의 중국조선인 인구는 도합 215만 명에 달하였다.

(1) 이 시기 조선인 분포특점

우선 두만강 지역은 민국시기와 마찬가지로 두만강에서 가까운 연변 지구에 이주인구가 증가되고 압록강 지역은 강 연안으로부터 개원, 철령, 심양, 무순 등 철도연선으로 전이되었으며 흑룡강성에는 조선인이 주로 삼강평원, 송화강, 목단강 유역에 집중되어 수전 농사를 지었던 것이다.

다음으로 영구를 중심으로 하여 그 주위에 새로운 조선인 집거구가 형성되었고 화북지방, 내몽골 중남지방에도 소수의 조선인들이 정착, 거주하여 조선인 분포구역이 넓어졌다.

마지막으로 만주의 산구와 반 산구에 산재하고 있던 부락은 항일활동의 좋은 근거지였는바 일제와 괴뢰들이 이 근거지를 불살라버리고 산재부락의 주민들을 강제적으로 모아 마을을 세우고 둘레에 토성을 쌓고 의무자위단까지 두고 마을 사람들의 항일활동을 감시, 진압하였다. 1936년까지만 해도 97개의 집단부락을 세웠는바 화룡현의 들미동, 청산리, 우심산, 어랑촌, 평양촌 등이 그러한 마을이다.

일제침략시기에도 조선에서 중국으로 이주해 들어올 때 주로 두만강과 압록강을 건너 이주하였다. 당시 조선인들이 두만강을 건너 연변에 이사 온 노선을 몇 갈래로 나누어 보면[8] 아래와 같다.

첫 갈래는 함경북도 은덕군, 새별군으로로부터 훈춘시 시교와 경신향 일대에 이주하였는데 광서년에 건립된 경신향의 세거리, 구사평, 수전동과 하다문향의 신안평 등을 들 수 있다.

두 번째 갈래는 함경북도 온성군을 거쳐 월경하였는데 일부는 도문시 양수진, 신농향과 홍광향에 자리 잡았는바 광서초기에 건립된 신농향의 늪지, 영창, 동흥 등 마을과 홍광향의 오공, 수남 등 마을을 들 수 있다. 그러나 대부분의 이주민은 도문을 경유하여 부르하통하 유역내인 장안향, 연길 부근, 조양, 동불, 세린하, 팔도 등지에 마을을 세우고 일부 이주민들은 천보산, 도원향에 마을을 세웠다.

이때 건립된 마을로서는 장안향의 태평툰, 홍안향의 석마동과 동흥촌, 장백향의 달리동과 동흥촌, 조양향의 봉림동, 동불향의 신흥동, 세린하향의 문학마을과 장진평, 팔도향의 동신평과 토봉데기 등을 들 수 있다.

세 번째 갈래는 함경북도 종성을 거쳐 개산툰진과 광개향, 해란강 유역에 들어온 노선이다. 광서년에 부분적 이주민들은 개산툰과 광개향의 적와평, 후동 등 32개 마을을 세웠으나 대부분 이주민들은 덕신을 경유하여 해란강 중류지구인 동성용, 용정, 두도, 서성 등지에 마을을 세웠다.

---

8) 심현숙(1993), 『중국조선족 취락지명과 인구분포』, 연변대학출판사, 38면.

광서년에 건립된 마을로서는 덕신향의 풍우동, 영수동, 동성향의 삼림동, 석정향의 하종, 명산, 지신향의 동신동 광신향의 길남촌, 용지, 동성향의 평등툰, 편령동, 두도향의 남양평과 명성촌, 용수향의 토성촌과 복전, 서성향의 명암촌 등 83개 마을을 들 수 있다. 민국시기와 위만시기에는 이 노선을 따라 서성향에 이른 다음 두 갈래로 갈라졌다. 그중 한 갈래는 와룡으로 들어갔고 다른 한 갈래는 토산향을 거쳐 화룡진과 용성향까지 이르렀다. 그리하여 무산으로부터 건너오는 노선과 마주쳐서 두 개 노선이 서로 연결되었다.

네 번째 갈래는 함경북도 회령군으로부터 들어온 노선이다. 이 노선은 두 갈래인데 한 갈래는 회령군으로부터 부유향에 들어와서 마을을 세웠다. 광서년에 세운 대소촌, 호전 등 18개 마을을 들 수 있다. 다른 한 갈래는 삼합을 거쳐 지신에 이른 다음 계속 북으로 들어와 해란강 중류지구에 이르러 세 번째 노선과 합쳤다.

다섯 번째 갈래는 함경북도 무산군으로부터 덕화향을 거쳐 부흥향, 용성향에 이른 다음 다시 해란강을 따라 내려왔다. 그리하여 종성ー개산툰 노선과 서로 맞물린다. 이 노선에서 광서년에 건립된 마을로는 노과향의 늪골, 부흥향의 신암동, 토성리 등 7개 마을이다. 그 밖에 무산군으로부터 룡정시의 백금향에도 이주하였는데 광서년만 해도 23개 마을이 건립되었다.

상술한 이주 노선에서 가장 먼저 개척된 것이 종성ー개산툰ー덕신 노선이고, 그 다음으로 회령ー삼합 노선이고 이주 인구와 촌을 이룬 수가 가장 많은 노선은 종성ー개산툰ー덕신 노선이고 그 다음으로 온성ー도문 노선이라 한다.

이 시기 조선어방언의 분포구역은 다음과 같다.

① 함경도방언 : 연변지구, 목단강지구, 합강지구의 일부 지방(목단강지
　　구와 린접하여 있는 일부 지방), 통화지구의 장백지방
② 평안도방언 : 요녕성(개원지방을 제외)의 대부분 지구, 통화지구(장백
　　지방을 제외)
③ 경상도방언 : 길림성의 연변지구와 통화지구를 제외한 기타 지구, 요
　　녕성의 개원지방, 흑룡강성의 목단강지구와 합강지구의 일부 지방(목
　　단강지구와 인접하여 있는 일부 지방)을 제외한 기타 지구는 구역

일제침략 시기에는 주로 집단이민에 의하여 큰 방언 구역 안에 작은 방언섬들도 생겨났다. 예를 들면 함경도방언 구역에 속하는 연변지방에 충청도방언섬(현재 도문시 양수진 정암촌), 경상도방언섬(왕청현 동신향) 등이 생겼고 경상도방언 구역에 속하는 길림지구에 전라도 방언섬(교하현 천강진 홍풍촌)이 생겼으며 평안도방언 구역에 속하는 무순지구에 충청도방언섬(신빈현 왕청문향 조선인촌)이 생겼다. 이와 같은 작은 방언섬들은 주로 1937년 이후 집단이민에 의하여 생긴 것이다.

이 시기 가장 중요한 언어적 특성은 조선 동북방언이 점차 중국 조선어 발전에 큰 영향을 주게 된 것이다.[9] 그것은 연변지구가 중국조선 인 문화의 중심지였고 20세기 초 일본과 중국 사이의 갈등으로 오록정(吳祿貞)을 중심으로 한 연변 지방 정부의 애국관원들이 조선 반일 투사들의 항일 투쟁을 보호해 준 것으로 하여 연변 지구는 조선항일 투사 등과 우국지사들의 반일 활동 무대가 되었기 때문이다.

더욱이 연변지구는 지리적으로 중국, 조선, 러시아 3국의 연접 지대이므로 러시아 연해주에 들어 간 조선인과 항일 부대 및 조선 내지와의 연계도 빈번하였다. 이리하여 연변 지구는 점차 중국 조선 사람들의 문화의 중심지가 되어 중국경내는 물론 러시아 연해주 일대의 우수한 청년학생들도 용정에 와 유학하였다.

---

9) 김동소·최희수·이은규(2000), 『중국조선족 언어연구』에서 인용, 167면.

2. 일제침략시기 조선어 사용

1931년 '9·18사변' 후 일본제국주의자들은 자기의 야망대로 짧은 기간 내에 요녕, 길림, 흑룡강 세 개 성을 기본상 강점하였다. 중국 동북에 이주한 조선인들은 일본제국주의 식민지 파쇼 통치 밑에 처참한 망국노의 생활을 하게 되었는바 1930년대 이후 중국의 동북에 이주한 조선인 사회는 전과는 다른 양상을 띠게 된다. 만주국 건국 이전까지의 이주민은 소작농 이하의 궁핍한 농민이 주를 이루었던 데 반해 이 시기에 이르러서는 일제의 토지 수탈 때문에 자작농들마저 이주민 대열에 나서게 되고 언론과 결사의 자유를 찾아 지식인과 문인들도 상당수 이주하게 된 것이다.[10]

일제는 중국의 동북 3성을 강점하고 광복 전까지 14년 동안 통치했다. 그들은 말로는 허울 좋은 '오족협화'니 '왕도락도'니 하였으나, 실질적으로는 중국의 동북에 대해 식민지통치를 진행하였다. 일제는 매국역적과 결탁하고 모든 일제의 앞잡이와 친일파를 규합하여 위만주국 정부를 강박하여 '협화회'를 결성하고 연변에서 일본영사관, 헌병대, 경찰기구, 위만주국군 등 폭압기구를 설치하고 파쇼통치를 강화하였다.

중국으로 이주한 조선인들의 항일혁명투쟁과정은 사상, 사회제도, 경제, 문화 등 여러 분야에서 제국주의적인 것, 봉건적인 것을 뒤집어엎고 새 것을 창조하는 심각한 변혁과정이었다. 항일혁명투쟁의 현실과 항일혁명투쟁과정에 조직, 전개된 여러 정치, 경제, 문화적인 변혁들은 이 시기 우리말이 잘 고수되고 변화, 발전할 수 있게 하는 요인으로 되었다.[11]

---

10) 정덕준 외(2006), 『중국조선족 문학의 어제와 오늘』, 푸른사상사, 140면.
11) 김인호(2005), 『조선말력사6』, 사회과학원출판사, 10면.

1) 일제의 침략제도를 반영한 어휘

일본 제국주의 침략자들이 동북을 강점하고 '협화회(協和會)', '자강회(自彊會)' 등의 조직을 내오고 '왕도낙토(王道樂土)', '민족협화(民族協和)', '일선동조(日鮮同祖)' 사상 등을 고취하면서 조선인들을 일본인으로 동화시키려 민족어 말살 정책과 민족의식 훼멸 정책을 실시하였으며 '창씨개명' 법령을 반포하여 조선 사람들에게 자기의 성과 이름을 버리고 일본 성과 이름을 쓸 것을 강요하였다.

이러한 사회 현실 속에서 사회를 반영한 어휘들이 대량으로 증가되었다.

① 만주국(滿洲國) : 1932년에 일본이 중국 동북부 및 네이멍구 자치구(內蒙古自治區) 북동부에 세웠던 괴뢰 국가. 청나라의 마지막 황제 선통제(宣統帝) 푸이(溥儀)를 집정(執政)으로 맞아들이고 신징(新京)을 수도로 하여 건국하고 년호를 강덕이라 함
② 민족협화(民族協和) : 복합민족국가인 위'만주국'은 일본민족을 일등 민족을 삼고 기타 민족은 일본에게 예속시키는 정책
③ 왕도락도, 오족협화 : 1931년 9·18사변 이후 제국주의 침략자들이 동북을 강점하고 '협화회(協和會)', '자강회(自强會)' 등의 조직을 내오고 '왕도락토(王道樂土)', '민족협화(民族協和)', '일선동조(日鮮同祖)' 사상 등을 고취하면서 조선인들을 일본사람으로 동화시키려 함
④ 창씨개명(創氏改名) : 중국의 동북을 침략한 일본군국주의는 법령을 반포하여 조선 사람들에게 자기의 성과 이름을 버리고 일본 성과 이름을 쓸 것을 강요

1939년(민국 28년) 11월 10일 총독부 제령 제19호로 '조선민사령(朝鮮民事令)'을 개정하여 조선인들의 성명제를 일본식의 씨명제로 한다고 규정하였다.

이 강요에 의하여 조선사람들이 '강, 고, 김, 리, 박'과 같은 전통적인 성을 벌리고 '오노, 하야시, 나까무라'와 같은 일본식 '씨'를 붙이고 '철

수, 영철, 분이, 옥실'과 같은 이름을 버리고 '겐이찌, 다까하시, 이찌로, 하루꼬'와 같은 일본식 이름들을 달게 되어있었다. 그리고 여자들은 시집을 가게 되면 일본식 '씨'제도에 따라 남편의 성을 따르게 되어 있었다.

⑤ 황민화(皇民化) : 황국 신민화를 줄여 이르는 말.
⑥ 자작농창정계획 : 일본식미주의자들은 '자작농'을 '창정'한다는 미명 하에 괴뢰만주국 정권세력을 등대고 토지를 약탈하여 다시 농민들에게 파는 도경을 통하여 폭리를 취득하였는바 그들은 황무지 1헥타르에 10엔, 기경지 1헥타르에 25엔씩 사서는 농민들에게 1헥타르당 156엔씩 팜
⑦ 삼광정책(三光政策) : 일제가 인민대중들의 항일투쟁을 탄압하고 자기들의 식민통치를 공고히 하기 위해 항일유격구와 항일단체에 대해 감행한 '모조리 죽이고', '모조리 불 지르고', '모조리 빼앗는' 정책
⑧ 집단부락,[12] 안정농촌정책 : 일제가 정치면에서 조선인인민들의 항일투쟁을 탄압하고 조선인인민들과 항일부대와의 혈연적인 연계를 단절시키고 경제 면에서는 '반일적화'를 방지하기 위하여 조선인 빈고농민들을 '안무'한다는 미명 밑에 일본 독점 자본에 예속시키는 '통제－안정방침'을 관철하는 구체적인 통치정책

1932년 동북에 있던 많은 조선인 반일 무장 대오는 중국공산당의 영도 하에 있는 항일유격대로 전변되었다. 이로부터 이러한 무장 대오는 중국공산당의 령도 하에 적극적으로 항일유격투쟁을 벌리는 동시에 각지에 항일유격근거지를 건립하고 각급 인민정부를 건립하였다. 근거지 안에서 후대를 교육하고 항일 전사를 배양하기 위하여 학교와 야간학교, 식자반을 꾸렸는 바 조선어는 기타 과목을 배우는 기초과목으로 되었다.

---

12) 일본이 조선인 집단부락을 건립한 목적은 조선인 "자치제도" 확립하는 것인데 이는 실제상 조선족 인민과 항일부대의 연계를 끊으려는 만든 일종 민족격리정책이다(손춘일 편(2002), "중국조선인사회문화발전", 연변교육출판사, 34면).

2) 항일혁명투쟁의 현실을 반영한 어휘

항일혁명투쟁과정에 중국 조선인 어휘사용 역사과정에서 혁명적인 새로운 유형의 어휘들이 수많이 창조되고 발전하여 중국조선어의 어휘구성 전반을 참신하게 발전되게 하였다.

이러한 어휘들은 항일혁명투사들과 혁명적인 인민들의 일상적인 입말에서만이 아니라 글말에서도 사용되고 보급되어 갔으며 심지어 공식적인 출판물들에까지 오르게 되었다. 사회적으로 널리 공개되어 이용되는 단행본, 신문, 잡지들에서는 물론 적들이 비밀리에 써서 돌리는 출판물에까지 항일혁명투쟁을 반영하는 각종의 어휘들이 오르게 되었다.

(1) 항일혁명가요와 조선어 어휘

이 시기에 창작된 가요에는 일제의 중국동북침략의 죄행을 폭로, 단죄하고 망국노의 쇠사슬에서 벗어나기 위해서는 일제와 맞서 싸워야 해방될 수 있다는 사상을 보여준 것이 중요한 대목을 차지하는바 <9·18사변가>, <반일가>, <반일전가>, <인민의 천지> 등이 여기에 속한다.

<반일전가>는 일제의 약탈, 살인, 방화 등 삼광정책의 백색 테러를 단죄하면서 일제에 대한 적개심과 복수심을 북돋우고 붉은기 아래 단합하여 일제와 싸워 승리하자고 호소하고 있다.

> 반일전선 기발 높이든 조중민중들
> 평화락원 찾으려는 반일투사들
> 일제세력 뒤를 이어 무너져가고
> 민족혁명승리는 눈앞에 있다.
> (…중략…)
> 일제놈을 만주에서 몰아 내쫓고
> 개정권 만주국을 정복하고서
> 인민혁명정부를 건립한후에

평화의 락원에서 살아들보자.

___ <반일전가>13)

항일투쟁을 줄기차게 벌리기 위한 노농 동맹을 기본으로 하고 있으면서 동북의 각계, 각층 인민들의 광범한 통일전선을 무어 일제와 맞서 싸워야 한다는 사상을 보여주고 있는 것들도 있다.

<총동원가>, <누구나 다 나오라>, <통일전선가>, <민족해방가>, <로동자가>, <농민혁명가>, <혁명곡>, <녀자투사가> 등 노래가 이러한 내용들인 바 <통일전선가>는 중국공산당 통일전선의 전략사상을 잘 체현한 가요이다.

모여라 동무야 착취와 압박에
울음을 우는 동무
붉은기앞으로 모여오라
모두다 힘을 합해
내몰자 없애자
일제놈을 동양의 바다로
누구나 나오라, 일제와 개떼를
미워하는 동포
전 민족 혁명의 반일전에
모두다 모여오라
내몰자 없애라
일제놈을 우리의 손으로

___ <통일전선가>14)

항일투사의 고상한 내면세계와 고결한 품성을 노래한 가요 <혁명군이

---

13) 권철 주필(1999), 『문학작품선(중국조선민족부분)』, 동북조선민족교육출판사, 726면.
14) 권철 주필(1999), 『문학작품선(중국조선민족부분)』, 동북조선민족교육출판사, 724면.

되련다>, <혁명군의 노래>, <혁명의 길>, <끓는 피는 더 끓어>, <연길감옥가>, <유격대가>, <추도가>, <십진가>, <적기가>, <쏘련옹호가>, <국제가>, <메데가>, <맑스-레닌추억>, <레닌탄생가>, <10월 혁명의 노래> 등도 있다.

　여기에서 <혁명군의 노래>는 일제를 뒤엎고 자기 조국을 찾기 위해 설한풍 휘몰아치는 백두의 밀림에서 풍찬, 노숙하면서 간고하게 싸우는 항일혁명투사들의 영웅적 모습과 고상한 정신세계를 그렸다.

　　바람세찬 남북만주 광활한 들에
　　붉은기에 폭탄차고 싸우던 몸이
　　연길감옥 갇힌 뒤에 몸은 여웨도
　　혁명으로 끓는 피야 어찌 식으랴

　　간수놈의 볼멘소리 높아만 가고
　　때마다 먹는 밥은 수수밥이라
　　밤잠은 새우잠 그리운 꿈에
　　내 사람 여러 동지 평안하신가

　　기다리던 면회기일 돌아오며
　　슬프도다 나의 부모 정든 처자는
　　철창밖에 비껴서서 눈물 흘릴제
　　간수놈이 가라하니 애타는 리별
　　(…중략…)
　　일제놈과 주구들아 안심말어라
　　너희 세력 강하다고 뽐내지 말라
　　칠십만리 넓은 뜰에 적기 날리고
　　열린다 감옥문 자유의 세계로

　　　　　　　　　　　　　　　　　___ <연길감옥가>

항일유격대 가요 <연길감옥가> 역시 연길감옥에 갇혀있는 혁명군의 피 끓는 심정을 토로한 작품이다. 잠시는 감옥에 갇혀 있는 몸이지만 일제에게 절대 굴복하지 않고 결사적으로 투쟁하여 꼭 승리를 맞이하겠다는 불붙는 심정을 우리말에 담아 남김없이 토로하였다고 할 수 있다.

항일근거지에서는 또 수많은 혁명가요를 창작, 보급시켰으며 민족문화예술의 발전과 우리말의 보급과 발전을 위해 많은 기여를 하였는바 혁명가요 <농민혁명가>, <결사전가>, <불평등가>, <부녀해방가>, <현대사회모순가> 등은 당시 널리 보급되어 즐겨 부르는 노래들이다. 특히 아동단 학교 학생들로 무어진 가창대는 근거지안의 야학방과 모임장소, 일터와 가정들에까지 찾아가 혁명가요를 보급하였다. 그리하여 근거지들에서는 어린이들로부터 노인들에 이르기까지 모든 사람들이 다 혁명가요를 부를 줄 알게 되었으며 혁명가요의 우렁찬 노래 소리가 끊임없이 울러 퍼졌다.

이와 같이 항일가요는 우리말을 당시 조선인 사회에 널리 보급하는 역할을 하였고 우리말의 어휘 구성이 더욱 풍부해지게 하였다.

아래 일제 중국 동북 침략시기 창작된 창가 몇 수를 예로 들면 아래와 같다.

목에다 두른 붉은 넥타이요
한손에 창을 들고서 탐정을 나간다.
장하다 그 이름 삐오네 삐오네르
세상이 모두다 칭찬하는 삐오네, 삐오네르.

___ 창가 <삐오네르가>

만주의 벌판에 불이 붙는다
만주의 모봉우리에 불이 붙는다
시뻘건 화염이 치솟는 그속에서
반일하는 대중의 함성이 인다

나가라 싸우라 항일의 병민들
모두다 전선에 나가 싸우라.

___ 창가 <총동원가>

홍대장이 가는 길에는 일월이 명랑한데
왜적군대 가는 길에는 눈과 비가 내린다
에헹야 에헹야 에헹야 에헹야
왜적군대가 막 쓰러진다.

오련발탄환에는 군물이 돌고
화승대구심에는 내굴이 돈다
에헹야 에헹야 에헹야 에헹야
왜적군대가 막 쓰러진다.

괴택이 원성택 중대장님은
산고개 싸움에서 승리하였소
에헹야 에헹야 에헹야 에헹야
왜적군대가 막 쓰러진다.

도상리 김치갱 김도감님은
군략도감으로 당선됐다네
에헹야 에헹야 에헹야 에헹야
왜적군대가 막 쓰러진다.

왜적놈의 게다짝을 물에 버리고
동래부산 넘어가는 날은 언제나 될가
에헹야 에헹야 에헹야 에헹야
왜적군대가 막 쓰러진다.

___ 민요 <의병대가>[15]

---

15) 조성일·권철(1990), 『중국조선족문학사』, 연변인민출판사, 50면.

　이러한 창가, 민요들은 그 당시 항일유격근거지에서 많이 불린 노래들이다. 일본침략자들과 굴함 없이 싸운 반일투사들의 투지와 용맹, 위용과 투쟁모습을 세련된 비유와 과장, 대조의 수법으로 힘 있고 경쾌한 운율을 빌어 생동하고도 진실하게 형상화하였다.

　창가와 민요는 알기 쉽고 힘 있는 우리말 어휘를 이용하여 반일무장대오의 멸적의 투쟁 기세와 빛나는 승리를 일본침략자들의 패망상과의 선명한 대조 속에서 형상적으로 보여주면서 빈일 무장 대오에 대한 인민들의 찬양의 감정과 성원을 표현하였다.

　창가에 나타난 우리말 어휘들을 고찰하면 아래와 같다.[16)]

- 용언적 단어 :
  걸다, 붉다, 몰아내다, 나서다, 달려가다, 팔다, 사랑하다, 많다, 자리잡다, 살아오다, 울리다, 비참하다, 요란하다, 흘리다, 적시다, 가슴아프다, 살판치다, 물들다, 높이 들다, 날리다, 드높다, 그침없다, 영도하다, 정의롭다, 관철하다, 싸우다, 시작되다, 차고넘치다, 향하다, 발동하다, 내던지다, 위하다, 용감하다, 빼앗기다, 잡다, 해방하다, 성립되다, 슬기롭다, 드높다, 떠나다, 떨리다, 환영받다, 끓다, 로획하다, 울리다, 날뛰다, 창조하다, 쫓기다, 만악하다, 겹쌓이다, 헐떡이다, 얻어맞다, 끝장나다, 착취받다, 압박받다, 달려나가다, 다닫다, 여지없다, 부셔내다, 잇다, 번개치다, 때려부시다, 듣다, 진감하다, 찌르다, 울려대다, 상징하다, 깨다, 바치다, 일어나다, 메다, 잡다, 잃다, 도로찾다, 같다, 살다, 탈취하다, 바치다, 기다리다, 나가다, 노력하다, 건져주다, 타도하다, 찾다, 즐거웁다, 맞이하다, 이름나다, 별르다, 솟다, 깨다, 돌아오다, 신음하다, 날리다, 묻히다, 닦다, 광채나다, 깍다, 울린다, 막다, 울다, 그리웁다
- 용언 수식어 : 펄펄, 호호탕탕
- 체언적 단어 : 왜적, 9·18사변, 간담, 갈매기, 강령, 강점, 개선가, 고

---

16) 민경찬(2000), 『중국조선족의 항일군가와 일본의 노래』, 한국음악사학보 25집, 35~51면에서 찾은 자료임.

함소리, 공산당, 공인, 공장, 관내, 광명, 괘종, 교도대, 구호소리, 국내외, 국민당, 국치, 군중, 권리, 기관총, 기발, 기쁨, 기세, 나라, 낙낙장송, 남경정부, 남쪽나라, 내외모순, 노고민중, 농민, 대국, 대궐기, 대전, 대중, 대포소리, 독립기, 동량, 동북, 동북4성, 동북벌판, 동북인민, 동북인민혁명군, 동북항일군, 동삼성, 동포, 둥근달, 레닌그라드, 역사, 연합, 노동자, 유혈희생, 마음, 만국, 만주국, 만주땅, 만주벌, 말리산천, 망치, 무고민중, 무산대중, 무산자, 무산혁명, 무장부대, 물산, 민족, 민족압박, 민족혁명, 바다가, 반일, 반일혁명, 밝은밤, 병사, 부르죠아, 붉은기발, 비행기, 사나이, 사천만동포, 사회, 삼림, 상처, 새기원, 새벽종, 생사존망, 생존, 석탄, 세계, 세세대대, 소년군, 소문, 수림, 승냥이무리, 승리, 승전, 시대, 시름, 시위, 시위대렬, 신식무기, 싸움, 싸움터, 아세아, 암흑, 민족, 영용히, 영웅부대, 오곡잡량, 왜놈, 왜적, 원쑤, 웨침소리, 위력, 유격대, 육해공군, 인가, 인류, 인민전쟁, 일본강도, 일본놈, 일제놈, 일차대전, 자본주의, 자원, 자유, 자유권리, 자유해방, 잠, 장백산, 장총, 재난, 적, 전국인민, 전보대, 전선, 전세계, 전쟁, 정권, 정식, 제국주의, 조계지, 조국, 조선인민, 조선청년, 중조민중, 중화, 중화대국, 중화민국, 중화민족, 지하, 집, 참군, 천만민중, 천지, 천하무적, 철광, 청산, 총, 총칼, 칼, 투쟁강령, 판가리, 평화, 평화락원, 포격소리, 피바다, 하늘, 학도, 학생, 항일군가, 항일기발, 항일련군, 항일영웅, 항일투쟁, 혁명, 혁명군, 혁명부대, 혁명성지, 형제, 환성

이와 같이 항일혁명 가요는 중국 조선민족문학사에 있어 손에 무장을 든 항일유격대의 형상을 창조하고 있다. 물론 이 이전에는 독립군도 손에 무장을 든 투사의 형상으로 그렸으나 그 투사의 혁명성질과 이상이 다르다. 독립군이 민족주의사상으로 무장했다면 이 혁명투사들은 공산주의 세계관으로 무장하고 있고 공산주의 이상을 가진 혁명투사들이었다. 이러한 혁명투사의 형상을 문학에 없었던 서정적 주인공이다.

가요는 또한 후렴구를 써서 주제사상을 강조하면서도 아름다운 운율을 조성하고 이외에도 비유의 수법, 과장의 수법, 도치의 수법, 반복의

수법, 대조의 수법 등을 썼다. 가요의 음수율은 대체로 3음절 군과 4음절 군을 기본단위로 하고 있으면서도 다양한 결합으로 이루어져 있다.

이 시기는 중국역사에서 항일투쟁이 벌어진 시기여서 항일유격근거지에서는 물론 광범한 인민들이 항일혁명가요를 창작, 보급시킨 시기로 특징지을 수 있다. 이 시기 중국조선민족문학은 앞선 시기문학유산을 계승하면서 신문 학예면을 중심으로 동인잡지를 둘러싸고 중국조선민족문단이 엉성하게 잡혀가다가 1930년대 중기에 와서는 문단이 완전히 형성되었다.

이와 같이 항일혁명투쟁대오와 혁명근거지, 혁명적인 인민들 속에서 창가를 통하여 우리말과 글에 대한 교육이 직접적으로 널리 진행되고 교재, 신문, 잡지 혁명가요를 비롯한 혁명적 출판물이 모두 우리말과 글로 간행되어 실질적으로 이용됨으로써 우리말과 글이 널리 사용되고 발전하는 생동한 현실이 펼쳐지게 되었으며 이 현실은 모든 조선인들에게 조선말을 끝까지 지켜나갈 수 있다는 신심과 용기를 안겨주었다.

(2) 항일혁명투쟁과 문예활동과 관련된 어휘

항일혁명투쟁은 무엇보다도 일제를 물리치고 조국광복을 이룩하기 위한 치열한 혁명투쟁, 무장투쟁이었으며 조선인민혁명군과 왜놈들과의 군사 무력 상 대결전이었다. 따라서 이러한 제반 개념 대상, 현상을 나타내는 어휘들이 수많이 발전하였다.

이 시기 항일혁명투쟁을 직접적으로 가리키는 어휘들은 아래와 같다.

항일전, 필승항일, 항일혁명, 혁명운동, 혁명전쟁, 반일투쟁, 반일전, 반일성전, 조선혁명, 독립자주, 자력갱생, 조선인민혁명군, 항일유격대, 밀영, 유격구, 방면군, 소년군, 경위중대, 작식대, 습격조, 정찰소조, 습격전, 매복전, 가루폭탄, 작탄

① 망원초 : 먼 곳을 감시할 수 있게 높은 곳에 자리 잡은 초소

② 받을초 : 일정한 보초선에서 오는 연락이나 신호를 받기 위하여 서
    는 초소

혁명노선, 사회제도, 당, 정권, 등 사회정치적 관계와 관련된 어휘들은
아래와 같다.

혁명사상, 혁명정신, 혁명노선, 무산사회, 무산계급, 무산청년, 당위원회,
당세포, 인민주권, 인민혁명정부

일제와 적을 가리키는 어휘는 다음과 같다.

일제, 일본군, 자위대, 위만군, 관동군, 지주계급, 자산계급, 흡혈귀, 경
찰대, 토벌대, 친일주구, 민족반역자, 일제앞잡이

혁명적인 문예활동과 관련된 어휘는 다음과 같다.
혁명적인 문예활동은 주로 유격대연예선전대, 아동단유희대들이 진행
하였으며 때로는 청년공산주의자들과 항일유격대원들 전체 성원들이 연
예대원으로 되어 군민연환대회 형식으로도 진행되었다.
유격근거지들이 건설된 뒤에는 유격대원들, 공청원들, 아동단원들이
모두 연예대, 유희대활동을 광범히 벌였는데 특히 아동단유희대의 활동
이 더욱 이채를 띠었다고 한다.

혁명가요, 혁명연극, 연예대, 연예공연, 아동단연예대, 유희대, 아동단유
희대, 군정학습, 선전대, 연예공연, 가창대

항일전쟁시기 조선인인민들의 혁명기백과 영용한 투쟁을 반영한 조선
말로 된 연극 각본들이 많이 나왔는데 광범한 군대와 인민들의 환영을
받았다. 창작된 장막극 <내두산에서>, <혈해>와 <경축대회>, 풍자희

극 <성황당> 등은 곳곳마다 인민군중의 절찬을 받았으며 승리의 신심을 크게 북돋아 주었다.

30년대에 와서 중국 조선인에 대한 조선 연극계의 영향은 그치지 않았으며 그 대부분은 신파극의 변종들이었다. 예를 들면 1933년 5월 조선 연극사가 '만주 일대'를 순회공연하였으며 1936년 9월 말에는 청춘좌(靑春座)와 호화선(豪華船) 두 극단이 '멀리 만주 일대까지 순회'하였다. 그리고 1936년 이후에 토월회의 후신이었던 태양극단이 유랑 극단으로 되어 주로 조선 각지의 지방공연을 하였을 뿐만 아니라 '일본과 북간도'까지 순회공연하였다[17]는 기록이 있는데 이러한 연극활동도 조선말로 공연되었기에 인민대중들에게 항일의 사상을 심어주는 동시에 조선말과 글의 보급과 발전을 추진하였다고 할 수 있다.

중국 조선족 연극예술의 주요한 내용은 항일투쟁의 생활을 반영한 것들이다. 일본제국주의 침략자들을 물리치기 위한 무장투쟁이 전면적으로 전개됨에 따라 항일무장대오 내에서 조직된 문예선전대의 연극예술활동도 더 없이 활발한 기세로 발전하였다. 지금까지 전해지고 있는 주요한 작품들을 간추려 본다면 <4·6제>, <아버지와 남편을 찾는 사람들>, <엿물벼락>, <혈해지창>, <싸우는 밀림>, <게다짝이 운다>, <경축대회>, <복수> 등이다.

항일혁명투쟁은 민족의 자주독립과 조국의 광복을 위한 투쟁이었을 뿐 아니라 조선 문화, 조선말 말살책동을 짓부수고 우리말을 지켜내며 더욱 발전시키기 위한 투쟁이었다는 것을 알 수 있다.

당시 혁명가극, 혁명연극 등에 오르는 말 한마디, 표현 한 가지, 문장 하나들은 다 혁명적이고 알기 쉬운 말들이었으며 항일혁명투사들과 혁명적인 인민들이 그르고 골라 쓴 세련되고 다듬어진 것들이었다. 이러한

---

17) 김운일(2006), 『중국조선족연극사』, 신성출판사, 31면.

말들이 책에 오르고 책읽기나 공연들을 통하여 보급됨으로써 전반적인 조선말과 글을 세련시키는 데서 전도적인 역할을 하였다.

총적으로 혁명적인 문예활동은 우리말의 입말을 아름답게 가꾸고 풍부히 발전시키는 데서 커다란 의의를 가졌다.

혁명투쟁과정에 고유어휘들을 기본으로 하는 알기 쉬운 어휘들이 풍부하고 다양하게 발전시켰다. 즉 알기 쉬운 일반어휘들은 이미 항일혁명투쟁의 첫 시기부터 혁명적인 출판물과 혁명가요, 혁명투사들의 일상생활에서 적극 사용되었다.

'목숨, 풀뿌리, 나무껍질, 살길'과 같은 명사들, '이어가다, 낯설다, 자랑하다, 빼앗기다'와 같은 동사들, '정처없이, 똑똑히'와 같은 부사들로 된 입말체의 생생한 고유어들이 많이 사용되었다. 그리고 '빛을 잃다, 수난을 겪다'와 같은 알기 쉬운 표현들이 사용되었다.

한자말인 경우에도 '자원, 기아, 빈궁, 민족, 현실, 유구하다, 비참하다'와 같은 알기 쉬운 만들이 많이 사용되었고 한자말의 성구적인 표현들인 경우에는 '전대미문, 일대수난'과 같은 웬만한 지식수준의 사람이면 능히 알 수 있는 것들이 사용되었다.

김 령감 : 왜 그따위 소리만 하나? 그 량반들이 누구를 위해 싸우나? 누구를 위해 피를 흘리는가? 아니 누구를 위해 메뿌리를 먹으며 고생하는가 말이여? 그 량반들이 부모처자생각을 몰라서 심산유곡에서 깊은 밤을 새우는 줄 아나? 저렇게 사람이 둔하다구야.

농민 갑 : 조용들 하시우다. 요새는 노랑대가리들이 어찌나 쇠파리처럼 싸다니는지……

농민 을 : 시국이 아마도 뒤번질 모양이야. 전번에는 이상한 말들이 떠돌더니만 어제밤엔……

일 동 : 아니, 뭐가 어쨌나?

농민 을 : 어디 가 말들을 마시우. 뒤산에 이상한 사냥군이 나타났는데

그 량반이 돌쇠보구 허는 말이 오래잖아 붉은기가 우리 손에
온다더라니요.

___ 항일연극 <혈애지창>에서[18]

항일연극에서 나오는 대화 부분으로서 알기 쉬운 우리말로 연극대사
를 꾸밈으로서 일반대중을 교육시키고 각성시키는 데 크게 이바지 하였
다고 할 수 있다.

• 구호문, 지방말 : 귀틀집, 도로기, 사득판, 흔들레판, 돌찌, 사갈
• 고장이름 : 베개봉(모양이 베개처럼 생긴 봉우리, 쏙새골(쏙새풀이 많
    이 나는 골짜기), 꾀꼴령(꾀꼴새가 자주 우는 령)
• 산나물이름 : 넉시리, 참도시깨, 쇠투리, 고사리, 삽취
• 버섯이름 : 노랑버섯, 갬버섯
• 알기 쉬운 일부 한자어 : 혁명, 광복, 독립, 민족, 단결

3) 혁명적인 출판활동을 통한 조선어 어휘

1941년 12월 일제가 '조선임시보안령(朝鮮臨時保安令)'을 조작, 공포하였
는데 이 법령은 조선인민의 언론, 출판, 정치, 결사의 활동들, 조선말과
글을 사용하는 행위들을 금지시키기 위한 것이었다. 그러나 항일혁명투
쟁시기에는 수많은 혁명적 출판물들이 발간되어 항일혁명투쟁의 예리한
사상적 무기로서의 사명을 수행하였으며 혁명적 출판활동은 우리말을
지켜내고 조선말을 더욱 발전시키는 역할을 하였다.

항일근거지와 부대에서 우리 글로 된 신문잡지와 이론 소책자도 많이
나왔는데 『노동독본』, 『농민독본』, 『무산계급이 나아갈 길』, 『레닌』, 『새
세계』, 『노동세계』, 『붉은별』, 『별무리』, 『로씨야공산당정치강령』 등 수

---

18) 권철 주필(1999), 『문학작품선(중국조선민족부분)』, 동북조선민족교육출판사, 735면.

십 종 간행물들은 모두 우리 글로 번역되어 유격구의 광범한 군민들에게 전파되었을 뿐더러 적점령구 인민들에게까지 전파되었다.

'항일화장강연대'는 북만지구에서 가장 활약적이고 영향력이 컸던 항일활동선전대였다. '항일화장강연대'는 먼저 부근의 농촌에 내려가 문예활동을 벌리고 표어와 삐라를 살포하며 강연을 하는 등 여러 가지 형식으로 동북을 침략한 일제의 죄악을 성토하면서 중국공산당의 항일구국 주장을 선전하였고 농민대중을 발동하여 '반일동맹회'를 조직하였다.19) 이와 같이 탕원, 라북, 부금 등 세 개현의 7개 지역에 조선인과 기타 민족의 회원 1,400여 명을 받아들였다.

(1) 잡지, 신문, 도서

이 시기 잡지로는 용정에서 『북향』이 나왔는바 1933년 11월 '북향회' 동인회가 결성된 뒤 1935년 10월부터 1936년 8월까지 부정기 인쇄본으로 4기까지 나왔고 1933년 8월 25일에 『만몽신문』이 창간되었는바 이는 국한문판의 일간신문으로서 이 신문은 관동군의 기관지였다. 1937년 '7·7사변' 후 『만몽신문』을 『만선일보』로 고쳐 발행하였다.

1936년 장백산유격구에서 『붉은기』, 『전투기발』, 『서광』, 『레닌기발』 등이 발간되고 동북항일유격구에서도 여러 가지 신문과 잡지를 펴냈는바 『전투일보』, 『반일보』, 『서광』, 『량도전선』, 『화전민』 등이고 관내 의용군과 해방군 등에서는 『조선의용대 통신』, 『한국청년』, 『해방』 등을 펴내 반일사상을 선전하고 항일혁명가요를 널리 보급시키는 한편 연극공연도 하여 광범한 인민들이 반일전선에 일떠서도록 격려하였다.

1940년대에 들어서서는 그전시기에 존재하던 책들 외에도 새로운 성격의 단행본, 소책자들이 더 존재하였다. 이 시기에는 『조선민족해방투

---

19) 김철수·강용범·김철환(1998), 『중국조선족력사상식』, 연변인민출판사, 82면.

쟁사』, 『조선근대사』, 『조선정치경제지리』, 『변증법적유물론』, 『역사적
유물론』, 『정치경제학』 등에 대하여 쓴 책들도 출판되어 조선인 독립군
대원들과 혁명적지식인들의 학습교재로 이용하였다. 이러한 출판물들은
여러 가지 소재의 내용을 뚜렷하고 알기 쉽게 반영하였으며 그 어휘와
표현들도 매우 평이하였다.

항일근거지와 항일유격구에서는 혁명 군중을 교육하고 인도하기 위하
여 그들로 하여금 마르크스주의와 혁명도리를 학습하게 하였으며 동시
에 조선문 신문, 잡지, 소책자, 삐라 및 문예작품을 대량으로 출판하였고
조선어로써 웅변, 보고, 좌담회를 가졌다. 조선어 글에 대한 학습을 강조
하고 혁명정치 생활을 내용으로 하는 새로운 어휘들을 보급하였다.

일본침략자들은 항일유격대를 소멸하고 항일유격근거지를 토벌하려고
날뛰었지만 중국에서의 조선인들은 전쟁 중에서 이러한 신문, 잡지 또는
여러 유형의 소책자들에서 민족 언어의 정수를 보존하였으며 혁명생활
을 반영한 새로운 어휘로서 민족 언어를 풍부히 하고 민족 언어와 문화
를 발전시켰다.

> 사회주의, 공산주의, 혁명, 지주, 자본가, 자본주의, 무산계급, 공산당,
> 계급, 착취, 압박, 치외법권, 유격대, 유격구, 인민주권, 자유주권, 인민정
> 부, 숙영지, 아동단, 반제동맹, 부녀회, 농민협회, 현위, 공청, 특위, 취사대,
> 공작대원, 정치공작

이러한 새로운 어휘들은 중국에서의 조선어를 풍부히 하고 발전시켰
었다.

이 시기의 혁명적 출판물들은 우리말과 글을 지켜내고 당의 항일전쟁
방침을 적극 해설, 선전하였으며 노동자, 농민을 비롯한 근로인민대중이
알기 쉬운 고유한 우리말을 살려 씀으로써 아름다운 우리말과 글을 고수
하고 혁명적으로 세련시키는 데 크게 이바지하였다.

1941년 일제가 태평양전쟁을 발동한 후 더욱 항일유격구와 항일근거지를 진공하였으며 동북의 조선인민에 대해 잔혹한 진압을 행하여 조선인인민의 생활은 극도로 어려웠다. 이때 많은 교육가 사상가 및 유지인사들은 여러 가지 방법으로 기회만 있으면 조선어를 전파하였다. 그들은 농촌에서 문맹을 퇴치한다는 명의로 농한기를 이용하여 야간학교와 식자반을 꾸리고 교재를 편찬하여 아동과 성인들에게 민족어문과 역사를 가르쳤다.

유지인사들의 인도 하에 일부 문인들은 조선문 출판물『북방』, 『기독교소년』 등을 창간하였는데 시간이 얼마 안 되어 정간되었으나 이러한 잡지들은 조선어의 보존과 발전에 적극적인 작용을 일으켰다. 이 시기『만주일보』는 관방의 신문으로서 행운스럽게 남아 있게 되었는데 정의감을 가진 진보적인 편집일군들은 조선문자로서 사실을 적거나 문예작품을 편집하면서 일와 만주국의 엄격한 검사를 회피하여 보귀한 조선어문 자료를 남기고 조선어의 보존과 발전에 일정한 작용을 일으켰다. 이러한 문화활동은 암흑 속에서도 조선어의 밝은 빛을 뿌렸다.

4) 문학작품의 활발한 창작과 조선어

일제침략시기 항일혁명투쟁의 영향 밑에 앙양되는 노동자, 농민을 비롯한 인민대중의 투쟁과 일제식민지 통치하에서 당하는 인민들의 고통과 불행을 반영하여 프로레타리아 문학을 비롯한 진보적인 새로운 문학이 발전하였다.

이러한 환경에서 소설, 시, 연극, 평론 등의 각이한 유형, 각이한 사조의 작품들이 많이 창작되었으며 문필가, 작가들도 많이 배출되었다.

이 시기 중국조선인 문학을 대표하는 작품들인 장편소설『인간문제』(1934), 『북향보』(1944), 중편소설『소금』(1934), 단편소설『무빈골전설』

(1936), 시 『나무리벌 노래』(1928), 『봄을 기다린다』(1942) 등은 우리말의 어휘, 뜻, 말소리, 문법형태, 문체론적 수법, 문장유형 등에서 세련시키고 발전시켜 쓴 실제적인 결과물이었다.

> 그는 눈을 옮겨 저 앞을 바라보았다. 그 넓은 들에 해빛이 가득하다. 그리고 조껴 같은 새무리들이 그 푸른 하늘을 건너 질러 펄펄 날고 있다. 우리도 언제나 저기다 땅을 갖어보나하고 그는 무의식간에 탄식하였다. 그러고 그 나마간도 온지 십여 년 만에 내땅이라고 몫을 짛게 된 붉은 산을 보았다. 저것은 아주 험악한 산이었는데 그들이 짬짬히 환전을 일구어서 이전 밭이 되었다. 그러나 아직도 완전한 곡식은 심어보지 못하고 해마다 감자를 심으곤 하였다.
>
> ___ 강경애의 중편소설 『소금』(1934)[20]

작가들은 자기들의 작품을 통하여 우리말을 근대적인 언어로부터 새 시대의 현실을 반영하는 현실적인 언어로 참신하게 발전시키며 여러 가지 변종의 혼란과 동요를 막고 우리말을 통일적으로 사용하며 아름답고 표현성이 있게 세련시키는 데서 선구자적인 역할을 하였다.

당시 작가들이 민족어를 세련시키고 발전시킨 내용들을 다음과 같이 종합할 수 있다.

첫째로, 인민들의 생동한 입말체어휘, 고유말 어휘들을 글말로 등장시켜 사용하면서 어휘구성전반을 알기 쉽게 통속적으로 발전하게 한 것이다.

> 고분이와 나는 웨쌀쥐처럼 나제는 꼼짝못하고 밤에만 조아하는지 모르겠다. 할수업는 쌀쥐의 신세도 운명이라면 모르겟스나 버젓하게 대나제 서로 조와하지못하는 것은 아모래도 안타까운일이다.
>
> 그러나 밤에만 만나서 조와하는 고분이래도 나는 조곰도 고분이를 이즐수는 업다. 지금 나무는 벤다고해도 고분의 생각만이 머리에 간절하다.

---

20) 허경진·허휘훈·채미화 편(2006), 『중국조선민족문학대계(8)』, 보고사, 354면.

고분의 나츤 그리고 웃을쌔면 <u>양쪽볼</u>에 쌍우물은 웨 폭패이는지. 그러나 난느 <u>죽을드시</u> 미칠수 박게 없다. 해는벌써 <u>기우럿</u>다.

___ 김창걸의 단편소설 「암야(暗夜)」(1939)[21]

위 문장에서 보다시피 한자어휘는 찾아보려야 찾아볼 수가 없다. 오직 우리말 입말체 어휘, 알기 쉬운 고유어 '빨쥐처럼, 꼼짝못하다, 조와하다, 안타쌉다, 간절하-, 양쪽볼, 쌍우물, 죽을드시, 기우르다' 등을 작품 속에서 능숙하게 사용하여 읽는 사람들도 알기 쉽고, 감칠맛을 주며 인물형상의 창조에서 표현적 효과를 높였음을 알 수 있다.

둘째로, 당시의 문학가들은 예스러운 말, 속어, 사투리 등 각종 비규범적인 변종들을 정리하고 수많은 어휘들을 문학적으로 세련시키며 규범어로 통일시키는 역할을 하였다.

이튿날 아침에 눈을 뜨니, 벌써 뒤뜰은 해빛으로 가득하였다. 칠성이는 일어나는참 어머니와 칠운이가 아직도 집에 있는가 살편 담에 아무도 없음을 알고, 뒷문턱에 걸터앉아서 큰년의 바자를 물끄러미 바라보았다. 큰년의 아버지 어머니도 김매러 갔을테고, 고것 혼자 있을터인데… …혹 마을군이나 오지 않았는지 오늘은 꼭 만나야 할터인데 이런 생각을 하다가 무심히 그의 팔을 들여다보았다. 다 해진 적삼소매도 맥없이 늘어진 팔목은 뼈도 살도 없고, 오직 누렇다 못해서 푸른 빛이 도는 가죽만이 있을뿐이다. 갑자기 슬픈 마음이 들어 그는 머리를 들고 한숨을 푹 쉬었다.

___ 강경애 「지하촌(地下村)」(1936, 조선일보에 발표)[22]

1936년에는 바로 '한글맞춤법통일안'이 발표된 지 이미 3년이 지난 뒤이고 강경애가 진보적인 문예인들인 이기영, 박팔양, 박태원, 리북명, 조벽암 등 작가 78명은 '한글철자법에 대한 설명서'를 발표하고 이것을

---

21) 허경진·허휘훈·채미화 편(2006), 『중국조선민족문학대계(11)』, 보고사, 123면.
22) 허경진·허휘훈·채미화 편(2006), 『중국조선민족문학대계(8)』, 보고사, 150면.

작품창작과 출판물, 학교교육에서 유일한 적기규범으로 삼을 것을 호소
하던 시기이다.

위 문장과 중편소설 「소금」(1934)과 비교하여 보아도 소설가 강경애가
문학작품을 통하여 우리말의 맞춤법을 통일시키고 어휘들을 세련되게
하려는 노력을 찾아볼 수 있다.

그 당시 우리말 어휘가 다듬어 지지 않아 '이튿날'만 보아도 '이튿날 /
이트날' 등 표기로 되었으며 '못해서'는 '모태서 / 몯해서 / 못해서' 등 여
러 가지가 있었다.

작자 강경애는 작품에서 표기법은 현대 조선어와 다른 점이 별반 없는
바 쓰는 말들을 각종 그릇된 말들을 정리하며 아름다운 말, 생명력이 있
는 말들에 기초하여 어휘들을 세련시키며 통일시키는 역할을 하였다고
할 수 있다.

셋째로, 문학가들은 표현성이 풍부한 문학어, 현실생활과 시대상을 반
영하는 새로운 말들을 작품들에 올려 민족어 전반을 발전시키고 풍부하
게 하였다.

당시 만주에서 활동한 작가들의 문학작품에 올린 이러한 우수한 어휘
들은 아래와 같다.

① 그러고 <u>불불</u> 떨엇다. 이러케 무섭게 첫재앞에 나타나 보이는 선비의
   시체는 차즘 <u>시컴한</u> 뭉치가 되어 그의 앞에 <u>칵가로</u> 질리는것을 그는
   눈이 <u>뚫어저라</u>하고 바라보앗다.

_____ 강경애 『인간문제』(1934)

② 연히는 <u>실개천</u>을 건너서 언덕에 올라서자 수숫밭 넘에로 바라보이
   는 황금물결 치는 <u>누런</u> 논밭을 바라보고 <u>방그레 웃는다</u>. 그러나 <u>웃
   는것도 일순간이오</u> 다시 연히의 얼굴에는 <u>검은 구름이 끼었</u>으니 그
   것은 이곳 주민(주민이라야 전부 팡개네 소작인들이다)들의 탄식이

눈앞에 떠오랏기 때문이다.

___ 박계주 『인간제물』(1938)

③ 어머니가 박게나가 장독을 덥는다. 섭나무를 헛간에 안어드린다. 바
삐서두는사이에 아버지가 담뱃불을 그어닷는소리를 찬수는 역력히
들을수잇섯다. 찬수의아버지 박첨지는 담배를 사랑하엿다. 찬수도
무척애연하는터로 근十년만에만나는 아버지에게서만 나는 맨처음
담배를 즐기는것을 발견코 그럭것도 유전일까하고 빙그시우섯든일
그리고 그로말미암아 육친의애정을 더욱강렬히 느끼든일을 생각하
엿다.

___ 안수길 『벼』(1941)

④ 그 여인은 핵 얼굴을 돌려 그들의 뒷모양을 흘기고는 눈살을 찌푸리
며 돌아앉았다. 불쾌하다기보다 금방울듯한 얼굴이었다. 그맛일에웨
저럴까 싶도록 히스테릭한 태도요 절박한 표정이었다. 그후에 짐작
한것이지만 ― 그자가 제돈으로 산 차표라고 테가 가지는걸 내가 어
떻게하느냐 ― 고 울며 푸념이라도하고싶은 낯빛이었든 것이다.

___ 최명익 『장삼리사』(1941)

⑤ 모기는 앵앵 대부대를지에 습격하여 이쪽저쪽에서 철석철석 넓적다
리를 때리는 소리와 써억썩 팔을 긁는소리가 잇다금식날뿐 누구하
나 말한마디없이 숨가뿐침묵이 여러수간 지나갔다.

___ 안수길 『벼』(1941)

이와 같이 명사, 부사, 형용사, 동사, 특수한 단어결합, 이러한 어휘들
은 일반대중 속에서 찾아낸 것들도 있지만 그들이 언어명수로서의 능숙
한 재능에 기초하여 만들어낸 것도 적지 않았다.

이상과 같이 당시의 문학가들은 문필활동을 통하여 인민대중의 일상적
인 말들에 기초하면서 우리 민족어를 통속적이며 규범적인 말로, 문학적
으로 세련되고 다양해진 말들로 발전시키는 데서 커다란 작용을 하였다.

5) 조선어에 대한 전문적인 연구와 조선어

언어학분야에서는 '조선어학회(朝鮮語學會)'를 중심으로 항일무장투쟁의 직접적인 영향 밑에 일제의 식민지통치를 뒤엎기 위한 결정적인 투쟁과 조선어를 지켜내고 더욱 발전시키기 위한 투쟁을 유기적으로 결합시켰다.

> "최일천은 심양과 베이징에 있을 때 여러 차례에 걸쳐 서울에 와와 국내의 저명인사들과 각계 각층 인민들에게 항일무장투쟁의 전과를 소개하였다. 조국광복회가 결성된 후에는 그 강령도 해설해주었다. 그의 선동에 따라 리극노선생이 지도한 조선어학회와 민족운동도 조선광복회 10대강령을 전폭적으로 지지찬동하고 그 정신에 따라 민족문화와 민족의 얼을 고수하기 위한 투쟁을 전개하였다."
>
> ___『김일성저작집』 46권 189면[23]

'조선어학회(朝鮮語學會)'는 1931년 1월에 조선어연구회를 개편하여 조직된 학술단체로서 조선어의 정확한 법리를 연구하는 것을 주목적으로 삼았지만 조선어의 과학적인 연구, 조선어에 고유한 규칙이나 법리를 연구하는 데 머무르지 않고 조선어의 사용과 사회적 언어실천, 사회의 언어생활을 통일 짓는 데 제기되는 복잡한 이론 실천적인 문제들을 수많이 해결하려 하였다.

'조선어학회'는 비록 조선에서 개편되었지만 그 영향이 중국 조선인 이주민들에게도 크게 미쳤던 것이다. 그것은 중국 동북의 동경성에 있는 반일적인 경향을 가진 대종교본부와 서로 제휴하여 조선독립을 위해 활동할 것을 합의하였으며 대화사, 해인사, 법어사와 불교전문 강원에 있는 불교도들과도 연계를 가지고 청소년불교도들에게 민족정신과 민족의식을 고취하도록 한 사실에서도 알아볼 수 있다.

---

23) 김인호(2005), 『조선말력사 6』, 평양 사회과학출판사, 44면을 재인용.

  '조선어학회'는 일제의 민족어말살정책을 이겨내고 조선어를 지키고 통일적으로 발전시키는 데서 나서는 문제, 대책적인 안을 세워나가는 것을 주선으로 틀어쥐고 나가면서 사회적 기풍확립, 교육과 적대세력들과의 투쟁도 다양하게 벌려나갔다.

  학회는 조선말사전을 편찬하며 조선말의 각종 규범을 연구하여 세워 놓는 데 커다란 의의를 부여하였다. 조선말사전편찬을 중요한 학술연구 과제로 내세운 것은 당시 형편에서 조선말을 지켜내고 사용하며 발전시키기 위한 실제적인 표준을 제시하여 사람들에게 조선말이 없어진 것이 아니라 존재하며 풍부하게 된다는 것, 일정한 규범 밑에 계속 이어나가며 발전되어야 나간다는 것을 보여주자는 데 있었다.

  당시까지 중국에서뿐 아니라 조선에서도 조선어 맞춤법이 매우 혼란되어 있었고 통일되어 있지 못하였다. 이러한 형편에서 학회는 신중한 연구와 사회적인 토의, 협의를 거쳐 맞춤법을 작성하여 나갔으며 글자생활을 통일시키려고 하였다.

  학회는 맞춤법원안을 작성하여 1933년 10월에 '한글맞춤법통일안'이란 이름으로 발표하였다. 이것은 우리말 맞춤법을 형태주의를 기본으로 하여 과학적인 토대 위에서 통일시킨 것으로서 사회적으로 좋은 방향을 일으켰고 각계각층 사람들의 열렬한 지지를 받았다.

  진보적인 문예인들인 리기영, 박팔양, 강경애, 박태원, 리북명, 조벽암 등 작가 78명은 '한글철자법에 대한 설명서'를 발표하고 이것을 작품창작과 출판물, 학교교육에서 유일한 적기규범으로 삼을 것을 호소하였다. 한편 중국의 장춘지방에서 활동하고 있던 최일천은 여러 동지들과 함께 연명으로 성명을 발표하여 새 철자법의 발표를 지지하였다.[24]

  학회는 새 맞춤법을 공포한 다음 반대자들의 도전도 성과적으로 물리

---

24) 김인호(2005), 『조선말력사 6』, 평양 사회과학출판사, 47면.

치고 전국적인 조선어강습을 비롯한 여러 가지 방법으로 그것을 보급시켜 나갔다.

'조선어학회'는 이외에 표준말어휘 확정사업을 위하여 1936년 10월 <사정한 표준말모음>을 발표하였고, 외래어표기를 통일적인 원칙에 따라 원어와 우리말 발음, 우리글 적기 이치에 따르는 <외래어표기법통일안>도 1940년 6월에 정식 발표하였다.

'조선어학회'는 실천과 결부된 정치적 성격을 띤 언어활동을 벌였는데 무엇보다도 우리말과 글을 보급하고 내세우는데서 중요한 의의를 가지는 문맹퇴치사업, 조선어강습회를 적극 벌였다. 이 사업은 주로 여름철 휴가시기를 이용하여 집중적으로 진행되었는바 당시 회원들의 대부분이 중학교와 전문학교의 조선어교원들이었던 실정을 고려하여 여름방학에 교원, 학생들을 동원하여 자기 고향에 돌아가서 문맹퇴치사업을 하게 하였다. 교재는 회원들이 만든 것을 민간신문사들에서 협력하여 보장하였다.

이와 같이 1930년대 초에 일부 언어학자들과 지식인들의 학술단체로 조직된 조선어학회는 반일민족해방투쟁이 새로운 앙양기에 들어선 시기부터 조선어의 통일과 보급을 활동무대로 내세우고 우리말을 지켜내고 발전시키며 우리 인민의 민족정신과 민족자주의식을 배양하는 데서 커다란 역할을 수행하였는바 이러한 영향은 조선반도에서뿐만 아니라 중국조선족들에게까지도 미쳤다고 할 수 있다.

'조선어학회'의 활동은 다른 모든 언어학자들도 시대적 사명을 자각하고 우리말과 글을 연구하고 발전시키는 활동을 혁명적으로 적극적으로 벌리도록 하는 데 커다란 영향을 주었다.

총적으로 일제침략시기 조선어는 전에 없었던 박해를 받으면서 어려운 길을 걸었으나 중국으로 이주한 조선인들도 조선반도에 있는 조선인들과 함께 시종 견인분발의 정신으로 자기의 민족 언어의 유지하고 발전시켰다. 즉 조선민족은 일제의 조선어말살정책에 맞서 새로운 정치, 경제, 문화와 혁명적 생활을 나타내는 새로운 많은 어휘를 산생시켰으며 새로운 의미표현 등이 만들어져 조선어가 더욱 풍부하고 세련되고 발전하게 하였으며 동시에 '조선어학회'의 보조를 맞추어 우리말의 발전 법칙에 맞게 우리말 규범화 작업도 열심히 진행하였다.

6) 서양문화의 영향으로부터 본 외래어

현대시기에 들어서면서 외래어들이 늘어나는 것은 세계 각국 민족어들이 발전하는데서 나타나는 하나의 공통적인 추세였다. 1920년대부터 세계적 범위에서 나라들 사이의 정치, 경제, 과학, 기술, 문화 분야들에서의 접촉이 더욱 빈번해졌고 현대적인 과학기술들이 급속히 발전하였다. 이에 따라 세계 공통적인 술어, 외래어들이 많이 조성되어 퍼졌고 여러 나라 말들이 서로 오가는 현상이 더욱 많아졌다.

이 시기 중국 조선어들이 사용하는 어휘에 외래어가 늘어난 것도 역시 이 시기 언어발전의 특성과도 관련된다. 중국을 강점한 일제는 중국에서의 조선말의 민족성, 독자적인 사용과 발전을 가로막았으며 다른 나라 말들의 침투, 보급을 조장하였다.

이 시기 일반인이 쓰는 생활어휘에도 외래어가 많이 쓰였음을 자료를 통하여서도 잘 알 수 있다.[25]

- 영어 : 하이칼라, 끄룹, 추렁크, 파쓰, 맨도링, 택시(탁시), 플랫트홈, 삥기칠 / 삥끼 / 벵끼, 포켓트(푸캣트), 스틱, 테-불, 버스, 쵸코레트, 크림, 카페 따리아, 토랑크, 백파센크, 피아노, 인테리, 아스팔트, 에레베타, 드라이브, 레코-드, 오트바이, 세멘, 센세이숀, 오루지날, 바스켓, 러부

---

25) 허경진 · 허휘훈 · 채미화 편(2006), 『중국조선민족문학대계(8, 10, 11)』, 보고사에서 수집한 자료임.

- 중국어 : 빼주(흰술), 빼면(白面) − 백면, 부역(赴役), 캉(抗), 석냥
- 러시아어 : 로서아, 삐라, 스파이, 싸이렌, 빵
- 일본어 : 아지노모도, 가께아시, 뽀푸라가지, 미싱(재봉침), 나후다링, 다오루, 구루마, 니야카, 미루꾸, 야끼구리, 시끼시마, 혼다데, 사쯔, 게다, 포마드, 와꾸(자새), 도리우찌, 딴쓰, 가레라이쓰, 다마고돈부리 스시, 우동, 가께우동

이 시기 중국에서의 외래어는 아래와 같은 특점을 가지고 있다.

첫째, 영어, 중국어, 러시아어 등 각이한 나라 말의 외래어들이 들어왔고 특히 일본말기원의 외래어들이 더 많이 들어왔는바 여기에는 운수도구, 음식물, 옷가지 따위의 일상생활용어가 많이 침투되었다. 그리고 일부 일본어는 고유어와 한자어의 병용현상이 있었는데 이는 우리말의 민족성을 지켜가는 데 아주 큰 지장을 주었다.

　미싱(재봉침), 나후다링, 다오루, 구루마, 니야카, 미루꾸, 야끼구리, 시끼 시마, 혼다데

둘째, 외래어가 여러 가지 변종도 존재하였다.

외래어가 들어오는 경우에는 해당 나라의 원래 말에 기초하면서도 우리말의 말소리, 단어조성 특성에 따라 일정한 규범으로 확정되어 들어와야 한다. 그러나 이 시기 규범이 확립되지 않았기에 여러 가지로 들어온 경우가 많다.

　택시(탁시), 뻥기칠 / 뻥끼 / 벵끼, 포켓트(푸캣트), 빼주(흰술), 빼면(白面) / 백면, 미싱(재봉침)

이러한 하나의 어휘적 의미의 여러 변종들은 1940년 6월에 조선어학회가 작성한 <외래어표기법>이 발표된 후에야 점차 시정되기 시작하였다.

셋째, 외래어를 사용하면서 외래어 어근에 기초한 합성어들이 많이 만들어졌다. 합성어에는 외래어와 외래어가 합성된 것이 있는가 하면 외래어와 한자어가 결합된 것도 있었다.

> 합성어 : 배니+칠, 모던+껄, 모던+뽀이, 세멘+콩크리트, 람포+불, 레
> 일+램프, 쟈-즈+레코-드, 세루+조끼

이와 같은 사실을 보아 일제침략시기 우리말의 어휘구성에 외래어들이 특별히 많이 들어와 쓰이면서 중국조선말의 어휘구성에서 하나의 뚜렷한 체계를 형성하였다는 것을 더욱 잘 보여준다.

3. 일제침략시기 조선어 교육

1) 일제의 식민지 노예화교육과 조선어

일제는 1931년에 '9·18'사변을 일으켜 동북3성을 강점한 후 '만주국(滿洲國)'을 세우고 괴뢰정부를 건립한 후 '조선교육령(朝鮮敎育令)'에 의해 조선총독부의 전반 식민지 노예교육 방침, 정책 및 제도를 그대로 중국에 옮겨 전면적으로 식민지 노예화교육을 실시하였다.

1932년에 동북 각급 학교에 원래의 삼민주의 입장에서 쓴 민족사상이 있는 교재를 쓰지 말며 무릇 '당의(黨義)'와 유관된 교과서를 일률로 폐지하며 중국국기와 중국지도를 걸지 말며 중화란 말과 글을 쓰지 말며 특히 조선인 학교에서 조선역사교수를 폐지하고 조선태극기를 걸지 말며 조선애국가를 부르지 말 것을 명령하였다. 그리고 각급 학교에서는 잠시 『사서오경(四書五經)』을 교수하는 것으로써 원래의 공민, 당의를 대신하라

고 명령하였다.[26]

　1932년(민국 21년) 5월 연변에서의 조선인 사립학교(종교계통의 사립학교
는 제외)가 그 전해의 109개로부터 28개로 감소되었는데 폐교된 학교가
77개로서 70%를 차지하며 학생은 1,546명, 교원은 111명 감소되었고 동
북의 조선인 학교가 377개로 감소되어 원래의 학교 총수의 근 47%나 하
강되었다. 또 연변으로 이주한 조선인들이 자체로 꾸려오던 소학교, 서
당은 4~6년제의 보통학교, 소학교로 고쳐지고 일어를 '국어'로, 학교에
서는 주요과목으로 배워주고 지어 일본역사를 '국사'라고까지 하며 강압
적으로 배우게 하였다.[27]

　일본이 중국을 강점한 시기 조선인들이 다닌 학교들로는 일본대사관
내무국에서 꾸린 학교, 만철회사 부속지의 보통학교와 조선총독부의 관
리와 경비를 받는 보통학교, 각지의 일본 영사관 관할내의 조선거류민회
에서 설립한 보통학교, 이문회사에서 꾸린 학교, 학교조합에서 꾸린 학
교, '만주국'의 공립학교, 종교단체에서 꾸린 사립학교, 촌민들이 세운
학교 등이었다. <재만조선인교육개선안>에서 일제는 '만주국에서 담임
하는 것이 상책'이라고 하면서 또 '재만 조선인의 교육은 조선인에 대한
일본의 국책에 따라서 교육칙어, 일한합병조서, 통감 및 총독의 유고(諭
告)를 근본으로 하여 조선교육령, 보통학교규정에 좇아 진행해야 한다.'
고 하였다. 총적으로 이러한 학교들은 대부분은 일제의 수중에서 식민지
노예화교육을 진행하였고 극소수인 종교단체에서 꾸리는 학교와 촌민들
의 꾸린 학교까지도 백방으로 저들의 통제 범위에 넣으려 하였다.

　이러한 어려운 환경에서도 1932년부터 1936년 사이에 동만과 북만의
항일근거지의 아동단학교(연변만 하여도 30여 개소)에서는 면비로 신민주주
의 교육을 실시하였는데 모든 학과를 조선어로 가르쳤을 뿐더러 조선어

---

26) 박규찬 주필(1991), 『중국조선족교육사』, 동북조선민족교육출판사, 110면.
27) 김영옥(1993), 『항일전쟁시기 연변에서의 우리글』, 중국조선어문, 1993년 6호, 8면.

문교육을 각별히 중시하였다. 그리고 성인들을 위하여 세운 야학에서도 조선어문에 의한 계몽교육과 문맹퇴치를 강화하였다.

일제는 우선 조선인청년들의 민족의식을 압살하고 반일구국운동을 탄압하기 위하여 80% 이상에 달하는 조선인사립 학교들을 합병, 개편, 폐교시키고 반일사상이 있는 교원과 학생에 대해서는 면직시키거나 체포, 감금, 학살하였다. 그리고 자기들의 보통학교를 늘이고 남은 일부 조선인사립학교에 대해서도 자기들의 교재를 강압적으로 사용하게 하였으며 일본어를 국어로 고쳐 주요한 과목으로 삼아 강화하는 한편 조선어문교육을 극히 제한하였다.[28]

보통학교에 설치한 과목으로는 수신, 국어(일본어), 조선어, 만주어(한어) 혹은 로어, 산술, 국사(일본역사), 지리(일본지리), 이과, 직업, 도화, 창가, 체조 등이고 여성 학생들에게는 가사와 재봉을 더 첨가하였다. 교과서는 조선총독부에서 편찬한 교재를 사용하며 지리와 지리부도는 잠시 일본 문부성에서 출판한 교재를 사용하며 지리, 역사 보충교재는 만철에서 편찬한다고 규정하였다. 그 당시 6년제 보통학교 과정 안에 176시간 중 조선어가 20시간이라면 일본어는 56시간이나 점하였다.

여기에서 볼 수 있는바 일제는 조선인학교에서 일본어를 국어로 하여 주요한 과목으로 삼고 교수시간을 많이 늘렸으며 조선 국어를 조선어라 칭하고 교수시간을 일본어의 2분의 1도 되지 않게 하였다. 그러나 당시 보통학교로 개편되지 않은 4년제 초급소학교에서는 조선어 30시간, 일어 4시간, 2년제 고급소학교는 조선어 14시간, 일본어 6시간을 점하였다.

---

28) 전학석 등(1999), 『중국조선인언어문자 교육 사용 상황연구』, 연변대학출판사.

2) 일제의 식민지 노예교육의 강화와 조선어

1937년(민국 26년) 5월 일제는 식민지 노예교육을 진일보 확립하기 위하여 '학교령(學校令)' 및 '학교규정(學校規定)'을 제정, 공포하고 교육취지를 '도의의 확립', '일만일덕일심', '실학의 기초', '민족협화'로 삼았다.

1937년에 중일전쟁을 일으킨 일본은 1938년 1월 1일부터 식민지 노예교육을 전면적으로 강화, 실시할 목적에서 괴뢰만주국의 '신학제(新學制)'를 공포하였는바 '신학제'의 과업은 '충량한 국민을 양성하기 위하여 건국정신을 토대로 하여 인격을 도야하고 덕성을 배양하는 데 있다.'고 하였다. '신학제(新學制)'를 실시한 다음 초등학교 학제는 4년, 과정안은 국민과(일어와 국민도덕을 합친 것), 산술, 작업, 세 가지이고 지방에 따라 창가, 체조를 첨가하였고 국민 우급학교의 과정은 2년, 학과목은 국민과 산술, 역사, 지리, 이과, 창가, 체조, 도화, 실업 등이었다. 여기에서 학과목을 보면 조선어 과목은 완전히 취소되었고 일제는 초등학교에서부터 일본어교육을 철저히 실시하였음을 알 수 있다.

일제는 학교교육에서 '국어(일본어)상용'이란 구호를 내걸고 조선 말로 글을 사용하는 아동들을 욕하고 때리고 강제 노동시키며 심지어 벌금까지 시키는 등 야만적인 파쇼 방법을 써가면서 '황민화(黃民化)'를 다그쳤다.29) 또 악명 높은 '미나미지로(南次郎)'가 '조선총독'으로 있을 때 1937년 10월 2일에 '황국신민의 서사', '1. 우리들은 대일본제국의 신민이다. 2. 우리들은 마음을 합하여 천왕폐하에게 충의를 다한다. 3. 우리들은 인고(忍苦) 단련하여 훌륭하고 강한 국민이 된다.' 등으로 된 내용을 소학생들에게 일본말로 외우게까지 했다.

일찍부터 외국어처럼 취급하던 조선어를 이때에 이르러서는 중학교에

---

29) 박규찬 주필(1991), 『중국조선족교육사』, 동북조선민족교육출판사, 134면.

서는 완전히 폐지하고 소학교에서는 마음대로 할 수 있는 과목으로 만들었으며 1938년에는 창씨개명제도를 공포하여 조선 사람의 성과 이름까지 빼앗았다.

일제는 1938년 3월 '제3차교육령(第三次教育令)'을, 1941년 3월에는 '제4차교육령(第四次教育令)'을 조작, 공포하여 조선말을 말살하기 위한 요점들을 전시기에 교육령들에서보다 더욱 심화시켰다. 예컨대 '제3차교육령'의 '소학교에 있어서의 아동교육상 유의사항' 제16조 7항에는 '국어(일본어)를 습득시켜 그 사용을 정확히 하고 국어(일본어)교육의 철저를 기하여 황국신민다운 성격을 함양하는 데 힘쓰라.'고 하였는바 이는 조선말교육을 그만두고 일본말 교육을 주로 하여 조선 사람이 일본사람으로서의 정신과 기질을 갖도록 하는 데 기본을 두라는 요구인데 여기에서는 전 시기보다도 이러한 요구를 더 철저히 할 것을 내세웠다. 이로부터 중국에 이주한 조선인들에 대한 교육은 조선인의 교육을 파괴하는 일제의 노예교육과의 투쟁 속에 수행되었다.

그리고 당시 괴뢰정부가 성립되자마자 교육취지를 '인의를 중히 여기며 다른 사람에게 겸손하게 양보하는 예의를 지키며 왕도주의를 발양하여 인의가 있는 사람과 친하며 인방에 대하여 선량하게 대함으로써 공동히 생존하고 공동히 번영하게 하는 데 있다.'[30]고 하였다.

일제는 1939년에는 조선인들에게 소위 '창씨개명(創氏改名)'을 강요하고 응하지 않으면 학습 권리를 박탈하고 취업을 할 수 없게 하였는바 이로 하여 중국 조선인의 민족교육은 파괴를 당하였다. 그러나 일에 굴하지 않고 오히려 일제에 대해 더욱 강한 투쟁의식을 강화하였다.

1941년에는 '국민학교령(國民學校令)'에 따라 조선에서처럼 모든 학교에서 조선어의 사용과 교육을 완전히 취소해 버렸다. 바로 이처럼 일제가 조

---

30) 박규찬 주필(1991), 『중국조선족교육사』, 동북조선민족교육출판사, 109면.

선어를 미워하고 무서워한 것은 그 속에 '국민정신'이 깃들어 있어 자기들의 황민화정책을 실시하는 데 있어서 하나의 큰 장애로 되기 때문이다.

　이러한 식민지 정책의 결과 많은 학생이 조선인 학교를 떠나 일본이 후원하는 학교로 옮기게 되었다. 그러나 이와 같이 일제의 무지비한 동화정책, 조선어말살정책에 직면하여 그것을 반대하는 조선인 교원들과 학생들의 투쟁은 시종 멈추지 않았다.

3) 식민지 교육에 대한 저항과 조선어

　1932년부터 1936년까지 사이에 연변 5개 현의 항일근거지 인민들은 중국공산당의 영도 밑에 간난신고를 이겨내면서 반일민족해방투쟁의 인재를 양성하고 후대들을 교육하기 위하여 자기 민족의 학교를 꾸리고 자기 글을 가르쳤으며 일제의 노예화교육제도를 철폐하고 신민주주의 교육제도를 세웠다.

　항일전쟁시기 이런 학교가 연변일대만 하여도 왕청현 유격근거지에 7개, 연길현유격근거지에 9개, 화룡현유격근거지에 2개가 있었고 안도현 처창즈 유격근거지를 비롯하여 여러 곳에 분포되어 있는 것까지 도합 30여 개에 달하였다.

　항일근거지 모든 학교에서는 모든 학과목을 조선말과 글로 가르쳤고 교재도 조선어문자로 편찬하였고 그중에서도 조선어문은 주요과목으로 교수되었다. 배워준 학과목들로는 조선어, 정치, 산수, 군사, 체육, 창가 등이었는데 그 가운데도 조선어가 위주였다. 조선어는 속성으로 식자를 마치고 '레닌', '10월혁명', '중국혁명', '일본제국주의자', '무산자' 등의 혁명과 항일교육을 내용으로 하여 독법, 작문, 설화, 서법 등을 교재로 하였으며31) 야학교도 꾸려 학교에 다니지 못하는 청장년들이 문화교육을 받도록 하였다.

항일유격근거지에서 조선어문 사업은 학교교육 외에도 각종 활동을 통하여 진행하였는바 조선문 신문, 잡지와 혁명이론소책자를 발행하여 널리 보급시켰으니 이런 사업을 통하여 반일민족해방사상을 선전하였을 뿐 아니라 조선어문자도 보급 발전시켰다.

1940년 윤세복이 세운 대종학원에서는 '대종교를 신앙하는 청장년은 남녀를 물론하고 먼저 국문을 배워야 한다.'고 입교 장정에 규정하고 암암리에 계속 조선어를 가르쳤고 1941년에 훈춘국민고등학교 '조선문예 보급회'의 학생들은 '반만년의 유구한 역사를 지닌 배달민족의 후손으로서 자기 민족의 언어와 문자를 잊어서는 절대 안 된다.'는 학회설립종지에 따라 자기 말과 글을 지켜 투쟁하였는바 그 투쟁에서 23명이나 경찰에 의하여 체포, 투옥(그중 3명 옥사)되었다. 바로 자기 민족의 말과 글을 지키고 자기 민족 언어문자교육의 권리를 찾기 위한 이러한 투쟁은 광복될 때까지 계속되었다.32)

용정의 대성중학교, 동흥중학교, 은진중하교, 광명중학교 등의 진보적 교원과 학생은 공개적으로 또한 비밀리에 조선어와 민족의 역사를 강의, 학습했으며 동흥학교에서는 동맹휴학을 하였고 훈춘의 국민고등학교는 '조선문예 보급회'를 발기, 활동을 전개하다가 체포 투옥 희생되기까지 하였다. 대성중학교는 당시 반일 투쟁과 사회주의 활동의 본거지가 되었다.33)

관내에 망명한 조선인들도 어려운 환경에서 조선인학교를 설치하고 반일민족해방사업의 인재양성과 함께 조선어문교육을 진행하는데 각별히 주의를 돌렸다. 망명객들로 구성된 이러한 학교 교원들 가운데는 일찍 조선어연구에서 성과를 올린 이들도 적지 않았다.

---

31) 김영옥(1993), 『항일전쟁시기 연변에서의 우리글』, 중국조선어문, 1993년 6호, 9면.
32) 전학석 등(1999), 『중국조선인언어문자 교육 사용 상황연구』, 연변대학출판사, 501면.
33) 박갑수(1990), 『중국에서의 한국어 교육기관에 대한 연구』, 중국에서 한국어교육 Ⅱ.

개화사상의 전파, 신학문의 제창, 마르크스—레닌주의 사상의 전파, 각계각층의 반일 투쟁의 앙양은 조선어와 외래어를 수용하게 하였다. 북향으로 불리운 연변 지구에는 각종 사조를 대표하는 여러 반일 단체들이 병존해 있었고 제각기 민중을 쟁취하기 위해 여러 가지 형식의 선전 활동과 반일 문화계몽 운동을 진행하였다.

중국으로 이주한 조선인 학교에서의 민족교육의 발전, 반일 투쟁의 앙양과 더불어 대량의 조선글로 된 도서, 잡지, 신문들이 출판되었다. 조선문 도서와 신문 잡지는 동북 지구에서뿐만 아니라 러시아 연해주, 상해, 북경, 천진, 광주, 남경, 장춘, 길림, 심양 등지에서도 출판되었다. 이런 출판물들에서는 조선글로 조선반도와 중국의 문화 외에 서양의 문화도 소개되었는바 중국문화의 침투, 서양 문화의 영향으로 인하여 중국 조선어에는 많은 외래어들이 차용되었다.

총적으로 일본제국주의는 중국에서의 조선어교육을 압살하기 위하여 갖은 폭압적인 수단과 만행을 감행하였지만 중국으로 이주한 조선인들은 이에 굴하지 않고 조선어를 주요한 교육과 선전도구로 삼고 조금도 굴하지 않고 끊임없이 투쟁을 견지하여 자기 말과 글을 잘 고수하고 발전시켰다.

4. 일제침략시기 조선어의 구조적 특징

중국조선어는 그 기원은 조선반도에 있으면서도 그 자체의 발전, 변화 특성을 가지고 있다. 중국조선어는 중국에서의 조선인들의 민족적 정서와 슬기로운 재능을 바탕으로 한 풍부한 문화적 재부를 간직하여 왔으며 그 과정에 기능을 끊임없이 높이고 구조적으로 발전하여 왔다.

일제침략시기의 중국에서의 조선어는 중국조선어의 발전과정의 일정한 단계에 속하면서 근대조선어시기 및 천입 초기에 비해 상당한 발전을 가져왔고 또 현대조선말의 구조적 기초인 특성을 잘 마련하여 놓은 시기라고 말할 수 있다.

일제침략시기의 중국에서의 조선어의 구조적발전은 이 시기 시대적 성격과도 밀접히 관련되고 당시 중국의 시회의 정치적 및 경제, 문화적 발전모습을 반영하고 있다.

이 시기 발표된 소설 작품을 통하여서도 중국에서 조선어의 구조적 특성을 고찰할 수 있다.

> 쯧박게도 기일전에 도라온규선이네를보고 소장은한동안 벙々하니 일을 벌린채 말을못한다
> 규선의 얼골빗츤 말할수업시수척해젓고 게다가우울의빗츤여전히 어둡게 가시질안코잇다
> 그는소장의 아페들어와공손히인사한다
> 「그동안 안녕하섯습니까」
> 소장은 비로소 정신을채린듯 응결된표정을푼다
> 「아 규선인가? 얼마나고생햇는가 몸엔별탈업는가? 어째 얼굴빗치대단 안됏구면」
> 규선이는 서글푸게 우서뵈며수척해진 자기의손을맛부빈다
> 소장은 규선의뒤에드러온사람들에게도 일일히 인사한다음잠시 무릅밑틀나려다보다가
> 「부락에 새루 이주민들이 의사해 온줄아는가」
> 하고 여럿을둘러보며 뭇는다
> 「예 알엇습니다」

＿＿ 현경준 『도라오는人生』[34)]

---

34) 『중국조선민족문학대계 9』(514면), 현경준의 작품집의 『돌아오는인생』에서 발취, 이 작품은 『滿鮮日報』에 1941년에 발표

아래 여러 문헌자료35)를 통해 일제침략시기 조선어의 몇 가지 구조적 특징을 고찰한다.

1) 철자 사용의 특성

일제의 조선말 말살책동과 무능한 봉건통치자들의 무관심성으로 말미암아 1920년대 후반기와 1930년대 초에 우리말 맞춤법규범은 제대로 세워지지 않았으며 매우 혼란된 상태에 있었다고 할 수 있다. 이러한 실례는 당시의 출판물에 쓰인 언어자료들을 통하여 잘 알 수 있다.

이 시기 발표된 소설에서 일부 구절을 예로 들면 아래와 같다.

① 노총각으로 늙을줄알엇든 그가안해를 엇게되고 짜라서 독장군갓흔 아들을엇게되니 장사의깃븜이야말로 어듸다가 비할곳이업섯다. 그래서 그런지 그후로장사는 독으로 퍼붓든 술짜지끈허버리고 돈모기에 열중하엿다.

___ 강경애 단편소설 「부자」(1933)

② 요새 삼 형제 바요링을 하면서 약을 파는 것이 퍽 구경거리라고 하여 한번 보자보자하던 터임으로 달음박질하다시피 그리로 가서 발도듬을 하고 머리를 기웃거려 겨우 안을 들여다 보았지요. 햇더니 거기 서있는 것은 삼형제가 아니고 장타령을 하는 다리 하나 없는 거지더군요.

___ 안수길 단편소설 「장」(1936)

③ 밤새껏 쉬지안코 닷는 차속에서 아홉살때의 고향의 그림자만 머리속에 그려보며 시달려가노라니 어느듯 날이 훤一히 밝고 해가 뜨기

---

35) 본 어휘자료는 허경진 · 허휘훈 · 채미화 편(2006), 『중국조선민족문학대계(8, 10)』에서 수집한 자료임.

시작하엿다.
피곤한 머리를 들고 차창으로 멀—리 내다보니 아침햇빗에 금빗으
로 얼는거리는 바다 아— 저것이동해바다로구나….
인호는 부지중에 저혼자 벌신 웃고는 넉업시내다보앗다.
그리고는 초조한 마음으로고향에 도착될 시간을 속으로 따저보앗다.

_____ 현경준 단편소설 「귀향」

위의 문장을 고찰하면 이 시기 맞춤법은 우선 띄어쓰기가 고정되지 않
고 단어의 형태를 고정시키지 않았으며 소리가 나는 대로 적는 동시에
경우에 따라서는 형태를 고정시켜 적은 표기도 적지 않게 보이고 있다.
총적으로 맞춤법의 규범이 확립되지 않았기 때문에 글말 표기에서의
혼란을 보이고 있다.

찬구는 윤씨의 뜻도 밧들어 드릴겸 목장식구 전부를 법륜사에 모아노
코 학도의 위패앞에서 이제 마지막 위기에 다닥친 목장의 실정을 숨김업
시 털어노아 대책이 나선다면 좋고 나서지안는다 하여도 이날 법회열기
를 화담법사에게 말해둔 것이엿다.

_____ 안수길의 장편소설 『북향보』(1944년 『만선일보』에 연재)

이 문장을 『한글맞춤법통일안』의 규범에 따라 옮기면 아래와 같다.

찬구는 윤씨의 뜻도 받들어 드릴 겸 목장식구 전부를 법륜사에 모아 놓
고 학도의 위패 앞에서 이제 마지막 위기에 다닥친 목장의 실정을 숨김없
이 털어놓아 대책이 나선다면 좋고 나서지 않는다 하여도 이날 법회열기
를 화담법사에게 말해둔 것이었다.

그럼 다음 일제침략시기 중국에서 조선어의 맞춤법의 특성을 분석해
본다.

(1) 된소리표기

된소리표기에서 '11, 11, 11, 11, 11'가 나타나는 동시에 '11, 11, 11, 11, 11, 11' 등이 나타난다.

- ᄭ : 까닭, 깨닷다, 힘껏, 물ᄭ러럼이, 끗까지, 총끗, 깨다럿다, 깨트리다
- ᄯ : 그째, 쑥쑥, 잇싸금, 쓰겁다, 쑤러지다, 쩌올으며, 써러트리다, 싸르다
- ᄲ : 어엽쁜, 가쁨다
- ᄡ : 뿜
- ᄶ : 쪼출경오, 깜짝

이와 같은 표기는 당시 된소리 표기의 규범이 아직 확립되지 않았다는 것을 보여 준다.

(2) 이중모음현상

조선어의 어음변화 과정에는 이중모음이 단모음화 과정을 거치는 현상이 있는데 거기에는 'ㅐ, ㅔ, ㅚ, ㅟ'의 단모음화와 겹모음 'ㅢ'의 단모음 'ㅣ'로의 과정이다. 일제통치시기 중국에서의 조선어는 'ㅢ'의 단모음 'ㅣ' 과정이 완전히 이루어진 것이 아니고 그대로 보존한 예들이 적지 않게 보인다. 그것은 한자어에서 뿐만 아니라 고유어에서도 나타난다.

- 한자어에서 : 긔선, 성조긔, 연긔, 일긔, 공긔, 자긔
- 고유어에서 : 듸리마시다, 긔름, 듸려다보다, 긔대다, 부듸치다, 여긔 저긔, 어듸, 말한마듸

(3) 파찰음과 마찰음과 단모음 'ㅣ'혹은 'ㅡ'와 결합

이 시기 어두 파찰음 'ㅈ'와 마찰음 'ㅅ'가 단모음 'ㅣ' 혹은 'ㅡ'와 결합하는 현상은 현대조선어에 많지 않지만 일제침략시기 중국에서의

조선어에는 이러한 음운결합 현상이 존재하였다.

- 한자어에서 : 심중, 츌세, 츌정
- 고유어에서 : 움즉이다, 일즉, 오즉, 마츰, 가즈런히, 시산하다

(4) 사잇소리표기 현상

사잇소리는 형태부와 형태부 사이에 덧 생기는 소리를 적기 위한 일종
의 결합자음인바 일제통치시기 중국조선어에서도 사잇소리 'ㅅ' 표기로
나타났다.

예를 들면 '뱃머리, 칫솔, 바싹, 바다ㅅ물, 바다ㅅ가, 산빗탈, 전긔ㅅ불,
나뭇닢, 벼갯밋, 해ㅅ수, 빨냇가' 등이다.

(5) 받침소리 ㅌ, ㅎ, ㅈ를 ㅅ로 적기현상

조선어에서 받침 'ㅅ'와 'ㄷ'는 17세기까지 혼용되거나 18세기부터
'ㅅ'로 통일되는 경향이 나타나다가 현대 조선어에서 받침 'ㅅ'과 'ㄷ'가
구별되어 쓰인다. 중국조선어에서는 해방 전까지 받침을 'ㅅ'와 'ㄷ'의
구별이 명확하지 못했고 'ㅌ, ㅆ, ㅈ, ㅊ'도 받침 'ㅅ'로 적는 현상이 적
지 않았다.

솔밧, 벼갯밋, 다다럿다, 낫게폭 더피어, 멸해, 꼿밧

(6) 구개음화 현상

근대조선어에서 나타난 중요한 음운변화의 하나가 구개음화이다. 여기서
말하는 구개음화는 주로 앞자음의 구개음화를 말하는바 자음 'ㄷ, ㅌ'가 모
음 'ㅣ'나 이를 포함한 겹모음 뒤에서 'ㅈ, ㅊ'로 되는 현상을 말한다.

조선어 구개음화는 남부방언에서 시작되어 점차 북상한 것으로 보고
있다. 일제침략시기 중국에서 조선어는 이미 구개음화가 일어났으나 구

개음화로 표기 되지 않은 단어들도 나타난다.

예를 들면 '웃방미다지, 가티'와 '노인, 노총각'과 '녀름' 등이 동시에 보인다.

(7) 소리 나는 대로 적기 현상

이 시기 맞춤법규범이 규범화 되지 않고 혼란된 상태에서 표음주의 철자법을 치중한 결과 형태를 고정시켜 '낮에, 쏟아지다, 저렇게'로 쓸 대신 '나제, 쏘다질듯하다, 저러케'로 표기하였다.

이러한 단어들로는 '벍어케타오른다, 쪼끼어나오다, 젊으니닛은 범고잡이였고, 낮은곳을 쪼차가며, 뫎이어더마즌 모양이었다' 등이다.

(8) 어음 축약 혹은 상철표기 현상

문장에서 일부 단어를 줄여 쓰는 현상과 상철표기 현상이 나타난다.

쌈(싸움)을 하다
딴님(딸님)
굵단(굵다란) 음성
한껍에(한꺼번에)
그타(그렇다)
훙이(흔히)
슲은(슬픈) 빛
갑작이(갑자기)
삶여보았으나
밎어(미처)
딸아(따라)부도(부두)로 나오게 되엇다
일불어(일부러)
첨아(처마)

(9) 된소리의 순한소리 표기 현상

현대조선어에서 된소리로 되는 일부 단어들을 순한소리로 적은 현상이 있는바 이는 우리말의 된소리 과정을 반영하기도 한다.

순한소리의 거센소리 및 된소리화는 우리말의 오랫동안의 역사적 변화과정임을 설명해준다.

물그럼이(물끄럼이), 벌서(벌써), 수수거끼(수수께끼), 날세(날씨)

(10) 기타 어음(모음, 자음) 표기 차이

일제침략시기 중국조선어에는 현대조선어와 다른 어음표기들이 보이고 있다.

마리(머리), 요세(요새), 나종(나중), 얼골(얼굴), 하눌(하늘), 스사로(스스로), 끄내입다(꺼내입다), 바뿌다(바쁘다), 으레히(으례히), 따리다(때리다), 바눌(바늘), 나무지사람(나머지사람), 시언한(시원한) 강물소리, 거우(거위), 마주막(마지막), 모래(모레), 하로(하루), 너머(너무), 다헹이(다행이), 똑바루(똑바로), 여게(여겨), 게급(계급), 얼른그리다(얼른거리다), 옷채림(옷차림), 벼개(베개), 겨을(겨울), 한칭(한층), 심바람(심부름), 레의(례의)

벙덕일어나다, 뻴애지다, 조쌌, 버레소리, 철천지 원수, 으러진 그의 머리, 식히다, 숭하다, 끌흐다, 고하지다, 건어방, 지게꾼, 일흠, 지무시다, 별로히, 시굴뚝, 환히, 끈임없는, 그짓말, 미끌스레, 올빽, 문허지다, 끈허지다

(11) 철자법의 혼란 현상

당시 철자법 규범이 확립되지 않은 상황에서 하나의 의미를 여러 가지 형태로 표기한 례들이 보인다.

옵빼의고리짝 / 오빠의빨래감(옵빼－오빠)

무슨말 / 무스(무슨－무스)
짚신 / 집신

(12) 띄어쓰기 현상

철자법 상에서 현대 조선어와 다른 이 시기 중국조선어의 가장 큰 특징은 띄어쓰기가 고정된 것이 아님을 알 수 있다.

> 찬구는 미리 등사하여 가지고온 보고서를 한부씩 쭉 둘러안저잇는 주주들에게 논어주엇다. 심각한표정을 짓는사람, 썩은 콩씹은것가튼 얼굴을 하는사람, 머리를 가로젓는사람, 주주들은 못맛땅하다는듯 가지가지로 표정 지으며 보고서를 보고잇었는데 방안은 납덩이가치 무거운 기분으로 꽉찻다.36)

이 시기 일부 글말로 된 중국조선어 문장을 현대조선어 철자법으로 옮기어 보면 아래와 같다.

- 슲음을 위로할길이없었다 → 슬픔을 위로 할 길이 없었다
- 치마 저고리 한벌 갓드시해잎였다 → 치마저고리 한 벌 가듯이 해 입혔다
- 지나친슲음이요앞음이었다 → 지나친 슬픔이요 아픔이었다
- 석양 엷은햇발도 거둔뒤다 → 석양 엷은 햇발도 거둔 뒤다
- 밟어보며 연구하고 계획하였다 → 밟아보며 연구하고 계획하였다
- 지웅은조짚을 올렸다 → 집웅은 조짚을 올렸다
- 입을다물고앉어있을따름 → 입을 다물고 앉아있을 따름
- 죄없는사람 → 죄 없는 사람

---

36) 허경진·허휘훈·채미화 편(2006), 『중국조선민족문학대계(10)』, 보고사, 364면.

2) 문법적 형태의 사용 특성

언어에 변화에서 가장 변화가 빠른 것이 어휘이고 다음 비교적 느린 것이 어음과 문법이다. 문법적 형태는 주로 단어와 단어의 사이에 붙어 문법적의미를 나타내는 바 이 시기 중국조선어에서 사용된 문법적 형태를 고찰해 보면 아래와 같다.

체언에 붙는 형태와 용언에 붙는 형태를 갈라볼 수 있다.

① 나는 베던 나무춤도 거둘 생각의 업시 이러서선 마을을 나려다 보앗다. 옹기종기 쓰러지는듯한 오막사리들이 열대집 느러선 우리마을에는 최영감네집만이 호기잇게 쎗대는듯하다. 논이라고는 구경도 못하는 산�꼴만주는 눈이모자라 쯔치보이지안는 넓은들이라더니 하도 쩌러질 쩨가 업서 십년은 안즌자리에서 산꼴놈이 되고마는가 생각하면 통분할 일이나 고분이가 사는 동리이니 나는 쩌나고 십지 안타.

___ 김창걸 단편소설 「암야」(1939년 『만선일보』에 연재)

위의 문장에서 체언형 문법적 형태는 아래와 같다.

- 격토(격조사) : 주격-가/이, 대격-을, 여격-에, 위격-에서
- 도움토(보조사) : 는, 도, 이나
- 복수토(복수접미사) : 들

② 아카시아 하가지의 그림자가 레쓰문장우에 금실금실 설레이고 바람세어 덜컹거리는 유리창밖의 아침하늘은 맑은 가을빛이다. 아침 저녁 절기를 다투는 이즈음 어느듯 앙상해진 나뭇가지 그림자의 문의 같이 흰레쓰문장은 별로 엷고 너무도 가볍게 흔들린다. 지난 장마때 습기에 축 느러젓든 이문장의 기억이 오히려 마음에 그윽한 음향을 더지는것이다. 문장도 가려야할 시절이 되었다.

___ 최명익 단편소설 「역설」(1938년 『녀성』에 발표)

위의 문장에서 용언형 문법적 형태는 아래와 같다.

- 종결토(종결어미) : 다/ㄴ다.
- 접속토(연결어미) : 고, 어, 게
- 규정토(관형형어미) : 는/ㄴ, 든, ㄹ
- 시칭토(선어말어미) : 엇, 었

③ 여기<u>에서</u> 그들<u>은</u> 최선<u>을</u> 다하고 전력<u>을</u> 다하<u>여서</u> 환자치료<u>에</u> 동분 서주하<u>였었</u>다. 그해 가을<u>에</u> 전렴병<u>은</u> 다행히 일소되<u>었으나</u> 지주<u>의</u> 압제<u>와</u> 지나병정<u>의</u> 폭행밑<u>에서</u> 의료 기관 하나도 없<u>으며</u> 야학교 하 나 좃차 없이 노예적 참담<u>한</u> 생활<u>을</u> 하<u>고</u> 있<u>는</u> 동포<u>의</u> 실정을 당면 <u>해</u>보고 참아 떠날수<u>가</u> 없<u>어서</u> 제이리상행<u>을</u> 목표<u>로</u> 위선 이것 주민 <u>과</u> 함께 철규네<u>도</u> 야욕가 팡개<u>의</u> 소작인<u>이</u> 되<u>었든</u> 것<u>이</u>다.

_____ 박계주 단편소설 「인간제물」(1938년 『삼천리』에 발표)

위의 문장에서도 밑줄을 그은 부분은 문법적 형태들로서 체언과 용언 의 뒤에 붙어서 문법적의미를 나타내는 기능은 현대와 다름이 없었다. 일부 문장에서 현대와 다른 문법적형태의 사용이 보인다.

④ 격형태의 사용
  - C정거장<u>에서</u> 박첩지와 찬수의형수인 금녀 그의족하 그리고 매봉 둔의 둔장으로 지목밧는 홍덕호도 함께나왓다.
⑤ 규정형태의 사용
  - 마중나온아<u>버지 홍덕호</u> 그리고 형수와형이남<u>긴</u> 혈육<u>인</u> 아홉살나 <u>는</u> 족<u>하</u>를 보는순간 그는향옥이의게 미치나다름이없엇다.
⑥ 복수토(복수형어미)의 사용
  - 주민들은 <u>열심들이</u>었다.
⑦ 종결토(종결어미)의 사용
  - 이고장은 못떠나네 논이면 <u>좀한논</u>인가 학꼴못하면 못<u>할까</u> 논을 폐담하구 떠나진 못해.

3) 문체론적 수법의 다양한 사용

① 어머니가 박게나가 <u>장독을덥는다</u>. <u>섭나무를 헛간에 안어드린다</u>. 바삐
서두는사이에 아버지가 담뱃불을 그어닷는소리를 찬수는<u>역역히</u> 들을
수잇섯다. 찬수의아버지 박첨지는 담배를 사랑하엿다. 찬수도 <u>무척</u>애
연하는터로 근十년만에만나는 아버지에게서만 나는 맨처음 담배를
즐기는것을 발견코 그럭것도 유전일까하고 <u>빙그시</u>우섯든일 그리고
그로말미암아 육친의애정을 <u>더욱강렬히</u> 느끼든일을 생각하엿다.

___ 안수길의 중편소설 「벼」(1941년 『만성일보』에 련재)

위 문장에서 열거법, 보충법 등 수법을 통하여 소설의 주인공의 아버
지가 담배를 무척 즐기는 성격을 더욱 생동하고 형상적으로 표현하였다.

② 동구에 다다렀을때 벌판에가득찬 논에는 모를낸지 얼마되지안는 벼
가 환히내려쪼이는 햇빛을받아 싱싱히서있어 매봉둔 <u>주민들의 생활</u>
<u>을 상징하는</u> 듯 조흔인상을 찬수의뇌속에 인첬다. 그러나 오늘이있
기까지의 이곳주민들의 생활가운데는 남이<u>아지못하는피눈물이</u> 숨여
있다는것을 그는 편지로 또는이곳에서 고향으로 내왕하는 사람들한
테서 이야기로들었으나 홍덕호며 아버지위 주름진 얼골에서 그 사
실을 차저내였고 과부형수금녀에게서 그산증거를 발견하였다.

___ 안수길의 중편소설 「벼」(1941년 『만성일보』에 련재)

위 문장에서 비유와 과장법으로 중국에 이주한 조선인들이 피와 땀으
로 이 땅을 개간하여 삶의 터전을 개척한 현실을 생동하게 보여주었다.

▌기타 문체론적 수법[37)]

이 시기 중국조선인 작가들은 어휘문체론적 수법 비유법, 과장법, 완
곡어법, 문장문체론적 수법 대비법, 반복법, 연쇄법, 점층법, 열거법 등

수법을 이용하여 문장에서의 문체론적 효과를 높였다.

(1) 비유법

① 고분이와 나는 왜 <u>빨쥐처럼</u> 낮에는 꼼작못하고 밤에만 좋아하는지 모르겠다. 박쥐의 신세도 될수 없는 운명이라면 모르겠으나 버젓하게 대낮에 서로 좋아하지 못하는것은 아무래도 안타까운 일이다.

② 분이의 낯은 왜 웃을 때면 량쪽 볼에 쌍우물이 폭 패이는지, 그러니 나는 <u>죽을듯이</u> 미칠수밖에 없다.

(2) 반문법

① 모두 어린애까지 합쳐야 두개 반이고 빈 알몸뚱이뿐인데 무슨 돈될 것이 <u>있겠는가?</u>

② 무빈의 하는 말과 행사를 보면 박성녀를 단지 팔아서 돈을 받으려는 것이 아니라 박성녀를 재 작은집으로 말들려고 욕심내는것이 <u>아닌가!</u>

③ 설마 남편 있고 어린애까지 달린 남의 계집을 어느놈이 <u>사간다어냐?</u>

(3) 접층법

① 그렇다면 타향살이가 <u>몇해일가, 몇십년일가, 아니 몇백년일가―</u> 몇백년 산다치고―

② 한번 찾아가 안되면 <u>두 번, 두번에</u> 안되면 세 번 네 번, 이렇게 반복적으로 일하게 되였다.

③ <u>한달이 지나고 두달도 지나 석달이 잡히여</u> 내가 소학교를 졸럽하고 룡정으로 중학교 공부하러 올때지 나의 몸은 실팍해진것이 아니라 허약한대로 있었다.

(4) 전도법

① 그래서 그 최성희란 학생만은 응당한 처벌로 석달후에 졸업장을 주기로 만장일치로 결정짓고말았던것이다. 그것도 학생 본인의 전도를 보아 최대의 '선심'을 쓴다면서―

② 아홉시정각이 되자 교장이 매부리코를 한번 슬쩍 만지면서 강단에
올라 찬송가를 부르고나서 학감의 기도가 있었다. ―하느님의 은덕
으로 오늘 졸업식을 성대히 거행하게 된다고.
③ 우리는 매일밤 위원들이 모여 그날의 성과들을 이야기하며 적어도
삼분의 둘은 쟁취하여야 한다고 계속 밀고나갔다. 절대다수를 차지
해야 할터이니까―.

(5) 성구속담이용법

① 어머니는 원래 밥술리나 넉넉히 먹고지내는 촌량반 집에서 자랐으
나 사람이 다성한 가문에 시집가야 한다고해서 우리같이 <u>개칠 몽둥
이 하나 없는</u> 가난한 집에 시집오게 되었다.
② <u>열손가락 깨물어 안아픈 손가락이 없다</u>고 자식은 여럿이나 모두 귀
여워하고 아낀다.
③ 집사대한테 몽땅 털리지 않았습니까? 안되는걸 어떻게 하겠습니까?
인제는 손 싹 씻고 그만두십시오. <u>산사람입에 거미줄 쓸라는 법은
없지 않아요?</u>

4) 어휘사용의 특성[38]

언어에서 어휘는 가장 변화가 많은 부분이고 어휘는 바로 그 당시의
사회의 정치, 경제, 문화 등 여러 모로 반영하는 거울이라고 말할 수가
있다. 우리는 일제통치시기 중국조선인의 어휘를 통하여 그 당시 행정기
구, 인간들의 사회활동, 음식문화, 복식문화 등 다양한 삶의 현실을 알
수 있다.

(1) 지방행정기구

도, 리, 읍, 주재소, 군, 군수, 면, 면서기, 면장, 면사무소, 면역소, 주재

---

38) 본 어휘자료는 필자가 연변대학 조선문학연구소 편, 『중국조선민족문학대계(8, 10, 11)』
에서 수집한 자료임.

소, 성, 현, 현공서, 둔, 부락, 권력, 정부

이는 당시 조선의 지방행정 단위와 중국의 지방행정 단위를 그대로 반영하여 주는바 조선에서 중국으로 이주한 중국조선인 변화된 생활환경을 그대로 설명해 준다.

(2) 황무지개간

황무지, 기경지, 수전개간, 작인, 하직, 논, 밭, 되땅, 개간비용, 식양, 빗, 한전, 자작농, 머슴, 이주증, 월경, 국적(國籍), 백성, 증자(增資), 콩단, 나락 덤이, 볏섬, 땃버리, 장예쌀, 벼이삭, 타작, 나락, 도급기, 곡가, 논뚝, 논귀, 벼포기, 짚나까리, 회게하다, 농장주, 농가, 화전, 삽, 광이, 보섭, 호미, 박아지, 뚝배기, 우차, 보퉁이, 우차

이러한 어휘들을 통하여 우리 조상들이 19세기 중엽 조선반도에서 두만강과 압록강을 건너 간도 땅에 들어와서 황무지를 일구어 수전, 한전을 만들고 농사를 지으면서 삶의 터전을 개척했다는 사실을 여실히 보아낼 수가 있다.

(3) 농악놀이

농악, 벙거지, 상모, 북장구, 범고잡이, 증, 장단, 벅고잽이, 상쇠잽이, 노리(놀이), 웃슥웃슥, 철석철석

중국조선족은 만주로 이주한 후 그렇게 열악한 사회 환경에서도 함께 모여 농악놀이를 하면서 집단의 힘을 과시하고 자신들의 삶의 가치를 높였음을 보여준다.

(4) 노동자와 관련된 어휘

방적공적, 여직공, 공장, 하숙, 휘발유, 석탄, 월급쟁이, 인력거, 잉여노
동, 착취, 노동자시장, 기중기, 기게, 감독, 실업, 훈시, 순사, 경비대, 철도
공사인부, 봉금, 채용, 간판, 전차, 번지, 동무, 위선, 발전기, 제사기, 고치,
가마, 미안제, 저금제도, 계약, 능률, 전기불, 숙직실, 권연, 축항, 저상시키
다, 동지, 정거장

일제의 조선에 대한 침략과 함께 침략의 마수를 곧 중국의 동북지구로
넓혀 중국을 일본의 원료산지, 상품시장으로 만들려고 하였다. 그들은
'감독, 순사, 경비대' 등을 동원하고 갖은 수단과 방법을 다하여 노동자
들을 착취하고 압박하였으며 적은 자본을 투자하고 고가의 이윤을 얻어
내려고 하였다.

(5) 순사, 감독(착취계급)과 관련된 어휘

영사관, 순사, 면회, 창, 철망, 고문, 경찰서, 신원보증, 면서기, 지주, 마
적단, 토벌난, 파수병, 국책, 명령, 배일사상, 개화세상, 보위단, 총

중국에서의 조선인들도 중국에서의 기타 피압박인민들과 마찬가지로
중국의 봉건지주계급, 봉건군벌, 일제 등의 3중으로 되는 압박과 착취를
받으면서 힘겹게 생활하였다.

(6) 사자오자성구

안성마침, 뇌성벽력, 배은망덕, 문전옥토, 배은망득, 국가흥망, 하지대본,
신성불가침, 무상대여, 일진일퇴, 중등무의

중국조선인들의 문학작품에 이러한 4자, 5자 성구까지 나타나는 것은
당시 중국이라는 사회적 환경에서 조선어 어휘에 대한 한자어의 침투가
아주 심하였음을 알 수 있다.

(7) 음식문화

① 밭, 심다, 수수, 강낭이, 보리알, 콩, 메주, 두부, 두부찌개, 팥, 조, 알림미, 벼, 햇벼, 힌이팝, 육도, 봉투쌀, 쌀알, 밥, 쌀밥, 밥찔소, 국밥, 떡, 백면, 빵, 만투, 배, 사과, 감, 밤, 싱아, 도토리, 빙수, 탁배기, 공기, 밥통, 술, 저, 채소, 새우젓, 마눌양념, 고추장, 속주나물, 고기, 빙수, 가싯물, 미역국, 술, 술병, 술잔, 술김, 선술집, 색주가, 막걸리, 다못토리, 취하다
② 가레라이쓰, 다마고돈부리스시, 우동, 가께우동, 변또

이러한 어휘들은 중국조선인들의 당시 풍부한 음식문화를 반영하여 준다. 부지런한 우리 조선민족은 동북에 이주한 후 주로 '수수, 조, 감자, 보리, 콩, 강낭이' 등 밭곡식을 재배하다가 20세기 초부터 논농사를 시작하였다. 그리고 부지런한 여성들은 같은 자료라도 여러 가지 색다른 음식을 장만하였다는 것도 알 수 있고 술을 상당히 즐겼음도 알 수 있다.

그리고 일본어 음식용어도 우리 어휘 속에 침투되기 시작하였다는 것도 말해 준다.

(8) 복식문화

① 치마, 저고리, 광목바지, 조끼, 주머니, 지갑, 짚신(집신), 버선, 목도리, 사각모, 외투, 버선, 중절모, 잠뱅이적삼, 각반, 솜옷, 겹옷, 고무신, 운동화, 치마ㅅ길, 두루마기
② 양복, 양복쟁이
③ 지까다비, 다오루, 게다, 도리우찌, 구두, 유가다

복식문화를 반영한 어휘에서 보면 우리 민족은 남자는 바지에 웃옷을 입고 여성은 치마와 저고리를 입었고 양복도 이미 우리 민족의 복식문화에 들어왔으며 게다가 일본 복식문화도 중국 조선족복식문화에 들어왔음을 알 수 있다.

이 밖에도 이 시기 학교교육, 농, 공, 상업종사, 병, 종교, 생활도구를 반영한 어휘들도 아주 특색이 있으며 이밖에 당시 중국 조선인 사회를 반영한 여러 특색이 있는 어휘들도 많이 나타난다.

(9) 학교교육

동맹휴학, 야학, 학교, 국민학교, 교원, 도서실, 하숙집, 개학날, 전학, 벼루, 붓, 스승, 제자

(10) 농, 공, 상업종사

포목상, 잡화상, 목장, 양봉, 도야지, 돈사, 돈역

(11) 병에 관련된 단어

장질부사, 한주부(의사), 한제, 한첩, 쾌차, 손구락, 발구락, 우슴, 기쁨, 목욕, 몹쓸기침, 설사병, 페병

(12) 반의어

원주민 / 이주민, 상금 / 벌금

(13) 동의어

보재기 / 보시기, 잉태 / 애배다, 이십오세(馬車) / 마차

(14) 비속어

꼴악슨이, 썩어지다, 번그럽다, 아서빼앗다, 이리 싱커럽게구니

(15) 종교

레베당, 종소리, 종교, 하누님, 교회당

(16) 생활도구

    함지, 빨래, 솥뚜껑, 항아리, 한비, 한대접, 물바리, 대두박, 뚜껑, 사발

(17) 일반 호칭어

    아우, 시형, 질여, 동세, 옙뿐게집, 정실, 젖유모, 첨지, 까불이, 족하(조카), 의모

(18) 기타 어휘들

    월경, 따(땅), 억깨, 얼골, 봉오리, 호출, 하눌(하늘), 잡바지다, 싸흠, 싸호는 경우, 간열피다(가냘프다), 위선(우선), 다헹이(다행히), 몬저(먼저), 기둥, 섭가래, 건축재료, 정주, 마루, 봉당, 건어방, 다거치다, 망가지다, 나려가다, 재끼흐르다, 도수장, 장죽, 변소를짏다, 입때, 박봉, 버르장이, 횡재수, 소뿌리조아지

이와 같이 일제가 중국의 동북을 침략한 시기, 중국에서의 조선어 어휘도 자체의 체계를 가지고 변화, 발전했다.

이 시기 중국조선어 구조적 특징을 보면 전반적으로는 전시기의 언어와 같은 상황이지만 초기 이주시기와도 다르고 현대와도 다른 일련의 특성들도 가지고 있음을 알 수 있다.

제3장 해방전쟁시기 중국에서의 조선어

1945년 8월 15일 일제가 투항하고 광복을 맞게 되자 중국공산당의 영도 하에 중국에서의 조선족들은 진정한 민족평등 권리를 얻게 되었고 자기의 말과 글을 되찾게 되었으며 자기의 민족교육을 자유로이 발전시킬 수 있게 되었다.

해방을 맞은 중국조선족들은 일제의 조선어 말살정책에 대한 증오와 분노의 감정을 자기의 언어문자의 학습과 보급에로 전화시켰다. 중국 조선족들은 당과 정부의 지지 하에 조선족 인민들은 신속히 자기 민족 학교를 회복하였고 또 민중의 힘으로 많은 민영학교들을 일떠세웠으며 조선문 신문출판과 방송사업도 가강하였다.

해방전쟁시기 중국에서의 조선어는 전례 없던 발전을 가져오게 되었고 중국에서의 현대조선어의 체계가 확립되었다고 말할 수 있다.

1. 해방전쟁시기 중국에서의 조선인

1945년 8월, 일본이 투항하자 조선과 중국의 동북은 광복을 맞이하게 되었다. 이때 중국의 동북 땅에 자유이민으로 왔거나 강박적인 집단이민으로 왔던 적지 않은 조선인들은 도로 조선으로 돌아갔다. 자료에 의하면 1945년에 동북의 조선인인구가 약 160만이 되었는데 1949년에 와서는 100여 만으로 줄어들었다. 그러니 1945년부터 1949년 사이에 약 60만에 달하는 조선인들이 조선으로 되돌아갔다는 것을 알 수 있다.[1]

중국의 동북지구에 남게 된 조선인들은 여러 민족들과 함께 중국공산당의 영도 하에 토지개혁, 국내혁명전쟁의 승리를 취득하고 진정한 해방을 맞이하게 되었으며 자기의 민족어를 부단히 발전시켰다.

1) 해방 직후 중국에서의 조선인

항일 전쟁이 승리한 직후에 조선인이 집거하는 동북의 정세는 매우 복잡하였다. 연변과 흑룡강 등지에서의 괴뢰만주국정권은 이미 전복되었으나 국민당정부는 항일전쟁 승리의 전취물을 탈취하기 위하여 국민당 지방조직을 건립하고 반혁명무장을 조직하여 반혁명활동을 감행하였다.

일본제국주의가 투항한 후에 중공중앙에서는 2만여 명의 간부와 십 몇 만 대군을 동북에 파견하고 진출시켜 동북항일 연군과 연합하여 발악하는 적군과 괴뢰군의 잔재세력을 섬멸하고 여러 민족 인민들을 발동하여 민주정권을 수립하도록 하였다. 1945년 8월 18일 소련홍군의 선두부대는 동북항일연군 연변분견대의 힘 있는 배합 밑에서 일본군보병 제127사단의 완강한 저항을 물리치고 승리적으로 연길에 진주하였다. 9월

---

1) 고영일(1986), 『중국조선족력사연구』, 연변교육출판사, 5면.

하순에 중공동북위원회의 비준을 거쳐 성립된 중공연변위원회에서는 연길의 제반 사업을 영도하였다.

중공연변위원회에서는 군중을 발동하여 혁명적 군중조직을 설립하고 일제와 괴뢰정권의 재산을 몰수하고 생산을 회복하며 토비 및 일본침략군과 괴뢰군의 잔재세력을 숙청하는 투쟁을 진행하는 한편 동북항일 연군부대를 골간으로 하는 연변경비사령부를 내오고 각 현에 사람을 파견하여 군중을 발동하여 경비퇀을 건립함으로써 인민의 생명, 재산의 안전을 수호하였다.[2]

이 시기 '소련홍군환영위원회'를 세웠던 강동주 등은 소련 홍군사령부의 지시에 따라 1945년 8월 24일 용정, 연길, 조양천 등지에서 선후하여 노동자동맹, 농민동맹, 청년동맹, 여성동맹을 결성하였고, 할빈 도리구에도 1945년 8월 20일에 '조선독립동맹 북만특별위원회'를 결성하였다가 8월 22일에 '조선인민민주연맹'을 세웠다. 9월 2일 목단강에서 당지의 여러 조선인 단체연석회를 열고 '고려인민협회'를 결성하였으며 1945년 8월 22일 길림에서도 '길림조선인해방동맹'을 조직하였고 이듬해 8월에 기타 조선인민중단체들과 연합하여 '길림성민주연맹'으로 재조직된 기층 민중단체가 건립되었으며[3] 남만에서는 1945년 11월 10일에 심양에서 '조선독립동맹남만사업위원회'가 세워졌다.

이러한 민중단체들은 모두 중국공산당의 영도 밑에 당시 인민정권이 아직 건립되지 않았거나 정권기능이 제대로 발휘되지 못하는 특수한 정세 하에서 당의 무장건설과 정권건설에서 매우 큰 역할을 하였으며 농민들을 발동하여 '감조감식'투쟁을 진행하고 생산을 회복하고 토비를 숙청하는 투쟁에서도 매우 큰 역할을 하였다.

---

2) 조선족략사편찬조(1986), 『조선족략사』, 연변인민출판사, 247면.
3) 김철수·강룡범·김철환(1998), 『중국조선족력사』, 연변인민출판사, 190면.

2) 국민당의 해방구 진공 및 민주정권의 건립

국민당정부는 동만근거지를 다그쳐 점령하기 위하여 연길에 '중국국민당 길림성 연길판사처'를 내왔으며 또 '치안유지회', '보안대'와 같은 반동적 조직을 조종하면서 민족관계를 도발하고 사건을 조작하였다. 게다가 소작료 인하제를 애써 반대하면서 군중의 혁명적 운동을 파괴하려고 하였고 특무를 파견하여 일본침략군과 괴뢰군의 잔재세력을 규합하고 토지무장을 끌어 모아 해방구에서 자기들의 지반을 닦고 파괴와 노략질을 하였다.

국민당정부는 미국의 부추김 밑에 1946년 7월 160만의 군대를 동원하여 동북해방구에 전면적인 진공을 발동하였고 군대를 동북에 이동시켜 심양 이남의 성진과 교통요도를 점령하고 계속 북진을 시도하였다.

국민당 통치구의 조선인들의 문화교육사업도 엄중히 파괴되었다. 국민당반동파가 '군용'이라는 명목으로 조선인학교를 강점하고 교원과 학생들을 구축하고 학교비품을 빼앗아 간 데서 학교들은 죄다 문을 닫게 되었다. 또한 불량한 사상의 침투를 예방한다는 명목 밑에 조선문 서적의 출판을 엄하게 단속하였으며 '한인교포사무소'와 현 교육과에 교과서와 기타 서적들을 일일이 심사하도록 강제적 명령을 내린 동시에 결사와 집회를 가지지 못하며 지어는 문예활동과 운동마저 참가하지 못하게 하였다.

국민당통치구의 조선족 인민들은 중국공산당의 정치적 주장과 제반 민주개혁정책 및 해방구에 있는 조선족 인민들이 민주적이며 평등하게 행복한 생활을 하고 있다는 소식을 듣고 중국공산당과 인민해방군에 희망을 기탁하면서 하루 속히 해방의 그날이 오기를 기대하였다.

광복 후 동북 조선족 집거지역에서는 기층민주정권이 시작되었다. 즉 1945년(민국 34년) 8월 17일, 지하당조직의 영도 밑에 하르빈에서 '반일조선민족독립동맹 북만특위'가 정식으로 결성되고, 8월 30일, 하르빈에서 조선인 혁명조직인 '건국청년회'가 결성되었으며 9월 1일 흑룡강 각지의 조선인인민들이 당의 영도 밑에 육속 농민협회를 결성하였다.

1945년(민국 34년) 9월 23일, 연길에서 연변 노동자, 농민, 청년, 부녀대표대회의를 열고 연변 노동자, 농민, 청년, 부녀총동맹을 정식으로 결성하였으며 10월 20일 중공동북위원회의 비준을 거쳐 '중공연변위원회'가 성립되고 11월에는 '중공연변위원회'를 '중공연변지방위원회'로 개칭하였다. 같은 해 10월에는 '연변 노동자, 농민, 청년, 부녀총동맹'을 '연변민주대동맹'으로 고친 동시에 목단강에서 '민주동맹'을 결성하고 통화에서 '민주련맹'을 결성하였다.

1945년(민국 37년) 11월 20일, 연변 각 족 각 계층 인민대표회의가 연길시에서 소집되었는데 이 회의에서 '간도임시정부'를 해산하고 '연변정무위원회'를 선거하였고 이튿날 연변정무위원회에서는 연변정무위원회 제1차회의를 소집하고 길림성 '연변행정독찰전원공서'를 내오고 '10대시정방침'을 채택하고 정식으로 인민민주정권의 탄생을 선포하고 그 다음날부터 '연변행정독찰전원공서'는 정식으로 간도성의 사무를 접수하고 인민정권의 기능을 행사하였다.

광복 후 동북경내의 조선인 인민무장 대오는 항일전쟁승리의 과실을 보위하고 평화와 민주를 쟁취하기 위해 조직되기 시작하였다. 이 대오는 광복 직후 처음에는 조선인들의 생명과 재산을 보위하기 위해 자발적으로 조직되었다가 다음에는 동북항일 연군의 조선인관병들의 지도 하에 새로 정돈, 조직되었으며 관내로부터 동북에 진출한 조선의용군이 제1, 제3, 제5지대로 나누어 각각 남만, 동만, 북만으로 진출함에 따라 수적으로나 질적으로나 다 더욱 큰 발전을 가져오게 되었다.[4]

동만과 북만에서의 당의 기층조직, 각급 인민정권 및 각 군구의 건립은 제반 민주개혁을 진행하는 데 토대를 닦아놓았다. 민주정권이 건립된

---

4) 김철수·강룡범·김철환(1998), 『중국조선족력사』, 연변인민출판사, 193면.

후에 당의 영도 밑에서 일제와 괴뢰만주국 통치시기의 낡은 제도와 낡은 법령을 폐지하고 '생산을 회복하고 소작료와 이자를 인하시키는 정책', '국민당당부'와 '치안유지회', '한인교포위원회'와 같은 반동조직을 취제하였다. 인민정부는 여러 민족 인민들을 영도하여 생산을 적극적으로 회복하고 발전시켰으며 계급교양과 민족정책교양을 벌이었다. 여러 민족 인민들의 계급적 각성을 높이고 민족단결을 증강하였고5) 튼튼한 동북근거지를 창설하기 위하여 1945년 겨울부터 1946년 여름까지 당의 영도 밑에서 토비를 숙청하고 한간, 주구를 반대하고 청산하는 투쟁을 줄기차게 벌였다.

1948년 9월에 요심전역의 위대한 승리로 인하여 11월에 전 동북이 해방되었고 1949년 4월 23일에 인민해방군이 국민당의 22년간의 반혁명통치 중심이었던 남경을 해방하자 국민당 반동통치는 끝장을 선고하였다.

항일전쟁의 승리로 하여 중국에서는 일제의 식민통치가 결속되자 중국에서의 조선족들은 소중한 자기의 말과 글을 되찾았으며 조선인인민의 염원과 의지대로 문화사업을 발전시킬 수 있는 자유와 권리를 획득하였다. 이에 고무된 조선인 인민들은 도시와 농촌에서 더없는 열성으로 민족적인 문화 활동을 힘차게 벌렸으며 또한 대중적 문화 교육사업을 널리 전개하였다.6)

2. 해방전쟁시기 조선어 사용

중국의 동북지구에서 일제를 몰아낸 중국의 조선족들은 여러 민족들

---

5) 조선족략사편찬조(1986), 『조선족략사』, 연변인민출판사, 247면.
6) 조성일·권철(1990), 『중국조선족문학사』, 연변인민출판사, 254면.

과 함께 해방전쟁을 맞이하게 되었다. 해방전쟁 과정에 국민당과 토비, 괴뢰군들의 거듭되는 진공을 물리치고 1949년 전 중국의 해방을 맞는 과정에 중국에서의 조선어는 더욱 큰 발전을 가져오게 된다.

1) 광복을 맞은 환희와 조선어

동북의 조선족들은 우리말과 글로서 일제를 몰아낸 기쁨과 국민당 반동파를 뒤엎고 전 중국을 해방할 결의를 다졌다.

동북의 새벽하늘 동이 트는 대지에
새로운 역사 싣고 종소리 울린다.
모여라 동북인민 우리들의 일터로
희망의 아침마다 새기발을 날리자.

무도한 제국주의 침략자의 쇠사슬
인류의 적이란다. 우리들의 원쑤다.
피압박 약소민족 자유해방 위하여
정의의 칼을 들고 너도 나도 싸우자.

선구인 혁명자의 원한서린 붉은 피
저녁노을 지평선에 송화강도 붉었다.
잊으랴 경신토벌 '9 · 18'의 혈세를
복수의 날이 왔다 백년한을 갚으리.

홍안령 부는 바람 흐린 안개 가시여
송화강 힘찬 줄기 나갈 길이 보인다.
새로운 민주주의 우리들의 노선에
발맞춰 건설하자 새로운 동북을

___ <동북인민행진곡>

이 작품은 동북 조선족 인민들이 당의 영도 밑에 굳게 뭉쳐 선열들의 뒤를 이어 힘차게 싸워 철저한 민족해방을 쟁취하며 새로운 동북을 건설하려는 웅심을 격조 높이 노래하였는바 당시 우리말로 된 이 가사는 우리의 조선민족들 속에 널리 보급되었다고 한다.

들린다 만세소리
터졌다 환호성이

일본 천왕이 떨리는 목소리로
두 무릎 꿇었음을 선포하자
"왜놈은 망하고
우리는 해방되었다"

얼싸 안고 얼싸 안고
가린 목소리로 부르는 만세소리
얼마나 부르고 싶었더냐, 바랐던 것이냐
빼앗겼던 조국을 다시 찾은 이 만세 소리가
(…중략…)
억지로 쓰게 하던 뾰족모자 전투모
흐르는 강물에 와락 벗어던지며
부여안고 뚝뚝 뛰며 부르는
마을 젊은이들의 우렁찬 만세소리
만세 소리 울려 퍼져 산울림 되고
환호성은 메아리로 하늘땅을 뒤흔들 듯

아
아프고 쓰리던 한많던 매듭이
영영 풀리던 날
잊지못할 8월 15일이여!

___ 설인 「환호성」(1945)

이 시는 아름다운 우리말과 글로 광복을 맞은 감격과 환희를 담고 있다.

이처럼 중국의 조선족들은 광복을 맞은 기쁨의 감정을 절제나 별다른 시적 기교를 보이지 않고 알기 쉬운 우리말과 글로 생동하고 형상적으로 나타냈다고 할 수 있다.

2) 토비숙청, 토지개혁, 전선원호와 조선어

당시 중국의 동북 경내에는 갈래가 복잡한 정치토비가 무려 9만여 명이나 있었는데 이들은 국민당반동파의 조종 밑에 도처에서 공산당과 민주정권을 뒤엎고 교통을 파괴하고 인민들의 재물을 노략질하는 등 만행을 저지르면서 살판 쳤는바 이는 일제잔재세력과 토비들은 튼튼한 동북근거지를 창설하는 데 있어서 크나큰 장애와 우환으로 되었다.

동북에서는 '근거지를 건설하며 토비숙청을 다그치자!'는 중공중앙의 동북국의 지시에 따라 1945년 겨울부터 기세 드높은 토비숙청투쟁을 벌였다.[7]

중국의 광활한 대지우에
동북의 젊은이 행진하네
발맞춰 나가자 다 앞으로
빛나는 새날이 닥쳐오네
우렁찬 혁명의 함성속에
민주련군 기발이 휘날린다.

나가자 피끓는 동무야
모여라 동북의 용사들
우리힘 굳세게 뭉치여

---

7) 김철수 · 강룡범 · 김철환(1989), 『중국조선족력사상식』, 연변인민출판사, 198면.

국민당 반동과 때려 부시고
새로운 동북을 건설하자
전진 전진 광명한 저 앞길로

___「민주련군 행진가」[8]

위의 가사에서는 동북의 여러 민족인민들은 단결하여 하루 속히 국민당 반동파를 짓부수고 새로운 동북을 건립하자는 결의를 알기 쉬운 우리말의 시어에 담아 생동하게 표현하였다.

이 시기 토비숙청과 함께 괴뢰군, 국민당 잔재세력을 청산하고 근거지를 창설하는 사회현실을 반영한 어휘들이 많이 사용되었다.

- 토비 : 토비, 토비두목, 토비부대, 토비토벌
- 괴뢰 : 괴뢰, 괴뢰군, 괴뢰정권, 괴뢰만주국
- 지주 : 지주, 봉건지주, 악질지주, 봉건세력, 한간, 비적, 주구, 경찰, 특무, 잔재분자, 잔재세력, 민주자위단
- 일본 침략자 : 일본군잔재세력, 일본침략군, 일본제국주의(일제)
- 국민당 반동파 : 국민당, 국민당반동파, 국민당군대, 국민당통치구, 장개석군대, 거류증, 신분증, 호구조사, 수색체포, 반혁명폭동
- 한인교포사무처, 한국독립당, 한국광복군, 한국교포위원회
- 경비퇀, 치안유지회, 보안대, 적군

토지개혁은 민주혁명의 주요한 내용과 과업의 하나로서 해방전쟁시기에 중국공산당의 영도하는 해방구에서 봉건적토지 소유제를 폐제하고 농민들에게 땅을 나누어 줌으로써 농촌의 봉건착취제도를 뒤엎고 농업생산을 발전시키며 근거지를 튼튼히 하고 전선을 지원하는 사업을 추진하게 한 심각한 투쟁이었다.

---

8) 안도현·조선족력사발자취총서편집실 편(1987), 『겨레의 발자취(1)』, 187면.

가을 바람이 높은 하늘 사이로 새여드는 곳
가을절기는 대지를 뒤엎는다.
(…중략…)
평생에 가져보지 못하던 이 밭이 이 논배미가
내 땅이 될 줄이야 내 땅이 될 줄이야.
갈퀴같은 손아귀에 낫들어 가을하리
피줄서린 팔뚝을 키게 내저으며

___ 김진의 서정시 「토지얻은 이 기쁨 쏟아쏟아」[9]

1946년 5월 4일 중공중앙에서는 '청산, 감조 및 토지문제에 관한 지시'(5·4지시)를 내려 동북 각지를 조선인 집거지역들을 비롯한 근거지들에서 토지개혁운동을 일으켰다.

이 시기 토지개혁을 반영한 우리말 어휘를 고찰하면 아래와 같다.

- 토지개혁 : 토지개혁, 토지회의, 생활개선, 양곡, 구제양곡, 양곡산량, 황무지개간, 농민, 농민협회, 토호렬신, 봉건세력, 계급이색분자, 나쁜분자, 공작대, 야학, 적극분자, 빈고농, 중농, 분배, 평균분배, 처단, 숙청, 몰수, 투쟁대회, 혁명, 혁명적간부, 혁명적군중, 공상업, 공상기업소, 공안대, 기간대, 무장민병(지방무장조직), 토비, 한간, 주구, 경찰, 특무, 잔재세력, 괴뢰군, 감조감식, 농회, 토지몰수, 빈고농, 지주, 회억대비, 장부, 괴뢰군, 성분획분, 토지분여, 토지제도, 무장건설, 정권건설, 감조감식, 쏘련홍군, 민족자결, 민족평등

토지개혁의 승리로 토지를 분여 받은 농민들은 적극적으로 참군하여 전선으로 나갔고 담가대, 운수대를 조직하여 전선원호사업을 했다. 하여 노농동맹과 민주정권이 보다 더 튼튼해졌고 민족단결이 강화되었으며 생산이 발전하고 전선원호사업이 한걸음 더 활발히 벌어지게 되었다.

---

9) 고영일 주필(2002), 『중국항일전쟁과 조선민족』, 백암도서출판, 182면.

해방전쟁시기 참군한 청춘남녀들은 전방에 나가 영용히 싸우고 후방에 있는 노약자, 여성들은 전선원호사업에 떨쳐나섰다.

- 참군(參軍) : 군대에 참가하는 것. 곳곳에서 인민들은 인민혁명군부대들을 성심성의껏 원호하였으며 청년들은 앞을 다투어 항일유격대에 참군함
- 담가대(擔架隊) : 들것으로 사람이나 물건을 나르기 위하여 편성한 조직. 학생들도 담가대, 포탄 운반, 간호대 등 전선 원호대를 무음

해방전쟁시기 연길현 지신향 명동촌에서는 선후로 5차례나 담가대대를 조직하였는데 60여 명이나 되는 청장년들이 참가하였고 왕청현 제1 담가대는 해방군을 따라 1,350킬로나 행군하면서 부상자들을 구원하였다[10]고 한다. 연변에서는 1948년에 담가 1,885대를 마련하였고 1만 4,164명이 담가대원으로 전선에 나갔다고 한다.

이때 '참전, 운수대, 식량, 무기, 탄약, 전선근무, 전선원호, 부상병, 철도복구, 방어공사, 근거지, 군대모집' 등 어휘들도 많이 쓰였다.

- 전선원호 : 전쟁, 해방전쟁, 자위전쟁, 참군, 참군참전, 참군열의, 전선, 전선원호, 전선근무, 원호물자, 이불, 솜옷, 겨울신, 군수품, 후방, 전호, 진지, 또치까, 전투, 전투영웅, 전투모범, 열사유가족, 진격, 후퇴, 전투, 전투원, 섬멸, 포로

일제의 통치 시기 동북의 조선인집거지역의 민족 공상업은 파괴되고 농촌경제가 쇠퇴하여져 인민들의 생활은 극도로 곤란하였다. 특히 일제가 망하면서 미친 듯이 파괴를 감행한 데서 공장이 파괴되고 생산이 정지되었으며 거기에 장개석이 내전을 일으키는 바람에 물자 유통마저 봉

---

10) 김철수·강룡범·김철환(1989), 『중국조선족력사상식』, 연변인민출판사, 233면.

쇄되어 인민들은 갖은 생활난에 허덕이었다.

이러한 정황 하에 광복 후 인민의 생활을 개선하고 전선을 원호하는 사업을 추진하기 위하여 전 조선인집거지역을 비롯한 각 근거지들에서 중국공산당의 령도 하에 인민대중을 발동하여 생산운동을 벌리었다.

- 생산운동 : 황무지, 개간, 경작지, 알곡, 공장, 광산, 철도운수, 생산회복, 인민, 인민자위군, 인민정권, 인민정부, 인민해방군, 인민무장력, 해방, 해방구, 동북해방구, 해방군, 인민해방군, 중국인민해방군, 군인가족, 민주, 민주정권, 민주정치, 민주개혁, 민주주의, 신민주주의, 민주자위단, 민주개혁, 민주대동맹, 민주련맹, 평화, 단결, 통일, 새중국, 동북항일련군, 쏘련홍군, 팔로군, 군대

중국의 조선인들은 중국의 여러 민족들과 함께 일본제국주의를 뒤엎고, 토비를 숙청하고, 국민당반동파를 몰아내고 토지개혁을 거쳐 진정한 해방을 맞이하게 된다. 시인 설인은 「양자강가에 봄이 오면」이라는 시에서 아름다운 우리말로 된 시어를 통해 항일전쟁과 제3차 국내혁명전쟁의 빛나는 승리를 격조높이 구가하면서 시의 마지막 부분에 이르러 바야흐로 다가올 새 중국의 탄생의 거창한 앞날을 감명 깊게 노래하고 있다.

이 나라에 봄이 오면 꽃피는 봄이 오면
양자강가에도 봄이 진정 찾아오리니
오래 두고 신음하던 동토는 화창히 풀려 대해에 흐를것이고

궂었던 비바람의 하늘도 맑게 개여
휘영청 낮색을 보이리라.

그러면 이 나라
매맞아 멍이 졌던 인민의 등허리도 펴질것이고
주름잡혔던 어머니의 량미간에도 웃음이 올것이며

동결되였던 아가씨의 얼굴에도 웃음꽃 피리니
종달이도 새 보금자리에서 노래 다시 아름다우리라.

오오
저기 양자의 강가에 봄이 온다.
곤륜의 지붕에도 5억의 가슴 가슴에도
끝없는 래일과 악수하고
실고 기나긴 수천년 무거운 쇠사슬 끊어버리는 우리들의 봄이
저기 파도와 같이 늠실늠실 걸어온다.
(우리는 또 그예 가져와야 하리니…)

_____ 「양자강가에 봄이 오면」(설인, 1949)

시에서 아름다운 우리말 어휘 '꽃피-, 진정, 화창하-, 휘영청, 등허리, 주름잡히-, 보금자리, 가슴가슴, 끝없-, 쇠사슬, 늠실늠실' 등을 사용하여 시의 표현적 효과를 높였을 뿐 아니라 조선말의 보급과 발전에 기여하였다고 말할 수 있다.

1946년 8월 19일 '동북각성시(특별시)민족정책공동시정강령'을 반포하였는데 제18조에 '소수민족의 언어문화, 종교, 신앙과 풍속을 존중한다.'는 규정을 제기하였다.

3) 문예단체의 건립, 문학작품의 창작과 조선어

1946년 초 연변지구에는 '불꽃극단', '길동군구 정치부문공단(후에 연변문공단으로)' 등 조선인 문예단체가 건립되어 토지개혁과 참군참전, 전선지원을 노래한 각종 문예종목프로와 시가를 창작하여 민족문화를 발전시켰다.

흑룡강성 목단강의 '목단강민주련맹문공단', 하르빈의 '송강성 로신문공단', '조선의용군 제3지대선전대', 통화지구의 '리홍광지대선전대' 등

은 모두 이 시기에 건립된 문예단체이다. 이러한 문예단체들은 노동자, 농민들 속에서 생활을 체험하고 창작소재를 수집하였으며 노, 농, 병들 속에서 알기 쉬운 우리말로 공연하여 우리말의 우수성을 세상에 널리 알리고 우리말의 발전을 위해 기여하였다.

이 당시 '목단강민주련맹문공단'에서 공연한 장막극 <너?! 이놈>이 많은 관람자들의 절찬을 받았다[11]고 한다.

이 극본 서두를 일부 인용하면 아래와 같다.

> 8·15의 종소리와 함께 시간은 새로워지며 공장의 력사도 전환되었다. 과거에 고통을 받던 피압박민족, 약소민족은 총궐기하였다. 홍군의 위대한 혜택에 중국과 조선의 해방은 약속되었다. 정의감이 있는자는 솔선하여 전선으로 나가고 련숙, 춘실 등도 역시 인민을 위해 복무하는 사업에 뛰여든다. 극악무도한 남원수는 자기 죄행을 엄폐하면서 교묘한 술책으로 가면을 쓰고 인민의 간부로 등장한다. 이것은 간악한 인간으로서 불가불 걷지 않으면 안될 경우에 하는 당연한 발악의 표현인것이다.
>
> 일찍 남원수의 독수에 피해당했던 인민의 일군 리동철이와 일생을 흡혈당한 누이동생 련숙이의 뜻밖의 상봉의 눈물겨운 장면에서 남원수의 죄행도 낱낱이 폭로되여 마침내 력사의 심판대로 끌려가게 되었으니 이로써 이 사건은 설음속에 기쁨으로, 눈물속에 웃음으로 끝을 막았다.

이 작품에서 첨예하고도 복잡한 극적갈등과 정황 및 계기들을 통하여 긍정인물 이동철을 비롯한 인물과 부정인물인 남원수를 비롯한 여러 인물에 대한 형상을 보다 성공적으로 창작하였다고 할 수 있다. 작품에서의 언어는 아주 정확하고 간결하며 통속적인 언어로 되어있다.

그 당시 가요들도 우리말의 보급과 발전을 위해 큰 기여를 하였는바 그중에서 <토지얻은 기쁨>, <우리의 향토>, <빈고농타령>, <홍안령

---

11) 조성일·권철(1990), 『중국조선족문학사』, 연변인민출판사, 273면.

의 봄>, <동북인민의 봄은 왔다> 등 가요들은 통속적이면서도 강렬한 정치사상성을 띠고 짙은 향토적 색채로 하여 조선인인민들은 물론 여러 인민들의 절찬을 받았다.

오막사리 우리집에도
광명한 새 아침 닥쳐왔다네
에헤라 좋구나 에헤라 좋구좋다
새로운 우리살림 꾸려보세

지주토지 한간토지를
우리손으로 분배하였다네

일터없이 헤매든 우리의
전답과 살림을 장만하였다네

괭이메고 사립나서니
밭마다 기쁨의 노래 부르네

밭가는 우리께 땅주는
공산당 우리의 구성이로세

이곳가득 곡식심어서
배불리 먹고 살게 되었네.

___「토지얻은 기쁨」[12]

이 밖에도 해방군의 영용한 전투와 후방인민들의 참군, 참전과 전선원호투쟁을 반영한 <우리의 패장>, <폭파영웅 조성두>, <흑산저격전의 노래>, <출정>, <참군환송가>, <전선지원가> 등도 창작되었다.

---

12) 안도현·조선인력사발자취총서편찬실(1987), 『겨레의 발자취(1)』, 내부자료, 165면.

소설, 산문창작에서 김창걸의 「담배국」(1946), 리한용의 「전선」(1947), 김창호의 단편소설 「그들의 길」(1948) 등은 당시의 생활모습을 우리 글로 생동하게 반영하여 한마음 한뜻으로 혁명에 몸을 바치는 영웅형상을 부각하였다.

4) 방송, 신문, 출판 사업의 발전과 조선어

방송, 신문, 출판 등 사업에서 중국에서의 조선인들의 언어와 문자사용은 더욱 활약적이었다. 1946년 8월 중공길림성위와 성 정부는 연길에 옮겨오면서 연길에다 '연길신화방송국'을 세우고(1951년 4월 연변인민방송국으로 고침) 해방군의 전방소식과 전선지원 및 지방의 각종 시사, 문예프로 종목을 조선어로 방송하기로 결정지었다. 이 방송은 연변지구 나아가서는 전 동북, 국내외까지 방송되어 조선족 인민들의 사상의식과 전선동원을 고무, 격려하였으며 인민대중의 생산과 생활을 제때에 보도하고 적들의 만행을 폭로함으로써 자기의 역사적 사명을 훌륭히 완수하였다.[13]

조선민족들은 이때로부터 자기의 민족의 언어로 방송하는 중공중앙의 목소리를 들을 수 있었다. 연길시민영조선문신문 『한민일보』를 토대로 연변지구에 『연변일보』를 발행하였다. 후에 『동북조선인민보』로 고쳤는데 사장은 최채였고 부사장은 이욱성이었으며 주필은 백남표였다. 『동북조선인민보』는 중공연변지위의 기관지로서 전 동북 조선인들에게 당의 주장과 정책을 선전하였고 형세의 발전을 제때에 보도함으로써 광범한 조선인민들이 적극적으로 당의 호소에 호응하여 참군참전, 전선원호 사업을 밀고 나가는 데 큰 작용을 하였다.

해방전쟁시기 연변에는 조선글로 꾸린 잡지도 많이 발행하였다. 예하면

---

13) 김영옥(1991), 「해방전쟁시기 연변에서의 조선말과 글의 사용과 보급」, 중국조선어문, 1991년 제6호, 29면.

연길시 청년회에서 꾸린 월간잡지『불꽃』(1945. 12),『신건설』(1946),『대중』
(1948), 길림성 조선족 인민연맹에서 주최하여 꾸린 대형종합잡지『민주』
(1946. 12), 동북조선인민보사에서 꾸린『연변문화』(1948. 10),『농민의 기
쁨』,『소년아동』,『교육통신』(1948. 6) 등은 모두 조선어문자로 출판되고
발행되었다.

　해방전쟁시기 연변조선인인민들은 당의 민족평등, 언어평등의 현명한
민족정책의 배려 하에 간고한 전쟁 년대에도 자기 글과 말을 힘써 배우
고 활용하였으며 조선 글을 연구하고 민족문화와 교육을 더 높은 단계에
로 발전시키기에 노력하였다.

　1945년 이후 동북 근거지 창설 및 토지개혁, 해방전쟁을 반영한 어휘
들은 이외에도 아래와 같은 어휘들도 특색이 있었다.

　　　근거지, 동북근거지, 동만근거지, 북만근거지
　　　유격구, 유격대, 유격전쟁, 중국공산당
　　　소작료, 소작료 인하제, 이자, 이자인하, 임금인상, 노화교육,
　　　민족, 민족평등, 민족단결, 민족차별, 민족정책
　　　교도대, 군정간부, 조선독립대대, 조선의용군, 치안유지회, 청산, 청산대회

　이러한 어휘들은 해방전쟁시기 방송, 신문, 출판물에 늘 출현하는 어
휘들로서 당시 우리말의 사용실태를 보여주었다고 할 수 있다.

3. 해방전쟁시기 조선어 교육

　1945년 8월 15일, 일제가 투항하고 광복을 맞자 중국공산당의 영도
하에 조선족들은 진정한 민족평등 권리를 얻게 되었고 자기 말과 글을

되찾게 되었으며 자기의 민족교육을 자유롭게 발전시킬 수 있게 되었다. 해방전쟁시기 조선족교육은 중국공산당의 평등, 단결, 호조 여러 민족이 공동한 번영, 발전하는 빛나는 민족정책에 의하여 역사상 전례 없는 거족적인 발전을 가져왔다.

1945년 8·15광복을 맞은 후부터 1949년 중화인민공화국 건립까지 중국 조선족 교육은 크게 발전을 가져왔는바 주로 국내해방전쟁을 위한 간부양성과 새 중국의 건립을 위한 신형정규화 교육과정이라고 할 수 있다.

1) 해방 초기 조선족 교육과 조선어

예로부터 남달리 문화교육을 중시해 온 조선족들은 당의 민족정책의 인도 하에 군중자체의 힘에 의하여 학교를 꾸려오던 역사적 전통을 남김 없이 계승, 발양함으로써 일본제국주의 노예교육에 의하여 전면적으로 파괴되었던 조선족교육을 재빨리 회복하고 개혁, 발전시켰다.

1945년 8월 일제가 패망한 후 조선족 교육은 황금시대가 펼쳐지기 시작했다. 이 시기 두 가지 단계로 나누어 볼 수 있다. 첫째 단계는 1945년 8월부터 1948년 8월까지 정치계몽교육을 실시한 시기로서 이 시기의 교육은 해방전쟁과 토지개혁을 실행할 간부를 양성하는 것을 우선으로 하였다. 둘째 단계는 1948년 8월부터 1949년 9월까지의 신형 정규화교육으로의 전환시기로서 이 시기 교육의 중심이 전쟁에서 경제건설로 옮겨졌고 학교의 수도 급증하게 되었다.[14]

조선족 인민들은 구교육의 폐허 위에 민족적이고 과학적이고 대중적인 신민주주의 교육을 건립하였다. 소학교로부터 대학교(사범학교, 유치원교육을 포함)에 이르기까지 일반교육으로부터 종업원, 농민 과외교육에 이

---

14) 이종목(1999), 『중국조선족의 교육한황과 문제』, 현대사회과학연구 제10권, 8면.

르기까지, 학교교육으로부터 사회교육에 이르기까지 비교적 완전한 교육 체계가 형성, 발전하기 시작하였고 각급 각 유형의 학교운영형식도 다종 다양하였다.

해방 후 조선족교육은 국가에서 학교를 운영하였을 뿐 아니라 부문, 단위와 군중집단에서도 학교를 운영하였으며 전일제학교가 있었을 뿐 아니라 반일제, 과외제도 있었다. 이는 당시 해방구 실제로부터 출발하여 형성된 동북해방구특색이 있는 교육체계였다.

해방전쟁시기 조선족 교육은 해방전쟁과 토지개혁을 중심내용으로 하고 조선인의 진보와 발전에 알맞은 민족형식을 취하는 신민주주의교육을 실현하였다. 이는 신민주주의 공성을 전제로 하고 조선인의 개성을 돌출하게 하여 신민주주의 문화와 조선족의 문화를 발전시키는 주요한 방침이었다. 이런 방침 밑에서 조선족 교육은 혁명적 지식인과 혁명 간부를 대량적으로 양성하였다. 이들은 해방전쟁, 토지개혁, 정권건설, 문화교육 등 각 분야에서 주요한 기여를 하였으며 심지어는 귀중한 생명까지 바치었다.

이 시기 당과 정부의 지지 하에 조선인인민들은 신속히 자기 민족 학교를 회복하였고 또 민중의 힘으로 많은 민영학교들을 일떠세웠다. 건국 전야만 하더라도 길림성 관할 하의 조선인소학교 662개소 중에서 민영이 576개소로서 87%에 달하였고 중학교 40개소 중에서 민영이 25개소로서 62.5%에 달하였다. 조선인 학교에서는 모두 조선어로 가르치고 조선어문을 주요과목으로 교수하였다.

1946년 10월 연길시에서는 조선어문교육의 질적 제고를 위한 '한글연구회'가 결성되고 1947년 3월에 조선언어문자를 기본으로 하는 '연변교육출판사'가 설립되어 그해 가을에 첫 '한글'교재(조한문혼용교재, 1953년 추기부터 한자혼용을 폐지)가 출판되었다. 이로써 학교마다 자기 민족어로 된 교재가 없어 자기 나름으로 여기저기에서 베껴 쓰던 분산적이고 원시적인 상태에서 벗어나 자기의 통일적인 교재를 갖게 되었다.

2) 조선족 교육에 대한 중시와 조선어

해방전쟁시기 조선족 교육은 해방전쟁과 토지개혁을 위하여 복무하던 데로부터 점차 생산을 위하여 복무하는 데로, 비정규화로부터 정규화에로 전이하는 과정을 거쳤다. 조선족 교육은 구 교육을 개조하고 새 교육을 건립하는 과정에서 점차적으로 발전하고 자기의 체계와 특점을 형성하였다.

조선족 인민들은 자기에게 부여된 민족평등 권리를 우선 민족교육에서 찾아보았고 학교에서는 여러 가지 학과목 중에서 조선어문을 첫 자리에 놓고 각별히 중시하여 가르쳤으며 군중들 속에서는 문맹을 퇴치하고 자기 말과 글을 배우는 열조가 일으켰다.

해방전쟁시기 아직 입고 먹는 문제가 어려운 상황에서도 벌써 1950년에 중국조선인은 소학교교육을 보급하였고 1958년에 초급중학교교육을 기본상 보급하게 되었다. 문맹퇴치 사업에서도 1958년 초에 연변의 조선인 청장년 가운데서 기본상 문맹을 퇴치하여 전국에서 첫 문화적인 자치주로 되었다. 세인이 괄목할 만한 이런 업적들을 통하여 광대한 군중들은 자기 민족의 언어문자를 더욱 열애하게 되었고 그 속에서 더없는 민족적 자부심과 자신심을 갖게 되었다.

당시 학교교육에서는 정치사상계몽교육을 중심으로 하고 해방전쟁, 토지개혁을 주요한 내용으로 하여 구지식인을 쟁취, 교육, 개조하고 새 지식인을 양성하며 전쟁과 토지개혁 및 다른 각항 사업을 위하여 훌륭한 간부를 많이 양성하는 것을 주요한 과업으로 하였다.[15]

---

15) 박규찬 등(1991), 『중국조선족교육사』, 동북조선민족교육출판사, 199면.

해방전쟁시기 조선족교육은 두 개 시기를 경과하였다.

첫 번째 시기는 정치계몽교육시기(1945년 8월~1948년 8월)로서 당의 중심과업은 우선 군중을 발동하여 근거지를 창설하고 해방전쟁을 원호하고 토지개혁을 진행하는 것이었다. 학교교육사업의 중심과업은 다음으로 당의 중심과업을 실현하기 위하여 지식인을 쟁취하고 그들에게 해방전쟁, 토지개혁과 민족정책을 중심내용으로 하는 정치사상계몽교육을 진행하는 것이었다. 마지막으로 노예교육사상을 숙청하게 하며 일제가 실시한 노예교육제도를 철저히 폐지하고 신민주주의교육제도를 건립하며 해방전쟁과 토지개혁에 수요되는 각 유형의 간부를 양성하는 것이었다. 이때에도 중국에서의 조선어는 당의 중심과업을 실현하는 간부양성의 중요한 역할을 놀았다고 할 수 있다.

두 번째 시기는 신형의 정규화교육에로 넘어가기 시작하는 시기(1948년 8월~1949년 9월)였다. 1948년 11월에 전 동북이 해방됨에 따라 당의 사업중심은 전국의 해방전쟁을 계속 지원하여 농촌해방으로부터 도시해방에로 이르며 경제를 회복하고 생산을 발전시키는 데로 옮겨졌다. 이때 교육 사업은 이 새로운 형세의 발전에 적응하여 사상이 진보적이고 문화지식이 있고 전문기술이 있는 인재를 양성하여야 했다. 바로 인재양성의 이런 수요에 의하여 문화학습을 위주로 하는 신형의 정규화교육을 실시하기 시작하였는바 조선어는 문화지식 전수의 중요한 도구의 역할을 하였다.

1949년 3월에는 자기 민족어로 교수하는 민족대학을 설립하고 자기 민족의 고급 인재와 교원을 양성하게 되었고 자기 민족 어문의 전공학과를 두게 되었다. 동시에 동북3성 각지에서는 조선인사범학교를 세우고 조선어문교원을 비롯하여 많은 교원들을 양성해 냄으로써 조선어의 발전에 큰 기여를 하였다.

3) 당의 교육 방침과 조선어

모택동 동지는 1945년 4월에 발표한 '연합정부를 논함'이라는 노작에서 '중국의 국민문화와 국민교육의 종지는 신민주주의적이어야 한다. 다시 말하여 중국은 민족적, 과학적, 인민대중적인 새로운 문화와 새로운 교육을 건설해야 한다.', '일체 노예적, 봉건주의적 및 파쇼주의적 문화와 교육은 적절하고도 견결한 조치를 취하여 없애버려야 한다.'고 지적하였다. 조선족교육은 이해 9월부터 두 달 동안에 기본상 전면적으로 회복되어 노예교육제도를 폐지하고 신민주주의를 내용으로 한 민족교육체계가 형성, 발전되기 시작하였다.

연변정무의원회에서도 1945년 11월 21일에 제정한 '10대 시정방침'제8조에서 '신민주주의적 문화운동을 일으켜 노예교육을 폐지하고 학교를 회복하여 교원의 대우를 높이고 실학청년을 구제하고 문화단체의 결성과 발전을 방조한다.'고 규정하였다. 그리고 연변전원공서에서는 '조선인들이 정치, 경제, 문화 등 면에서 해방되고 발전할 권리를 향수하게 하고 민족 언어와 문자, 풍속습관, 종교 신앙 등 면에서도 일률로 존중을 받게 한다.'고 명확히 밝힘으로써 연변조선인들이 학교를 세운 후 자기 민족의 언어와 문자를 가르치는 제도를 확립하였다.

조선족 인민들은 신민주주의를 내용으로 하여 자기 민족의 진보와 발전에 유리한 민족형식을 취하여 일본제국주의가 동북에서 실시한 노예교육제도를 폐지하고 신민주주의민족교육체계를 확립하는 데 관한 당의 교육방침과 요구에 따라 원래의 중소학교를 재빨리 회복하고 반인민적인 과정안을 취소하고 자기 민족의 언어문자로 교수하는 민족교육체계를 형성하기 시작하였다.[16]

---

16) 박규찬 주필(1991), 『중국조선족교육사』, 동북조선민족교육출판사, 218면.

길림성교육청의 비서장 여량은 1946년 1월 22일에 『인민일보(조선문판)』
에 발표한 '학교교육을 개진할 데 관한 몇 가지 의견'이라는 글에서 '한
족과 조선인이 잡거하고 있는 지구에서는 한족 학생들이 조선어를 배우
고 조선인 학생들이 한어를 배워야 한다고 강조하고 나서 이는 한족과
조선족 사이에 감정이 어울리게 하고 더욱 단합할 수 있게 하는 주요한
수단이며 경험을 교류하고 보다 풍부한 지식을 소유하여 인민을 위하여
복무하는 데 편리하게 하는 것이므로 민족 간에 서로 언어를 배울 데 대
한 인식을 높여야 한다.'고 지적하였다.[17]

이와 같이 해방전쟁시기 교육사업 방침은 해방전쟁과 토지개혁을 위
하여 복무하며 전국의 정권을 탈취한 후 새 중국을 건설하며 민족자체의
발전을 위해 자신의 간부를 준비하는 것이었다. 길림성립민주학원, 연변
정치간부학교에는 조선족학생이 다수를 차지하였으며 전 동북지구 조선
인의 당기관간부를 양성하는 데 그 목적을 두었다. 학교에서는 조선족학
생들이 졸업한 후 민족집거구에 가서 사업하는 실제 수요로부터 출발하
여 조선족의 언어와 문자를 가르치는 것을 중요한 위치에 놓고 강의하였
다.[18]

이홍광 지대에서는 1946년 2월에 통화에 군정학교를 세웠는바 이 학
교에서는 간부훈련대, 지방대, 청년대 등을 설치하고 1,200여 명의 학생
을 모집하였다. 학습한 과목으로는 '사회과학개론', '통속철학', '사회발
전간사', '조선어', '한어', '수학', '물리', '화학', '군사지식과 기본훈련'
등이 있었다.[19] 1946년 10월에 3지대의 교도대, 선전대, 위생대 등 비전
투일군들이 하르빈에서 철거하여 방정현성에 주둔하고 있는 기간에 전

---

17) 박규찬 주필(1991), 『중국조선족교육사』, 동북조선민족교육출판사, 204면.
18) 김영옥(1991), 「해방전쟁시기 연변에서의 조선말과 글의 사용과 보급」, 중국조선어문,
    1991년 제6호, 29면.
19) 박규찬 주필(1991), 『중국조선족교육사』, 동북조선민족교육출판사, 209면.

투에 참가할 수 없는 16살 이하의 30명 소년을 집중하여 소년대를 꾸리었는바 이 소년대들은 하르빈, 상지, 목란, 통하, 파언 등 현에서 받아들인 고아들이었고 그들에게 주로 정치, 조선어, 수학 등을 가르쳐주었다.

해방전쟁시기 조선족 중소학교교육의 회복, 개혁, 발전 되면서 조선어의 보급도 큰 진보가 있었다. 항일전쟁이 승리한 후 정치상 민족평등의 권리를 얻고 경제상 번신하기 시작한 조선족 인민들은 민족문화 교육 사업을 회복하고 발전시킬 것을 절박히 요구하였다.

연변행정도찰전원공서에서는 1946년 6월 발표한 '길림성 잠정교육방침과 잠행학제 및 과정표준'에 따라 중국어와 한어(韓語), 정치상식, 물리, 화학, 동식물, 생리위생, 수학(대수, 기하, 삼각), 사지(역사, 지리), 부과(음악, 체조, 미술, 수공) 등 과목들로 중학교 과정 안을 작성하였다. 한족학생들에게는 조선어를, 조선족학생들에게는 한어를 가르치되 한 주일에 적어도 4시간 내지 5시간을 가르치도록 하였다.

1946년 8월 19일 '동북각성시(특별시)민족정책공동시정강령'을 반포하였는바 제 18조에는 '소수민족의 언어문화, 종교, 신앙과 풍속을 존중한다.'는 규정을 제기되었고, 동북행정위원회에서 1946년 9월 반포한 '학교교육을 개조하고 동학운동을 전개할 데 관한 지시'에서도 모택동 동지가 제기한 신민주주의 교육방침에 좇아 동북해방구 교육사업의 총적인 방침을 '일제강점시기의 노예교육과 장개석의 봉건적, 파쇼적 교육의 유독과 영향을 가일층 숙청하며 민족적이고, 민주적이고, 대중적이고, 과학적인 신민주주의 교육을 확립하여 교육으로 하여금 신민주주의의 정치적 투쟁을 위하여 복무하게 하며 동북인민들의 평화민주건설을 위하여 복무하게 하는 것이다.'라고 제기하였다.

1946년 8월 25일에 용정시에서는 중소학교를 개편하는 위원회를 내오고 용정에 있는 은진, 명신, 대성, 동흥, 영신, 근하(광명) 등 6개 중학교를 통합하여 길림성 용정중학교로 하고 9월 16일에 개학하였다. 9월 17일

에는 용정의 '3·1'소학교, 청구소학교, 동광소학교, 동명소학교가 통합
되어 완전소학교로 되었다.

1946년 9월 15일에 중학교를 통합하는 위원회를 조직하고 25일에 고
려여자중학교, 연길중학교, 광성중학교를 통합하여 길림성립 연길제2중
학교로 하였는데 이호원이 이 학교 교장직을 맡아보았다.

해방전쟁시기 학생들을 우리말로 하는 고생살이 하소연, 회억, 탄백,
심사, 군중투쟁 등 활동에 참가시켜 사상회억운동과 정치성을 띤 탄백운
동을 통하여 학생들의 계급각성을 높이었으며 혁명정서를 높였다. 화룡
현정부에서는 1947년 7월 여름방학을 이용하여 1개월 동안의 교원강습
회를 열고 탄백활동을 벌리었고 같은 해 7월에 연길현에서도 교원들의
고생살이하소연, 탄백, 투쟁대회를 열었다. 이 시기 우리말과 우리글을
이용한 고생살이 하소연, 회억, 탄백, 심사, 투쟁 등 형식으로 진행된 사
상개조운동은 교원과 학생들의 노예사상과 맹목적인 전통사상을 숙청하
며 학교에서 나쁜 분자를 숙청하는 데 있어서 일정한 역할을 놀았다.[20]

동북해방구 각 지방의 중학교들에서는 1947년 8월에 소집된 동북해방
구 제1차 회의가 있은 후 이해 9월 13일에 반포된 '교육사업에 관한 지
시'의 기본정신에 따라 해방전쟁과 토지개혁을 중심내용으로 하여 노예
교육의 영향 하에 형성된 노예사상과 미제국주의에 대한 공포심을 숙청
하는 것을 주요한 목표로 하는 사상개조교양을 전면적으로 진행하였
다.[21]

동북행정위원회에서는 1948년 2월 13일에 '중등교육에 관한 지시'를
하달하였다. 이 지시에서는 문화지식과목의 분량이 정치과목보다 많아야
한다고 지적한 동시에 정치과목과 문화지식과목의 관계를 대립시켜서는
안 되며 사상교양을 전반 교육과 교수 과정에서 관철해야 한다고 제기하

---

20) 박규찬 주필(1991), 『중국조선족교육사』, 동북조선민족교육출판사, 237면.
21) 박규찬 주필(1991), 『중국조선족교육사』, 동북조선민족교육출판사, 233면.

였다. 이때로부터 조선인교육은 신형의 정규화교육에로 넘어가기 시작하였다. 동북행정위원회에서 하달한 '중등교육에 관한 지시'에서는 중등학교학과목을 정치상식, 국문, 수학, 역사, 지리, 자연 등 6개 과목으로 규정하였다.

연변에서는 이 지시정신에 따라 중학교 과정 안을 다음과 같이 배정하였다.

과 목	어 문		정치 상식	역사	지시	수학	자연	부 과			
	조선어	중어한어						체육	음악	미술	노동
시간표	63	4	3	2	6	5	3~5			

1948년 12월 9일에 제정한 '민족정책 중의 몇 개 문제에 대하여'라는 초안에서도 '문화건설을 강화하여 인민들의 계급적 각성을 높여야 한다. 문화건설의 기본방향은 민족적 형식으로 신민주주의내용을 관찰하는 것이어야 한다. 구체적으로 국제주의 정신과 혁명적 과학지식으로 조선인민을 무장함으로써 제국주의, 봉건주의적 문화를 드팀없이 반대하며 대한족주의와 협애한 민족주의의 잔재를 극복해야 한다. 이것이 곧 무산계급이 영도하는 인민대중의 반제, 반봉건, 반관료자본주의의 신민주주의 문화이다.'라는 문화교육방침을 제기하였다.

해방전쟁시기 역시 조선어문 과목은 다른 기타 학과목학습을 잘할 수 있는 공동기초과의 역할을 놀았다. 때문에 정부에서는 교원들에게 어문교수를 학교교수의 주요한 위치에 놓고 가르칠 것을 강조하였으며 1948년도 과정 안에 소학교 하급학년에서는 매주에 조선어(1952년 상반년까지 조선어를 한글이라고 함) 수업시간을 6교시로, 상급학년은 7교시로, 중학교는 각 학년에 6교시로 배정하였다.[22]

해방 후 많은 지구에서는 혁명적인 군중단체조직의 지도 하에 이전의 중소학교를 회복하였으나 영도간부의 부족으로 하여 근근이 원래의 상태를 유지하는 정도였고 농촌에서 꾸리는 민영학교에 대한 운영은 실지상 자유분임하고 있었다. 조선족 인민들은 동북해방구 제1차 교육회의의 정신에 따라 교육을 통하여 해방전쟁, 토지개혁, 경제건설, 정권건설의 수요에 적응할 수 있는 인재를 양성하기 위하여 일반교육에서 간부교육을 첫째로 하고 국민교육을 둘째로 하며, 기초교육에서는 중학교교육을 첫째로 하고, 국민교육에서는 성인교육을 첫째로 하는 교육사업 방침을 취하였다.[23]

해방전쟁시기에 물력, 재력, 인력의 제한으로 하여 정부에서는 많은 학교를 운영할 수 없었다. 이런 실정으로부터 출발하여 동북에서는 '인민들이 동원되어 자체로 학교를 꾸리며 정부에서 방조'하는 원칙을 제정하여 정부에서 학교를 꾸리는 것과 이는 조선족초등교육을 재빨리 보급하는 정확한 시책이었다. 그리고 해방전쟁과 토지개혁의 실제 수요에 적응하기 위하여 학제, 고정안 및 운영형식에서 여러 가지 같지 않은 영활성 있는 형식을 취하였고 본 민족언어문자로 교수하는 제도를 확립하였다.

이는 민족 언어문자 사용에서의 평등을 담보하는 당의 정책이 학교교육에 구현된 것으로서 조선족의 우량한 문화전통을 계승하고 발전시키며 새 문화교육을 빠른 속도로 발전시킬 수 있도록 조건을 마련하여 주었다. 그리고 조선인은 한어를 학습하며 조선인거주구역에서 살고 있는 한족은 조선어를 학습해야 한다는 것을 제기하였다.

---

22) 김영옥(1991), 「해방전쟁시기 연변에서의 조선말과 글의 사용과 보급」, 중국조선어문, 1991년 제6호, 26면.
23) 박규찬 주필(1991), 『중국조선족교육사』, 동북조선민족교육출판사, 203면.

4) 언어와 문학의 교육과 조선어

1948년 11월에 전 동북이 해방됨에 따라 당의 사업 중심이 농촌으로 부터 도시에로, 해방전쟁으로부터 경제건설에로 옮겨졌다. 하여 경제, 문화 건설에 필요되는 여러 유형의 조선인인재를 양성해야 할 새로운 과업이 나서게 되었다.[24]

연변전원공서 전원이며 중공연변지방위원회의 부서기였던 임춘추는 1948년 10월 연변민족사업 좌담회의를 소집하였다. 이 회의에서 연변에 민족대학을 창설하자는 의견을 내놓았고 12월초에 이 의견을 길림성민족사업 좌담회의에 제기하였다. 이 회의에서는 민족대학은 조선인간부를 양성하는 것을 주요한 목표로 한다는 것을 확정하여 이 의안을 중공길림성위에 보고하였다. 중공길림성위에서는 12월 중순에 중공중안 동북구에 조선민족대학을 창립할 데 관한 방안을 제기하여 동의를 얻었다.

1949년 2월 18일에 준비위원회에서는 교명을 '동북조선인민대학'으로 하자고 제기하였는데 동북행정위원회에서는 교명을 지방이름에 좇아 '연길대학'으로 하라고 통지하였다. 당시 농학부와 의학부를 용정에 설치하게 되는 정황에서 연변대학으로 고칠 것을 다시 보고하여 교명을 연변대학이라고 하였다.

1949년 3월에 동북3성에서 학생을 367명 모집하고 3월 20일에 연길 쓰딸린극장에서 개학식을 거행하였다. 교장은 중공연변지방위원회의 서기 주덕해가 겸임하고 부교장은 임민호가 맡았다. 전국에서 처음으로 되는 민족대학인 연변대학의 창립은 위대한 중국공산당 민족정책의 빛나는 구현으로 되며 조선족교육의 발전사에 새 기원을 열어주었다. 연변대학은 문과, 이과, 공과, 의과, 농과 등 학과를 망라한 민족종합대학으로서

---

24) 박규찬 주필(1991), 『중국조선족교육사』, 동북조선민족교육출판사, 247면.

혁명사상과 전문지식을 소유한 조선인 국가건설인재와 민족지구건설인 재를 양성하는 것을 그 목적으로 하였다.

연변대학은 창립초기 학교의 사상정치교양사업과 문과전공과 학과 관리 면에서는 주로 노해방구의 교육경험을 계승하고 발전시켰으며 이과, 공과, 의과, 농과 등 전공학과 관리에서는 주로 일본고등학교 교육경험을 인입하였다. 그리고 과정설치에서 마르크스-레닌주의이론, 소련공산당당사, 조선어(문과), 한어, 로어 등 공동학과목들을 설치하였으며 교수용어는 자기의 민족 언어문자로 하였다.

연변대학은 창립될 때부터 당의 교육방침을 관철한 동시에 조선인의 특점을 구현하려 하였다. 우선 학생모집대상을 주로 동북지구의 조선인 청년학생으로 규정하였고 조선인의 언어문자와 조선민족의 우수한 역사 문화유산을 계승하고 발전시키기 위하여 조선어문학과를 설치하였으며 조선어와 역사 등 전공학과에 조선어문과 조선역사에 유관된 학과목을 배정하였다. 다음으로 교수 용어를 조선어로 하였으며 그 당시 조선인학생들의 한어수준이 낮은 실정에 비추어 1, 2, 3학년에 중국어문(후에 현대한어로 고쳤음)과목을 공공필수과목으로 배정했다. 그리고 학교간부와 교원대오의 절대다수가 조선인으로 되었으며 창립시기부터 자기 민족의 교원대오건설을 중시하여왔다.

연변대학이 창립되면서부터 조선인의 고등교육은 연변대학에 집중되었으며 이때로부터 조선인이 신형의 정규화한 고등교육체계가 형성, 발전되기 시작하였다[25]고 말할 수 있다.

자신의 언어와 문학을 가르치는 민족대학이 있음으로 하여 중국에서의 조선어와 조선문학의 교육과 발전이 더욱 유리하였고 조선어의 전문지식을 장악한 우수한 조선어인재가 양성됨으로 하여 조선어가 더욱 빨

---

25) 박규찬 주필(1991), 『중국조선족교육사』, 동북조선민족교육출판사, 254면.

리 발전할 수가 있었다.

5) 교육을 위한 교재건설과 조선어

해방 후 당의 언어평등정책이 실현됨에 따라 조선족 인민들은 일제의 강점시기 노예교육정책에 의하여 빼앗겼던 자기의 언어문자를 사용하고 발전시킬 자유와 권리를 되찾게 되었다. 하여 소학교교육부터 대학에 이르기까지 자기 언어문자로 수업하는 민족교육체계를 형성할 수 있는 조건을 마련하였다.

1946년 9월 연길시에서 중소학교 각 학과목교재를 편집하고 심사하는 연변교육연구회를 결성하고 연변전원공서 교육과장 환석도를 주임으로, 연변전원공서 독학 김유훈, 김평 등 8명을 위원으로 하였다. 이 연구회 취지는 중소학교 학생들에게 새 사회혁명에 관한 교양을 진행하며 중소학교교재를 연구, 심사하는 사업을 조직하는 데 있었다.

같은 해 11월 26일에 '연길조선문교재편집위원회'를 조직하고 길림성 민주련맹주석 이호원을 주임으로 하고 임민호를 부주임으로 하여 24명의 위원을 두었다. 길림성 민주연맹에서는 1946년 10월 9일에 연길시 제2중학교에서 '훈민정음' 발표 500주년을 기념하는 모임을 가졌는바 이 모임에서 '한글연구회'를 내오기로 결의하고 10명의 준비위원을 선거하였다. 그해 10월 13일에 연길시 각 문화단체대표 40여 명이 연길시 제2중학교에 모여 '한글연구회'를 창립하였고 각 학교와 문화단체에서도 '한글연구회'분회를 창립하기로 하였다. 연구회 회원들은 한 달에 한 번씩 연구토론모임을 가지도록 하였다.[26]

중국에서의 조선어문은 처음에 우리말로 된 한자와 조선어의 언문(諺

---

26) 박규찬 주필(1991), 『중국조선족교육사』, 동북조선민족교육출판사, 259면.

文)의 혼용체를 쓰다가 1951년 동북국교재출판회의에서 한자사용을 취소하기로 결정하고 1953년 가을부터 정식으로 조선어교과서에서 조선 문자로만 썼다.

학교는 자기 민족의 언어와 문자를 사용하고 발전시키는 주요한 장소이다. 그리고 조선어문 과목은 다른 학과목을 잘 학습할 수 있는 공동기초의 역할을 하므로 학교에서 자기 민족의 어문교육의 질을 제고하는 것은 민족어문을 보급하고 제고하며 자기 민족의 우수한 문화전통을 계승하고 발전시킴에 있어서 자못 중대한 의의를 가진다. 때문에 해방초기부터 조선인학교교육에서는 조선어문 학과목을 매우 주요한 위치에 놓았다. 1948년도의 연변조선인 학교 과정안에 의하면 매주 한글수업시간을 소학교 하급학년에 6교시, 상급학년에 7교시로, 중학교 각 학년에 6교시로 배정하였다. 그리고 각 학과목의 교과서도 자기 민족의 언어와 문자로 편집하기 시작하였다.

해방초기에 조선어교과서는 통일된 것이 없이 동북 각 지방에서 자기로 편집하였다. 당시 조선어교과서는 문과 도(道)의 관계를 크게 고려함이 없이 조선어를 읽고 쓸 수 있는 기능을 익히는 데 치중하였기 때문에 교과서의 방향성과 현실성, 과학성과 사상성을 결부함이 부족함도 보였다.

1947년 3월 24일에 연변교육출판사가 창립되어 이해 가을에 소학교와 초중의 『한글』, 『정치상식』, 『역사』(조선역사) 등 교과서를 편집, 출판하였으며 1948년에는 소학교 『산술』, 『자연』, 『지리(조선지리, 동북지리)』 등 교과서를 편집, 출판하였다.

1949년에는 초중 『중국어』, 『대수』, 『기하』, 『물리』, 『화학』, 『식물』, 『동물』, 『생리』, 『광물』 등 교과서를 편집, 출판하였으며 고중의 7개 과목의 교과서도 편집, 번역, 출판하였다. 이런 교과서들은 1947년에는 연변에만 공급하였는데 1948년부터는 동북의 각 해방구 조선인학교에 공급하여 사용하게 하였다.[27]

연변교육출판사에서는 창립된 초기, 즉 1947년부터 1948년 사이에 정치교과서는 노해방구의 정치도서를 번역, 출판하였고 중국역사 과목 외의 사회과학교과서들은 조선민주주의인민공화국에서 소련 교과서를 번역, 출판한 것을 판본으로 하여 조선역사, 조선지리 등 교과서를 수정, 출판하였고 생리, 광물 등 자연학과는 위만주국시기의 교과서를 번역, 출판하였다.

1946년 9월 연길시에 연변교육연구회를 결성했고 같은 해 11월에 연길조선문교재편집위원회를 조직하고 1951년 동북국교재출판회의에서 한자사용을 취소하였으며, 1947년 3월 24일에 연변교육출판사가 창립되어 중국에서의 소학교와 초중, 교중 교재 편집, 출판 등은 모두 중국에서의 조선말과 글의 교육 보급과 발전을 위해 남다른 힘을 기울였다는 것을 알 수 있으며 이 과정에 또한 조선어가 더욱 발전할 수 있는 계기가 마련되었다.

총적으로 해방전쟁시기 초기 조선어교육, 그 후 조선어교육에 대한 중국공산당의 중시, 당의 정확한 교육방침, 정책의 배려 및 조선 언어와 문학교육을 위한 대학교육, 어문교육을 위한 교재건설 등을 통하여 조선어의 변화와 발전을 가져올 수 있는 좋은 도경을 마련했다고 할 수 있다.

4. 해방전쟁시기 조선어 체계

일제가 투항하고 광복을 맞아 중국조선족들은 중공당의 영도 하에 자기의 말과 글을 되찾게 되었고 자기의 민족교육을 자유로이 발전시킬 수

---

27) 박규찬 주필(1991), 『중국조선인교육사』, 동북조선민족교육출판사, 261면.

있었는바 이 시기 중국에서의 조선어는 더욱 큰 발전을 가져왔으며 중국
에서의 조선어의 체계가 완전히 확립되었다고 말할 수 있다.

이 시기의 문학작품에 반영된 언어 자료를 찾아보면 아래와 같다.

> 무너진 포대에는
> 어제밤에 그 동무가
> 위대한 승리는 가슴에 품고
> 히쭉 웃는 얼굴에 지뢰를 안고
> 용감하게 돌진하여 포대와 함께
> 산화한 동무의 피어린 자욱
> 무너진 포대에서 고이 자는 동무야
> 웃어다오 오늘은 동무 원쑤 갚았다.
> 너의 죽음 혁명승리 초석이였고
> 헐벗은자 해방의 어머니였다.
> 들어다오 맹세한다
> 그의 정신 본받아
> 동무한테 지지 않게
> 오늘도 싸움터로 적을 찌르러.

___ 가사 「지뢰수 조성두용사」[28]

따쟝디스훌(打仗的時候兒 중국어, 뜻은 전쟁할 때)이라는 별명을 갖인
문정삼은 조선의용군 제×지대에서 제一가는 게으름보였다. 그는 十六시
간 수면제(睡眠劑)의 제창자였다. 그가 말을하는것은 불가부득한 반듯이
하지않으면 않될 도저히 그낭은 통과할수 없는 경우에 한(限)한 것이였다.
그의 말하는 속도는 흡사 축음기가 태엽이 거이 다 풀려갈때에 내는 그러
한 종류의것이였다.

군관학교 시절의 일이였다. 일요일날 외출때 복장검사를 하다가 구대장
(區隊長)이 그의 때낀 얼굴을 보고 (너는 대체 언제 얼굴을 씻어봤느냐?
평생 얼굴은 씻지 않고 사느냐?) 하고 물으니까 (천만에요. 달(月)마다한번

---

28) 조성일 · 권철(1990), 『중국조선족문학사』, 연변인민출판사, 265면.

두 빼놓찮구 싶습니다)이렇게 대답하고 태연하든 그였다.

___ 김학철 단편소설 「담배국」[29]

위의 언어적 자료에서 보여주듯이 해방전쟁시기 중국에서의 조선어는 이미 현대조선어의 체계가 확립되었다고 할 수 있다. 아래 어음, 어휘, 문법 등 면에서 이 시기 언어적 특성에 고찰해 본다.

1) 어음체계의 특성

해방전쟁시기 중국에서의 조선어 어음체계는 자음에는 순한소리 'ㅂ, ㄷ, ㅅ, ㅈ, ㄱ, ㅎ', 거센소리 'ㅍ, ㅌ, ㅋ, ㅊ', 된소리 'ㄲ, ㄸ, ㅃ, ㅆ, ㅉ'의 3계열이 있고 유향자음으로 'ㄴ, ㄹ, ㅁ, ㅇ'가 있었다.

> 가. 석가장에서 서남(西南)으로 떨어지기 삼십이키로 태행산맥(太行山脈)과 기중평원(冀中平原)이 맞닿은곳 호가장.
> 태평양전쟁(太平洋戰爭)이 폭발하고 나흘이 지난날 새벽네시.
> 『적습(敵襲)! 동무들, 적습!』.
> 보초(步哨)가 뛰여들어오며 웨치는 소리에놀라깨인 조선의용군제이대(第二隊)의 열아홉명은
> 『뭐? 적습?』
> 급하게 무장(武裝)을 하면서
> 『우군(友軍)이 아니야? 팔로군(八路軍)』하고 물었다.
> 그 전날 그 부근에선 적군과 충돌하여 격전(激戰)이 있은후 오늘 여기서 합류(合流)하기로 약속하고 헤여진 팔로군 호위대(護衛隊)삼백명이 오는것을 잘못인식(認識)했나 하는데서 오는 반문(反問)이었다.
> 그러나 보초의 대답은 적의 포탄(砲彈)이 대신 해주었다.
> (쿵 우루룽)하는 작렬성(炸裂聲)과 함께 적의 박격포(迫擊砲)탄이 날러와 터지며 벽돌과 기와 흙과 회(灰)를 산산히 부셔서 날려보냈다.

---

29) 『문학』 창간호, 1946년 7월.

이어서 기관총이 가로뿌리는 우박같이 그 철알을 뿌리어왔다.

나. 전대 (全隊)를 살리기 위하야적의 추격을 맞어서 싸울 희생(犧牲)—
나드 남었다.

다. 저쪽 바위뒤에서 어떤동무가 자기가 명중(命中)시켜서 굴어떨어지
는 적병의 수 (數)를 헤고있다.

라. 날창이 부러지면 총ㅅ대를 꺼꾸로 들고 볕으로 쌀을 치듯이 적의두
개골을 후려갈기기 얼마.

___ 김학철 단편소설 「아 아 胡家粧」30)

문헌에서 표기된 순한소리에 대응되는 거센소리와 된소리를 표기를
보면 아래와 같다.

- 거센소리표기 : 키로, 태행산맥, 평원, 태평양, 보초, 팔로군, 충돌, 포
탄, 쿵, 기관총, 터지—
- 된소리표기 : 함께, 놀라깨—, 떨어지—, 뿌리—, 쌀— 싸우—, 저쪽

이와 같이 이 시기 자음체계에서 폐쇄음(파열음)과 파찰음은 무성음과
유성음의 대립이 없는 대신 순한소리와 거센소리, 된소리 3계열로 변별
되는 질서정연한 체계를 갖추고 있는 것이 특징적이다.

순한소리 'ㄱ, ㄷ, ㅂ, ㅈ'은 약한 기류를 동반한 무성음이며 모음사이
에서 유성음으로 실현되고, 거센소리, 즉 유기음 'ㅋ, ㅌ, ㅍ, ㅊ'은 강한
기류를 수반한 무성음으로 실현되며, 된소리 'ㄲ, ㄸ, ㅃ, ㅉ'은 성문의
폐쇄를 수반한 무성음으로 된다.

마찰음의 순한소리 'ㅅ'과 된소리 'ㅆ'은 거센소리가 없고 발음할 때
언제나 무성음으로 실현되며, 'ㅎ'은 그것에 대응하는 된소리를 가지고
있지 않다. 유음 'ㄹ'는 초성의 위치나 모음사이에서는 탄설음 [r]로, 종

---

30) 『新天地(1~4)』, 1946년 5월.

성의 위치에서는 설측음 [l]로 실현된다.

현대조선어의 기본모음은 모두 10개로서 'ㅏ, ㅓ, ㅗ, ㅜ, ㅡ, ㅣ, ㅐ, ㅔ, ㅚ, ㅟ' 등으로 나눈다. 모음은 혀의 위치 및 입술의 모양으로 분류되며, 혀의 위치는 다시 위치의 높낮이와 전후로 나뉘어 분류된다. 혀의 높낮이에 의해 높은모음, 반 높은모음, 반 낮은모음, 낮은모음으로, 혀의 전후에 따라 전설모음, 중설모음, 후설모음으로 분류되고 입술의 모양으로 나눌 때는 원순모음, 평순모음으로 분류된다.

모음은 단모음 음소 이외에 반모음 음소 [w]와 [j]가 더 있다. 그리고 이들과 단모음이 결합하여 이루어진 이중 겹모음들로 '와, 워, 왜, 웨, 야, 여, 요, 유, 애, 예, 의' 등이 있다. 이들 중 '의'는 특이한 이중 겹모음이다. 다른 [j]계 이중모음은 모두 [j]가 모음 앞에 결합하는데 '의'만은 모음 뒤에 결합된 것이다.

어음변화을 보면 현대조선어는 어두에 자음이 하나밖에 허용되지 않는다. 음절 끝에서도 표기상 자음이 2개가 오더라도 발음에 있어서는 하나로 밖에 실현될 수 없으며, 그 자리에 올수 있는 자음도 'ㄱ, ㄴ, ㄷ, ㄹ, ㅁ, ㅂ, ㅇ' 등 일곱 개뿐이다. 음절 끝에 올수 있는 7개 자음 외에 다른 자음이 오면 그것은 7자음 가운데 어느 하나로 중화되는데 'ㅅ, ㅆ, ㅈ, ㅊ, ㅌ' 등은 'ㄷ'으로, 'ㅍ'은 'ㅂ'으로, 'ㅋ, ㄲ'은 'ㄱ'으로 발음된다. 이처럼 처음에 대립되던 음소들이 특정 환경에서 대립을 상실하는 현상을 중화라고 한다.

음절 끝에 올 수 있는 7개 자음 중의 폐쇄음 다음에 비음 'ㄴ, ㅁ'이 오면 'ㄱ, ㄷ, ㅂ'은 각각 조음위치가 같은 비음 'ㅇ, ㄴ, ㅁ'으로 실현되어 폐쇄음이 비음 앞에 이웃할 수 없음을 보여준다. 'ㄹ'는 'ㄹ' 이외의 어떠한 음절말 자음과도 이웃해 분포하지 않는다.

비음화는 폐쇄음이 뒤에 오는 비음에 동화되어 비음으로 바뀌는 현상으로 '독립→독닙→동닙, 십리→십니→심니' 등에서처럼 뒤에 오는 자음이 '르'이던 것이 일단 'ㄴ'으로 바뀐 다음에 일어나기도 한다. 앞의 비음화와 비슷한 동화로 '천리 → 철리, 논리 → 놀리, 칼날→칼랄' 등에서처럼 '르'과 'ㄴ'이 만났을 때 '르'의 영향으로 'ㄴ'이 '르'로 바뀌는 설측음화도 있다.

이중모음 '애, 예, 의' 앞에는 자음이 잘 분포하지 않으며 철자법에서는 '계산(計算), 실례(失禮), 희망(希望), 무늬' 등과 같은 예가 있으나, 실제로는 '예 → 에', '의 → 이'로 실현되어 '게산, 히망, 무니'로 되며 '애'의 경우 '그 아이, 저 아이'의 준말 '걔, 쟤' 정도가 있을 뿐이고 그나마 이중모음의 실현은 그리 명백하지 않다.

구개음화는 이 시기에도 '밭이 → 바치', '같이 → 가치', '굳이 → 구지' 등이나 일부 방언에서 '길>질, 기름>지름, 키(箕)>치, 끼다>찌다' 등과 같은 뒤 자음이 뒤에 오는 모음 '이'나 반모음 [j]의 영향을 받아서 구개음으로 바뀌는 현상이 계속된다. 그러나 '텬지(天地)>천지>천지, 디다>지다'와 같은 형태소 내부의 구개음화는 이미 끝나는 단계에 있고 '같이>가치'와 같이 형태소와 형태소 사이에서 한정되어 발음되고 있다. 그러나 '길>질, 기름>지름, 힘줄>심줄'과 같은 'ㄱ, ㅋ, ㅎ'의 구개음화는 비규범적인 것으로 중국조선인들의 일부 방언에서만 허용되었다.

그리고 '디디다, 티, 띠' 같은 구개음화가 설립될 법한 조건이지만 이는 '텬지>천지'의 규칙이 적용되던 시기에는 '디듸다, 틔, 띄'와 같은 겹모음이었기에 그 규칙의 적용을 받지 못하였고 현대에는 형태소내부의 구개음화를 허용하지 않으므로 그대로 발음한다.

이밖에 이 시기 중국조선어에서 어음변화현상에는 표준발음이 아닌 앞모음화현상과 그 밖에 모음조화현상들도 나타나고 있다. 앞모음화 현상은 '아비 → 애비, 손잡이 → 손잽이, 죽이다 → 쥑이다, 학교 → 핵교, 구경 → 귀경' 등에서처럼 뒤에 오는 모음 '이'나 반모음 [j]의 영향으로 그 앞의 모음 '아, 어, 오, 우' 등이 '애, 에, 외, 위'로 바뀌는 현상인데 표준

발음으로 인정하지 않는다.

모음조화는 전 시기에 비해 극도로 쇠퇴했으나 아직도 언중에게 분명히 인식되고 있는데 일종의 동화로 앞의 것들과 다른 점은 기본형이 주위 환경에 의하여 동화된 것이 아니라 처음부터 양성모음 '아, 오'계열과 음성모음 '어, 우'의 계열의 대립을 주축으로 의성의태어에 현저히 나타나는 점이다. '팔팔—펄펄, 찰찰—철철, 알록달록—얼룩덜룩' 등의 의성의태어에서 그 일단을 엿볼 수 있지만 중세조선어에 비하여 엄격하지는 못하다. 용언의 활용에서는 겨우 '-아/-어'에 그 잔영을 남기고 있는데 '모아라, 작았다, 얻어라, 적었다, 비었다' 등과 같은 현상이다.

2) 문법적 형태의 특성

문법적 형태란 문장에서 단어와 단어들 사이의 문법적 관계를 나타내는 형태소로서 이 시기 현대조선어 문법적형태가 확립되었다고 말할 수 있다.

『보고(報告)지대장 준비 다 됐습니다』
『오』
지대장은 담배을 끄고 의자에서 일어나서 취사위원의 뒤를 따라 밖으로나갔다.
숙영지(宿營地)의 점심 — 실상은 조반이였다. 밤새도록 행군하다가 해가 떠서야 설영을한 부대는 해가 하늘 한복판에 와서야 겨우 그날의 첫번 식사를 하게됐든것이다. 그러나 오랜 전란(戰亂)에 황페(荒費)한 이 지대(地帶)에는 식량란이 심하였다. 주식물(主食物)의 급양은 그럭 되여갖지만 부식물의 공급은 이에따르지 못했다. 항일(抗日)하는 각 부대는 부식물의 기근이 들었다.
소금밥 싸움터에서 먹는것 이외에는 아무런 낙(樂)도 없는 군인들에게 이것은 참기어려운일의 하나였다.

조선의용군 제×지대의 오늘 오찬(午餐)이 바로 그 소금밥이였다. 식사 나팔이 힘차게 불어지고 전 지대원이 와르르하고 그러나 질서정연하게 모여들었다.

『동무들!오늘 우리의 취사원들은 전력을 다하야 우리들의 량식문제를 해결하려고 노력했오. 그러나 주위의 환경과 모든 불리한 조건이 그들의 공작을…』

지대장의 말은 더 듣지않아도 대원들은 그 앞에 놓여있는 허—연 왕소금을 보는것만으로 충분히 이해할수 있는것이였다.

『…그러나 혁명군인이란 곤난을 극복하고…』

___ 김학철 단편소설 「담배국」(1946)

현대조선어 문법에서 체언 뒤에 오는 문법형태는 체언토라는 말로 일괄해 부르고 있으나 그 수가 엄청나며 그 기능은 주로 격(格)과 기타 보조적 역할로 나타난다. 격형태에는 '주격토, 속격토, 대격토, 여격토, 위격토, 조격토, 구격토, 호격토' 등이 있는데, 이들 토는 그 앞의 명사 및 명사구와 그 뒤의 어떤 단어 사이의 문장론적 여러 관계를 나타내주는 역할을 한다.

위의 문장에서 문법적 형태를 고찰하면 아래와 같다.

지대장은 담배을 끄고 의자에서 일어나서 취사위원의 뒤를 따라 밖으로나갔다.

숙영지(宿營地)의 점심 — 실상은 조반이였다. 밤새도록 행군하다가 해가 떠서야 설영을한 부대는 해가 하눌 한복판에 와서야 겨우 그날의 첫번 식사를 하게됐든것이다. —『동무들!오늘 우리의 취사원들은 전력을 다하야 우리들의 량식문제를 해결하려고 노력했오. 그러나 주위의 환경과 모든 불리한 조건이 그들의 공작을…』

체언토에는 이들 밖에도 '만, 도, 은/는, 조차, 마저, 까지, 부터, 이야말로' 등과 같이 명사에만 결합되는 것이 아니라 부사나 용언의 활용형 등에도 결합하는 도움형태도 있다. 또한 체언토들이 결합되어 '-에의, -에게서, 만큼은, -에서부터가' 등처럼 복합 형태로 쓰이기도 하며 '-보다, -뿐'과 같은 형태는 '보다 더 큰, 뿐만 아니라'에서처럼 부사나 형식명사로 바뀌는 현상이 나타나기도 한다.

체언토는 '까지'처럼 체언에서 유래한 것도 있지만 '부터, 보다, 더불어, 조차'처럼 용언에서 유래한 것도 있다. 조선어에서 여러 체언이 나열될 때 일반적으로 '와 / 과'를 붙이고 문장 안에서 그 체언들의 자격표시는 마지막 체언에 격토를 붙여 이루어진다.

數(數)에 대해서는 철저하지 않은 편으로 복수를 나타내는 복수토 '-들'이 있으나 그 사용이 필수적인 것은 아니며 오히려 '많은 사람'과 같이 이미 복수임을 암시하는 말이 있을 때는 복수토를 쓰지 않는 것이 일반적이다. '-들'은 '어서들 갑시다, 멀리들 간다, 먹어들 봐라' 등에서처럼 부사나 형용사의 활용형 등에 붙기도 한다.

해방전쟁시기 용언의 문법적 특성에 대해 고찰해 본다.

『자― 김동무 어서 그 가방을 들구 이 인력거에 올러타우』
이러케 재촉하는것은 서른너더댓 되여보이는 키가 작고 수염이 거무스럼한 사나이.
『아니 난 안타겟소』
이러케 대답하고 썩 버티고 서서 꿋쩍도 안하는것은 키가 크고 얼골에 애티가 그저남어잇는 청년.
째는 一九三六년봄. 곳은 북경(北京) 챈먼(前門)정거장압.
『안타?』
『아 안타』
『왜?』
『왜가 뭐요? 그래 사람이 어쩌케 사람이 끄는 차를 탄단말이오?』
인력거꾼들은 영문도 모르고 재촉한다 『아니 여보 동무 글세 제발 그러지말고 어서 올러타우. 괜히 여기서 이러케 머뭇머뭇 하다가는 왜놈의 눈에 찌울테니<u>까</u> 자- 어서』
　『글세 안탄대<u>두</u> 그러<u>시우</u>』
　『얼룬 인력거를 타구 중국여관으루 가야<u>지</u>. 여기서 이러다<u>간</u> 쏘 감옥으
루 도루 가지안우. 자- 어서』
　『실타는데<u>두</u> 그러<u>시우</u>. 차라리 잽혀가<u>문</u> 갓지. 난 죽어도 못타<u>겟소</u>』
　그날밤. 중국여관 어둠컴컴한 불밋. 한침대에 둘이 누<u>어서</u>
　『그것보지. 내말을 안듯고 공연시리 욱일니<u>깐</u> 그런 욕을보지. 이담엘랑
다시 그러지마우. 정말 큰일그르치겟소. 그러케 생각찬소?』

___ 김학철 단편소설 「韓斌」[31]

　조선어문법에서 가장 특이한 것은 대우법이다. 부분적인 대우표현이
있는 언어들은 많으며 그중 일본어의 경우 조선어와 비슷한 대우법을 가
졌으나 조선어의 대우법처럼 계칭 체계를 갖추지는 못하였다.

　현대조선어의 대우법체계는 존경토 '-시-'가 존자의 동작, 상태에 대
한 존경을 표시하고 존자에 대한 화자의 공손한 진술 표시는 '-읍니-'로
나타나며 존자에 관련된 비자(卑者)의 동작, 상태 등을 표시하는 겸양법은
'하옵고, 먹삽고, 받잡고' 등 특수한 문체에만 쓰이고 있다.

　용언토 중의 종결토는 문장 끝에 쓰이며 종결토에 의해 말하는 사람이
듣는 사람을 서로 다르게 대우하는데 종결토는 이렇게 서로 다른 계칭을
나타내는 한편, 문장을 '서술문, 의문문, 명령문, 권유문' 등으로 결정짓
는 역할도 담당한다.

　위 문장은 수염이 거무스럼한 사나이, 얼굴에 애티가 그저 남아있는
청년(한빈), 일력거군이 대화 하는 장면이다. 대화에서 모두 "-오 / -소"의
계칭 형태를 이용하여 말하는 사람과 듣는 사람과의 대우관계와 이야기
의 목적을 나타낸다.

　이 밖에도 여러 가지 계칭형태가 대화에서 사용되고 있다.

---

31) 『新世代』, 1946년 5월.

① 『문동무 야채(野菜)를 좀 구해 오죠』
   바뻐서 쩔々매든 취사위원(炊事委員)은 할일을 몰라서 우두커니 서
   있는 문정삼을 발견하고 이렇게 말하며 커단 마대를 하나 내주었다.
   『아 야챌요?』
   『에 아무밭에나 막 들어가서 뽑아오문 되우 지금 머 임자가있나 뭐
   가있나』
   『무슨 야챌?』
   『아 뭐든지 있는대루…』
② 『지대부에서 지금 곳 오시랍니다』
   『지대부에서?』
   『네!』
   『무슨 일야?』
   『모르겟읍니다』
   『…?…』
③ 『어째 무시무시허다』
   『흠!누가않이래! 오늘밤 잠은 다잤네다 잤어!』
   『설마!』
   『설마가 머야?그눔의 설마가 사람 죽이지……』

이 시기 대화에서 여러 가지 문법적 형태가 종결토류로 바뀌는 현상도
광범위하게 나타나고 있는바 위의 예에서 볼 수 있듯이 '-아/어'와 '-지',
'에서', '대로' 등의 많은 문법적 형태가 현대에 들어와 문장을 끝맺으면
서 쓰이고 있다.

용언토들은 그 자체로 단어가 되지는 못하지만 광범위한 문법기능을
가지고 있다. 용언토에는 또 주로 시제의 범주, 법범주 및 계칭 범주를
나타내는 토들도 있다. 즉 '-았/었-'은 과거시제를, 대과거시제는 여기
에 다시 '-었-'이 하나 더 결합되며 회상시제는 '-더-'에 의해 실현된다.
추측 및 의지를 나타내는 용언토에는 '-겠-'과 더불어 문어체에 '-리-'
가 쓰이고 있다.

위 문장에서 용언의 문법적 형태 '-고(구), -아서 / 어서, ㄴ / 는, -지, -니까(니깐), -시-, -겠-' 등을 이용하여 이음관계, 규정관계, 부정관계, 존칭관계, 시간관계 등을 나타냈다.

조선어 문장의 가장 큰 특징은 서술어가 끝에 놓인다는 점이다. 가장 간단한 문장은 서술어만으로 이루어지는데 세계의 많은 언어에서 명령문이 동사만으로 이루어지는 예는 볼 수 있으나 서술문이 동사만으로 이루어지는 예는 그리 흔하지 않다. 조선어에는 주어가 없는 문장이 자연스럽게 쓰이며, 이런 문장은 주어가 생략되었다기보다 본래 주어가 없다고 하는 것이 더 타당하다.

현대조선어 동사는 자동사와 타동사로 구분되기도 하나 타동사라고 해서 언제나 목적어가 그 앞에 있어야 하는 것은 아니며 목적어 없이도 타동사가 자연스럽게 쓰일 수 있다.

3) 조선어 어휘구성 특성

1945년 8·15해방으로 일제의 강제 동화 정책이 중지되고 마음껏 자기의 민족 언어 문자를 쓸 수 있는 새로운 역사가 시작되었다. 해방의 기쁨을 안아온 조선인들은 새 생활창조에 떨쳐나섰을 뿐 아니라 자기의 민족 문화건설에 나서 중국에서 다른 소수 민족들보다 일찍 자기의 신문, 방송, 예술 단체를 꾸렸고 민족교육을 시작하였다.

참신한 민족문화 교육의 발전은 중국 조선어로 하여금 새로운 발전단계에 들어서게 되어 어휘적 측면에서 자체의 특성을 가지게 되었다.

이 시기 중국에서의 조선어는 어휘의 구성 비율을 볼 때 품사별로 보면 명사가 가장 많고 버금으로 동사가 많다. 그 다음이 부사, 형용사의 순으로 되어 있는 것이다. 어종별로 보면 한자어가 전체 어휘의 과반수를 차지하고 있으며 한자어를 제외한 외래어도 상당수에 이르고 있다.

특히 현대에 와서는 서구어나 일본어의 유입이 많아 외래어가 조선어 어휘에서 차지하는 비율은 점차 높아져 가고 있는 실정이다.

조선어고유어는 그 구조면에서 볼 때 단일어가 상대적으로 적은 반면 합성어와 파생어가 큰 비중을 차지하고 있다. 그리고 의미면에서 볼 때 개념어가 적고 감각어와 상징어가 발달되어 있다는 특징이 발견된다. 따라서 개념어의 경우 한자어나 외래어의 유입을 불가피하게 하여 왔다.

조선어어휘에서 가장 주목할 만한 것은 의성어, 의태어의 발달이다. 모음조화에서의 양성모음과 음성모음의 대립, 폐쇄음에서의 순한소리, 거센소리, 된소리의 대립에서 오는 표현가치를 최대한 이용하여 어감의 미묘한 차이를 나타낸다. 여기에 1음절이나 2음절, 3음절의 반복이 색다른 효과를 더한다.

조선어 어휘는 고유어와 한자어 그리고 외래어의 삼중구조로 되어 있다.

> 偉大한 人物이 언제나 神秘의 구름에싸여서 滾朧하게、 漠然하게、 超人然하게 우리의 瞳孔에 비치는것을 우리는 조아하는가?
>
> 偉大한 人物이 脚光을 밧고 煌忽燦爛한 舞臺우에 盛裝을 하고 나타나는것을 우리는 要求하는가?
>
> 偉大한 人物의 怪談的 傳說과 迷信的神話가 B29가 날러다니는 하늘밋테서、 라디오와 軍備의 騷亂한 쟈―즈가 새소리 짐승소리를 壓倒하고만 20世紀의 쌍우에서 如前히 低氣壓에 늘린 石炭煙氣갓치 쩌돌아다니고、 기어다니고 하는것을 우리는 보지안는가?
>
> 偉大한 人物을 神秘의 구름속에서 끌어나리자.그 化粧을 딱고 보자.그 盛裝을 벗기고 보자.

___ 김학철「韓斌」

이와 같이 한자어는 조선어 어휘의 과반수를 차지하며 대체적으로 일상생활에 관한 것은 고유어가 많고, 추상적이고 지적인 개념은 대부분 한자어로 이루어졌다. 같은 사물이나 개념에 대하여 고유어와 한자어가 함께 쓰이는 경우도 적지 않으나 '나이'와 '연세(年歲)'에서처럼 한자어는 경어의 뜻을 지니는 경우가 많다.

그리고 서방문화와의 접촉과 함께 "라디오, 쟈즈" 등과 같은 외래어들도 이 시기 벌써 중국조선어 어휘구성 속에 들어왔다.

오랫동안 한문이 한국의 문자생활을 지배해온 결과 많은 고유어가 사멸하였으며 이른바 기초어휘에 속하는 단어들까지도 사라지게 되였다.

반드시 이 시기라고 찍을 수는 없으나 고유어에 대한 한자어의 교체의 례를 들면 아래와 같다.

① 명사 : 누리→ 세상(世上), 기르마→ 안장(鞍裝), 슬기→ 지혜(知慧)
　　　　잣→ 성(城), 죽사리→ 생사(生死), 여름→ 실과(實果)
② 부사 : 거르기→ 대단히(大端히), 시러→ 능히(能히), 져근덧→ 잠시
　　　　(暫時)
③ 동사 : 기리다→ 칭찬(稱讚)하다, 여희다→ 리별(離別)하다
④ 형용사 : 거르다→ 허황(虛荒)하다, 머흐다→ 험(險)하다

1949년 10월 중화인민공화국이 성립된 후 중국 조선인과 반도 사이의 내왕과 교류가 적어지게 되었고 반면에 한족들과의 접촉과 내왕이 빈번해지면서 다시 조선어와 중국어의 이중 언어생활을 영위하게 되었다.

해방직후 동북지구에서 조선인들의 거주 상황을 보면 한족을 중심으로 한 다른 민족들의 망망한 대해 속에 띄엄띄엄 조선부락을 이루고 있어 중국어의 포위 속에서 하나 하나의 조선어 섬을 이루고 있다.

『왜 대답이없어? 들리지않는가?』
중대장은 또 재차 물었다. 이 수난의 발명가는 비상한 결심을 한듯이 눈을 딱 감았다. 그리고 무겁게 천々히 대답했다.
<u>『스 따쟝디스홀 융니(그것은 전쟁할때 쓰는것입니다)…』</u>
터저나오는 웃음을 억지로 참고 엄숙을 지어서 중대장은 또 물었다.

『부스 츠 디스흘 융디마?(밥먹을때 쓰는것은 않인가?)』

문정삼은 또 대답했다.

『부 츠스 스 따쟝디스흘 융디(아니오 확실히 그것은 전쟁할때 쓰는것입니다)』

전 중대가 웃음을 폭발시켰다. 직선(直線)의 대열이 마치 무슨 큰 벌레처럼 꿈틀꿈틀 움직였다.

___ 김학철 「담배국」

중국에서 살고 있는 조선족들에게 있어서 조선어와 중국어의 이중 언어생활은 불가피한 사회적 문제이다. 조선어와 중국어의 이중 언어 관계를 정확히 처리하여 조선 사람들이 조선어와 중국어를 다 잘 쓸 수 있게 하는 문제를 둘러싸고 수십 년간 연구하고 방법을 모색해 왔으나 아직 원만한 해결점을 찾지 못하고 있다.

이 시기에도 중국조선어 어휘에서 일어난 주목할 만한 현상은 고유어휘 재료에 의한 신어(新語)가 많이 만들어졌다는 점이고 또한 서양문화의 전파에 의한 외래어 차용으로 하여 한층 풍부하게 되었다.

구미의 과학과 자본주의 서적은 이들 나라들과의 직접적인 내왕을 통하여 그리고 일본을 경유하여 조선에 대량으로 수입되게 되었다. 이리하여 영어, 프랑스어, 독일어, 이탈리아어, 에스파냐어 등에서 많은 단어들을 음 그대로 조선어에 받아들이게 되었다.

이 시기 외래어가 조선어에 들어온 경로는 두 갈래이다.

첫째는 원 언어에서 직접 받아들인 것들이고, 다음으로 제3의 언어를 경유하여 간접적으로 차용한 것들이다. 이것들은 서사어로 들어온 것 도 있고 구두어로 들어온 것도 있다.

① 가방(cabas), 고무(gum), 노트(note), 넥타이(necktie), 섭씨(celsius)

② 세균(細菌) / 박테리아(bacteria), 발동기(發動機) / 모터(motor)

　　풍금(風琴) / 오루강(organ), 구락부(俱樂部) / 클럽(club)

4) 조선어방언 분포의 특성

중국에서는 해방 이후 1963년, 1982년, 1983년 세 차례 중국조선어방언에 대한 조사연구를 진행하였는바 현지조사에 의하면 중국의 조선어방언들은 조선 본토의 방언과 기본적으로 같으며 방언 간에 차이성보다 공통성이 우세라는 결론을 내렸다.

중국과학원민족연구소와 동북3성조선어문사업협의소조판공실에서는 1982년에 길림성, 흑룡강성, 요녕성의 3성에 걸쳐 조선어방언조사를 같이 진행하였다. 그리고 주로 그 조사자료에 기초한 중국소수민족언어간지총서로서의 '조선어간지(朝鮮語簡紙)'를 냈는데 이에서는 '우리나라 조선어방언은 의연히 기본적으로 조선의 방언상태를 반영한다.'고 하면서 조선어방언구획에 대하여 서술하였다.

그것은 '이전의 학자는 조선어를 다음과 같이 여섯 방언으로 구획하였다. 즉 서북방언(조선평안남북도의 말), 동북방언(조선 함경남북도의 말), 중부방언(조선 경기도, 황해남북도, 강원도, 충청남북도의 말), 서남방언(조선 전라남북도의 말), 동남방언(조선 경상남북도의 말), 제주도방언이 그것이다. 조사에 의하면 제주도방언을 제외하고 그 밖의 다섯 방언은 우리나라 길림성, 요녕성, 흑룡강성 3성에서 다 대표적인 지점을 찾을 수 있다. 그런데 동북방언은 이른바 육진방언(조선, 경흥, 경원, 온성, 종성, 회령, 부령의 말)이라는 동북방언과 육진방언 외의 함경도 대부분지방을 말하는 중부방언의 둘로 다시 나뉜다.

이런 방언이 우리나라 동북3성에 분포되어 있는 상태는 다음과 같다. 즉 서북방언은 주로 요녕성 동쪽에 분포되어 있으며 중부방언은 주로 길림성연변조선인자치주와 흑룡강성 목단강지대에 분포되어 있으며 동북방언은 연변의 두만강연안 동쪽지대에 분포되어 있으며 동남방언은 주로 흑룡강성 서북지대와 서남지대에 분포되어 있으며 중부방언과 서남방언은 기타의 방언과 교차되어 동북 각 성의 일부 지대에 분산되어 있다. 이것이 바로 중국에서의 조선어방언구획이라고 하였다.

위의 책에서는 중국에서의 조선어방언을 어음, 문법, 어휘의 별로 적지 않게 들고 분석하였는바 거기에 의하며 조선에 없는 방언이 중국에 새로 생긴 것은 거의 없다. 따라서 중국의 조선어방언은 기실 거의 조선의 방언이라고 하게 된다고 말하였다.

이와 같이 광복 이후나 현재나 조선어방언 분포는 큰 변화가 없었고 할 수 있다.

지방에 따른 조선어방언 분포(호)[32]를 고찰해 보면 아래와 같다.

지방＼방언	길림성 화룡현 룡문향 아동촌(1984년 조사)	요녕성 무순시 리석채촌(1984년 조사)	흑룡강성 오상현 민락향 우의촌(1984년 조사)
함경북도	180	3	35
함경남도	28	1	
평안북도	4	309	16
평안남도	6	21	1
강 원 도	7	1	13
경 기 도	3	6	9
충 청 도	1	7	22
경상북도	2	128	71
경상남도		76	77
전라북도		9	3
전라남도		2	3
출신불명	15		

도표에서 보여주는 것과 같이 중국에서의 조선어방언 분포 및 방언소유자들의 거주 상태는 상대적으로 복잡한데 이와 같은 복잡한 상태는 주

---

32) 북경대학조선문화연구소(1995), 『언어사』, 민족출판사, 643면.

로 조선인의 중국에로의 이주 역사와 관계된다. 그러므로 중국에서의 조선어방언 분포는 반드시 조선어방언 소유자들의 중국에로의 이주 역사와 함께 취급되어야 한다.

다시 말하여 중국에서의 조선어방언은 조선에서의 조선어방언과 기본적으로 같은 바 이는 언어발전의 전반과정으로 본다면 조선인들이 조선에서 중국에 옮겨온 역사가 그다지 오래지 않고 특히는 또 서로 내왕하면서 언어교류가 잦았기 때문이다.

제4장 중국조선인 연대기

일찍 고대 역사시기 지금의 중국 동북경내에는 고조선, 고구려, 발해 등 나라가 있었고 그 후 요, 금, 원, 명조초기에는 지금의 요동, 요남 일대에 수만 명을 헤아리는 고려인과 조선인들이 살았으나 그들은 오랜 세월을 내려오면서 중국의 다른 민족들과 잡거하고 통혼하는 과정에 점차 다른 민족에 동화되었다.

오늘의 중국조선족은 19세기 중엽부터 약 백여 년에 걸쳐 중국으로 이주한 조선인들에 의해 형성된 중국의 소수민족이다. 지금 중국조선족은 200만 명 규모에, 중국의 55개 소수민족 중 13번째에 속하며, 동북지구를 중심으로 중국의 여러 곳에 널려 살고 있다.

중국조선인 연대기를 적으면 아래와 같다.

1. 이주초기~1930년까지 시기 중국에서의 조선인

1619년 명과 청은 싸얼후(薩爾滸) 전투를 하였는데 조선은 명나라의 요구에 따라 1만 3,000명의 지원병을 파견함

1627년 1월 14일 황태극이 '후금국'을 '청(淸)'이라고 칭하고 명나라를 치는 데 걱정을 없애기 위하여 명나라와 범속 관계가 있는 조선을 침공함

1627년 '정묘호란(丁卯胡亂)' 때에 조선을 침공한 청조 군인들은 수만 명을 헤아리는 조선군대와 백성을 납치함

1628년 청태종 황태극은 명조시기의 '동조변장(東條邊墻)'을 계승하여 압녹강 하류의 남반(攬盤)에서 봉황성을 거쳐 애양문(璦陽門), 함장문(城厂門), 왕청문(旺淸門)에 이르기까지 버드나무 울타리를 세움. 울타리 밖으로부터 압록강에 이르는 변외(邊外)지구를 봉쇄하고 농민들이 그곳에 거주하거나 농사하는 것을 금지

1636년 '병자호란(丙子胡亂)'때에 조선을 침공한 청조 군인들은 수만 명을 헤아리는 조선군대와 백성을 납치함

1644년 청군은 산해관을 넘어 파죽지세로 하북에 쳐들어가 명조의 통치를 뒤엎고 북경에 진주함

1653년 '요동초민개간조례(遼東招民開墾條例)'를 반포하여 관내의 백성들이 요동일대로 이주하여 개간하는 것을 허락하고 장려정책까지 실시

1677년(강희 16년) 청조정부에서 도문강과 압록강 북안 1000여 리 되는 지구를 '발상지(發祥地)'로 삼아 봉금(封禁)을 실시함

1686년(강희 25년) 조선정부에서는 '남북참상연변범월금단사목(南北參商沿邊犯越禁斷事目)'을 제정하여 월강자와 지방관리의 처분을 더욱 엄하게 함

1700년(강희 29년) 경성부(鏡城府)의 주민 엄귀현(嚴貴玄)은 아내를 데리고 도망하여 월강했다가 길림과 영고탑(寧固塔) 사이의 어무허쉬라(額木赫索羅)에서 포로됨

1712년(강희 51년) 5월 우라총관(烏喇總管) 무커덩(穆克登)이 청조 조정의 성지

를 받고 조선사신과 함께 백두산에 올라가 변계를 시찰하고 정계비
를 세움. 이때로부터 중-조 두 나라는 두만강, 압록강을 국계로 하
고 변강을 엄밀히 봉함

1840년(도광 20년) 제1차 아편전쟁 이후에 중국은 점차 반식민지반봉건사회
로 전락

1841년(도광 21년) 조선인인민들이 혼강 유역인 하루차, 태평소 지역에서 처
음으로 벼농사를 짓기 시작하여 성공

1845년(도광 25년) 청조가 동북에서 '이민실변(移民實邊)' 정책을 실시하여 봉
금(封禁)이 늦추어지자 조선의 빈민들이 수많이 동북변강으로 이주하
여와 거주하기 시작. 혼강 하류에서 사는 조선인 농민들이 벼를 시
험적으로 재배

1858년(함풍 8년) 짜리 러시아는 중국 영토인 흑룡강 하류의 廟街(묘가)를 침
범하고 짜리 황제의 이름으로 '니꼴라예부스크(尼古拉也夫斯克)'라고
이름을 닮. 같은 해에 '중로애훈조약'을 체결함

1860년(함풍 10년) 8월 조선 북부에 수재가 발생하여 부녕(富寧) 등 10개 읍
전부가 물에 잠김. 이러한 정황에서 조선 6진의 변민들은 생계를 유
지하기 위해 생명을 무릅쓰고 두만강과 압록강을 넘음

1860년~1869년(함풍 10년~동치 8년) 조선북부 북관일대에 연속 세 차례 수
재가 발생하여 조선 이민들이 많이 중국의 동북으로 이주함

1862년 러시아의 연해 변경지구에 살던 조선인 농민 400여 세대가 아무르
주의 해란포에 이주하여 농사를 지음

1869년(동치 8년) 즉 기사년(己巳年) 조선의 북부지방에 전대미문의 대 한재
가 들고 기근이 발생

19세기 70년대 청정부에서는 변방을 공고히 하고 재정수입을 늘이기 위해 봉
금령을 취소하고 '이민실변(移民實邊)' 정책을 실시하여 조선 이민들
의 개간 구역을 획분함

1872년(동치 11년) 압록강 상류인 장백, 집안, 임강(臨江) 등지에는 이미 20여
개 조선인부락에 수천 명의 이주민들이 정착, '화상제'라는 자치조직

까지 나옴

1875년(광서 원년) 봉천성(지금의 요녕성, 길림성의 동남부)에 대한 봉금령을 폐지함

1875년(광서 원년) 통화현 상전자, 하전자의 조선인 농민들이 소택지나 수령을 논으로 개답하여 벼 시험재배에 성공, 근대 중국동북 수전개발의 첫 시작. 그 후 흥경, 유하, 환인, 등지의 조선인 집거지에 신속히 전파되어 흥경, 왕청문, 삼원포 등지가 수전지구로 이름남

1677년부터 1881년 전까지 당시 동북에 대한 청조의 '봉금정책'에 따라 압록강과 두만강 이북지역에서 백성들의 거주, 경작은 일률로 엄금

1881년(광서 7년) 청조가 '성경동변간광지개간조례'를 반포하고 봉금규례를 폐지. 길림장군이 상주하여 '황무국'을 설치하고 '이민실변'을 실시. 훈춘협령이 부도통아문으로 승급되어 연변 전경을 관리. 남강(연길), 훈춘, 동오도구(훈춘현 마적달)와 흑정자(훈춘현 경신) 등지에 '초간국'을 설치하고 농민을 끌어들여 황무지를 개간

1881년(광서 7년) 길림장군 명안이 황제의 명령을 받들고 변계를 시찰하다가 '조선백성들이 이사해와 사는 것을 보고' 조선정부에 글을 보내어 '조선백성을 일률로 조선경내로 돌아가도록 할 것'을 명령

1881년 만주의 조선인 인구는 10,000명

1881년 연변경내에 거주한 한족은 이미 1,594호에 달하고 조선인은 1,339호에 달함

1882년(광서 8년) 청나라는 처음으로 조선유민에 대한 입적령을 반포, 즉 두만강 이북에 거주하는 조선유민들이 모두 입적할 것을 요구

1883년(광서 9년) 통화현 소만구 조선인 농민들이 유하에 이사하여 와 벼를 시험적으로 심어 성공함

1883년(광서 9년) 3월 청정부는 동변도의 무역을 강화하기 위해 조선과 '봉천과변민무역장정(奉天與邊民貿易章程)', '길림조선상민무역지방장정(吉林, 朝鮮商民貿易地方章程)'을 조인하여 두 나라 간의 변방무역내왕을 촉진하고 조선인들이 중국의 동북에 오는 문을 엶

1883년(광서 9년) 조선에서 서북경략사 어윤준이 함경북도를 시찰할 때 월강 봉금령을 폐지하고 개척민들이 국경선을 넘어 연변에 들어가는 것을 허용

1884년(광서 10년) 청정부는 연변에다 주원(走遠), 녕원(寧遠), 수원(綏遠) 등 4 대보(四大堡)를 내오고 보 아래에 39개 사(社)를 둠, 그리고 그 아래에 124갑(甲)과 415패(牌)를 설치하여 조선인들을 모두 편입. 당시 연변의 조선인호수는 4,308호이고 인구는 2만여 명에 달함, 조선인 농민이 개간한 농토는 1만 2천여 쌍에 달함

1885년(광서 11년) 청조에서 봉금령을 취소하고 화룡욕(和龍峪＝대립자－大拉子), 광제욕(光霽峪＝천령－지금의 개산툰), 훈춘의 서보강(西步江＝두도구－頭道溝) 등 세 개 지방을 중국과 조선간의 통상지로 정함. 이곳에 통상국(通産局)을 설치하고 조선인민의 천입을 허용하였고 연변을 개척하는 것을 허용

1889년(광서 15년) 훈춘 초간국에서 천보산 광산을 정식 접수하여 경영함, 관부에서 정광제(程光第)에게 광산을 넘겨주어 경영주로 삼음

1890년(광서 16년) 월간국과 훈춘의 초간총국을 합병하고 남강에 '부간총국(扶墾總局)'을 설치. 월간국을 설치한 같은 해에 두만강 북안의 길이 약 700리, 너비 약 40~50리 되는 지구를 조선 개간민의 전문개간구역으로 확정하고 또 '통상국'을 월간국(越墾局)으로 고쳐 조선인의 개간사무를 전문 관리

1890년(광서 16년) 두만강 북안의 종성위자에서 벼농사를 하기 시작

1890년(광서 16년) 1898년까지 천보산광산의 은산량은 300만 냥에 달함. 대창, 서창, 동창 등 3개에서 일산량이 700~800냥에 달하여 당시 동북에서 가장 저명한 은광으로 소문남

1890년(광서 16년) 봉금제도가 취소되자 러시아의 시비리와 연변지구에 갔던 이재민들이 흑룡강성의 동녕, 녕안, 해림, 목릉 등 지방에 가서 조선이주민 마을을 세움

1890년(광서 16년) 청조정부는 연변일대의 경작지를 측량하고 토지임자를

확정할 때 '치발역복(薙髮易服)한 자만이 땅을 탈 수 있고 청조의 백성이 될 수 있다.'고 선포함

1891년(광서 17년) 평안북도 관찰사는 조선정부의 동의도 거치지 않고 압록강이북 보선인 거주구를 28개 면(面)으로 획분하고 관할권을 각각 강북, 초산(楚山), 자성(慈城), 후창(厚昌) 등 4개 군에 소속시킴

1891년(광서 19년) 삼도구 금광에는 4,000~5,000명의 노동자들이 있었고 1897년 길림성 관부에서 접수하여 경영하였을 때에도 2,000여 명의 노동자들이 있었음

1894년(광서 20년) 남강(연길)에 '부간총국'이 설치되자 조선인 이주민들은 해란강을 넘어 연변 각지에 부단히 이주

1894년(광서 20년) 12월 당시의 조선 봉건정부는 우리의 고유한 민족글자 훈민정음이 세상에 나온 뒤로 5세기에 가까운 450년 만에 끝내 우리말과 글을 국가공용문서의 법적글자로 규정, 선포함 곧 봉건정부는 '칙령'으로 '법률, 명령'은 다 국문으로써 근본을 삼고 한문번역을 덧붙이며 혹 국문과 한문을 섞어 쓴다는 것을 정부의 관보를 통하여 법적으로 규정, 공포

1897년(광서 23년) 당시 동변도일대의 조선이주민은 8,722세대에 3만 7,000여 명으로 증가

1899년(광서 25년) 4월 조선인광부 박선(朴蕃)은 천보산은광 광부 200여 명의 조선인, 한족 노동자들을 조직하여 관료배들의 봉건적 수탈을 반대하는 폭동을 일으킴

1900년(광서 26년) 용정 이동 해란강반의 세전벌과 지신 대교동부근에서 벼 시험 재배

1904년(광서 30년) 6월 15일 중-조 두 나라 지방 관리들은 '중한변계선후규약'을 체결하였는데 이 규약 제8조에는 '간도라고 하는 광제욕의 가강(假江)의 땅을 의연히 종성 조선인들이 경작하게끔 세를 준다.'고 함

1905년(광서 31년) 일본제국주의가 청조정부를 강박하여 '동3성 사이조약'을 체결. 동북 18개 소도시가 상업도시로 정해져 일본에 개방되었는데

훈춘이 그 가운데의 하나였음

1905년(광서 31년) 10월 4일 조선에서부터 시문에 명성이 높은 김택영 선생이
강소성 남통시에 들어옴

1905년(광서 31년) 11월에 일제는 '을사보호조약'을 조선에 강요함으로써 조
선의 모든 외교권을 빼앗음

1905년(광서 31년) 간도에 전체 인구(934,500명)의 75%에 해당하는 73만
1,000명의 조선인이 살고 있었음

1906년(광서 32년) 화룡현 용지향(勇智鄕) 대교동(大敎洞)의 조선인 농민들이
1,308 미터에 달하는 수로를 빼어 33쌍의 논을 관개. 그때로부터 평
강벌에는 대폭적인 수전을 개발

1906년(광서 32년) 8월 용정에서 반일지사인 이상설(李相卨), 이동녕(李東寧),
여준(呂俊) 등이 첫 근대 중국조선인의 사립학교 '서전서숙(瑞田書塾)'
을 용정에 꾸림

1906년(광서 32년) 일제는 '남만철도주식회사'를 세워놓고 동북을 침략하는
기구로 삼았으며 여순과 대련의 조계지에는 '관동도독부'를 두어 통
치하도록 함

1907년(광서 33년) 8월 20일 일본침략의 선견대인 일본헌병 61명이 일본군
중좌 사이또의 인솔 밑에 연길현 용정촌에 기여 들어 23일에 '조통
감부간도파출소'라는 간판을 내걸고 연변에서의 조선인들의 정치,
경제, 문화에 대한 침략과 간섭활동을 시작

1907년(광서 33년) 3월 반일민족지사 이동춘(李同春)은 화룡욕 분방경력 양조
리의 지지 밑에 녕원보 13사 총향약 허덕승의 협조를 받아가며 민중
을 발동하고 기금을 모아 광제욕 광소사 상천평에 근대식 학당인'양
정학당'을 설립, 청조말기 지방관청에서 제일 먼저 접관한 조선인
사립학교, 연변에서의 첫 번째 관립학교로서 중국관립학교의 체제와
조선민족 특색을 겸비한 학교

1907년(광서 33년) 7월 일본과 러시아는 러시아 수도에서 비밀조약을 체결
하고 만주와 몽골에서의 자기들 두 나라의 세력범위를 확장. 일본은

북만과 몽골에서의 러시아의 특수한 이익을 승인하고 러시아는 조선과 남만에서의 일본의 특수한 이익을 승인

1907년(광서 33년) 8월 일본제국주의는 '간도의 소속문제가 해결되지 않았으며', '한국교민을 보호한다'는 명목으로 용정에 군대를 파견하여 '조선총독부간도파출소'를 설치하고 연변 각지에 헌병과 경찰을 주둔시킴. 후에 이 파출소를 '간도주일본총영사관'으로 이름을 바꾸고 연변의 조선인을 공제하고 통치함

1907년(광서 33년) 8월 연변지구에 침입하여 소위 '간도문제'를 도발하여 그들의 이른바 '대륙정책(大陸政策)'의 중요한 보조로 삼음

1907년(광서 33년) 연변지구(훈춘현을 제외)에는 조선인 부락이 529개에 달하였는바 1만 5,356세대, 7만 2,076명이 거주함. 연변총인구의 76%를 차지

1907년(광서 33년) 일제는 '헤이그밀사건'을 구실로 조선 고종왕을 강제퇴위시키고 뒤이어 조선군대를 강제해산시킴

1908년(광서 34년) 간도의 인구는 13만, 그 중 중국인은 6만 5,162명, 조선인은 7만 906명

1908년(광서 34년) 조선인사립학교의 선봉인 화룡현 명동촌에 '사립명동서숙'이 건립

1908년(광서 34년) 조선인인민들이 '향약', '패두'의 협잡에 반항하는 투쟁을 일으킴. 연변에서 선후로 명동, 창동, 광성, 정동 등 강습소를 설립하고 통화에서 신흥군관학교를 창설하여 반일인재를 양성

1908년(광서 34년) 일본군은 '서전서숙'의 자리에다 자기들이 관할하는 이른바 '간도보통학교'를 설립. 잇달아 국자가, 배초구, 투도구, 훈춘 등 자기들의 영사분관소재지에도 이러한 노예교육기관인 보통학교를 설립

1908년(광서 34년) 연길현 와룡동에 창동(昌東)강습소, 소영자에 광성(光成)강습소, 화룡현 대립자(大砬子) 명동(明東)강습소, 자동(子洞)에 정동(正東)강습소, 훈춘의 북일(北一)학교가 건립

1908년(광서 34년) 통화현 합니하자(哈泥河子)의 신흥(晨興)소학교를 비롯하여
뒤이어 동현 반랍배(半拉背) 두도구, 류하현 삼원포(三源浦), 흥경현 홍
묘자(紅廟子), 왕청문(旺淸門) 등지와 기타 일대에 도합 70여 개소의 각
급 사립학교가 나타남

1908년(광서 34년) 장백현에서도 '한교중학(韓僑中學)'이 설립되었고 흑룡강성
동녕현 삼차구(三岔溝), 해림현 신안진(新安鎭), 녕안현 동경성(東京城)등
지에서도 점차 반일사립학교가 설립

1908년(광서 34년) 일제는 용정촌에 침입한지 오래지 않아 용정에 보통학교
를 설립. 처음에는 2년제로서 입학 연령을 8세로부터 26세로 규정,
매달 5~6원을 보조하여주는 방법으로 학교를 유지

1908년(광서 34년) 일본이 만주에 조선인을 대상으로 간도보통학교를 세움

1908년(광서 34년) 연변 4개현(연길현, 왕청현, 훈춘현, 화룡현)의 조선사람은 9
만 1,000명이었는데 1911년에는 12만 7,500명으로 늘어남

1909년(선통 1년) 8월 15일 원세개 토벌운동에서 유명했고 또 수십 명의 조
선인 청년을 양성했던 운남강무학당이 세워지고 1911년 운남강무학
교로 이름을 고침

1909년(선통 1년) 9월 8일에 외무부회판대신 양돈언과 일본공사 이쥬인히꼬
요시(伊集院彦吉)는 북경에서 '간도협약'을 체결함. 즉 불평등조약 '두
만강중한계무조항(圖門江中韓界務條款)'을 체결하여 일본이 간도를 중
국의 영토로 승인하는 대가로 간도에 일본영사관을 설립할 권리와
영사재판권을 얻었고 '길회철도'의 수축권을 얻어냈으며 투도구, 백
초구, 룡정촌, 국자가 등 4개 지방에 상업구역으로 함

1909년(선통 1년) 10월 26일, 하르빈역에 짐입한 안중근 등은 이도히로부미
가 열병식을 끝내고 영접마차를 향해 걸을 때 환영대오 속에서 뛰어
나와 이도히로부미를 향하여 권총을 발사함

1909년(선통 1년) 11월 일제는 '간도협약'에 따라 '통감부간도파출소'를 취
소하고 그 대신 용정에 '간도일본총영사관'을 설치함과 동시에 국자
가, 훈춘, 배초구, 두도구 등 5개 상부지에 각기 영사분관과 경찰서

를 설치하고 조선인을 통치하며 반일운동을 탄압

1909년(선통 1년) 압록강 유역의 일부 조선인 집거구의 촌락은 32개 면 인구
는 4만 4,993명으로 됨

1909년(선통 1년) 7월 간민회의 발기인인 이동춘에 의해 간민교육회를 건립

1909년(선통 1년) 청정부는 '국적조례'를 반포하고 조선 유민의 입적에 대해
일부 제한하면서 일정한 재산이 없거나 자립할 수 없는 자는 입적시
키지 않음

1910년(선통 2년) 일제는 용정에 영사관을 설치하면서부터 일제의 세력이 급
속히 확대되자 만청정부는 이에 대처하기 위하여 용정에 해관을 설
치하고 한족들이 이곳으로 이주하는 것을 장려하여 일본인들과 맞서
려고 함

1910년(선통 2년) 이동녕(李東寧) 등이 통화현 하니하에 '신흥학교'를 설립

1910년(선통 2년) 8월 29일 일본제국주의가 조선을 병탄하자 일본의 통치를
받기를 원하지 않는 조선인민들이 중국의 동북으로 많이 이주

1910년(선통 2년) 서울교구에서 최문식 신부가 팔도구에 파견되어 3년간을
거쳐 1917년에 교회당을 지음. 이때 충천도, 전라도, 경기도, 평안도,
강원도에서 온 교도가 약 2,000명이 달함

1910년(선통 2년) 유하현 삼원포에서는 조선으로부터 이주한 망명자들에 의
하여 '경학사(耕學社)'라는 단체가 당지 조선인 농촌에 뿌리를 박게
되고 후에 '부민단(扶民團)', '한족회(韓族會)'로 개칭됨

1911년(선통 3년) 7월 동변도 청조 관부에서는 청나라 의복을 장만하고 강제
적으로 1,300호의 조선인을 귀화, 입적시킴

1911년(선통 3년) 8월 '조선교육령'을 공포하여 조선인의 교육은 '교육에 관
한 칙어(勅語)의 취지에 기초하여 충량한 국민을 육성하는 것을 본의
로 한다.'고 규정. 이 칙어의 취지에 따라 일제는 조선민족을 말살하
기 위하여 민족의 넋인 조선말사용을 금지하고 조선역사, 조선지리,
조선문학, 조선풍습에 대한 교육을 제지함

1911년(선통 3년) 유명한 반일의병장으로 활약했던 홍범도는 의병대를 거느

리고 중국경내로 들어와 연변과 러시아 연해주 일대를 주름잡으며
근거지건립과 무장대오의 확대에 전력하던 중 안도현에서 '대한독립
군'을 조직

1911년(선통 3년) 신해혁명은 수천 년 동안의 봉건통치를 뒤엎고 자산계급이
영도하는 중화민국을 건립

1911년(선통 3년) 저명한 조선어학자, 해방 전 조선어학회 이사장, 해방 후
조선사회과학원원사로 된 이극로 선생이 요녕성 환인현 '동창학교(東
昌學校)'에서 교편을 잡다가 1914년 이 학교를 떠남

1911년(선통 3년) 화룡현 덕신사 영암촌에 '덕흥의숙'이 건립

1911년(선통 3년) 용정일본총영사관에 '구제회(救濟會)'를 세움

1911년(선통 3년) 연변 왕청현 내에서 반일인사들에 의하여 '중광단(重光團)'
이 건립

1911년(선통 3년) 4월 신민회계통의 애국지사 이희승, 이동녕, 이상룡 등의
유하현 내에 '경학회(耕學會)'를 세우고 항일교육기지로 삼음, 1919년
'신흥무관학교(新興武官學校)'로 고침

1912년(민국 1년) 후에는 창동, 명동, 광성, 정동 등 4개의 강습소가 중학교
로 발전되었으며 무릇 조선인이 집거하고 있는 연변 각 지방에는 다
사립학교가 세워짐, 화룡현의 호천포, 이도구, 용정현의 덕신 장도,
중평과 용정 등 지방에 중학교를 세움

1912년(민국 1년) 봄에 '부민단(扶民團)'이 유하현 주가구(鄒家溝)에서 경학당(耕
學黨)를 토대로 하여 설립된 후 자치범위를 점차적을 확대한 조선인
의 지치기관, 부민단은 조선인 가운데서의 민사, 형사 등 모든 사무
들을 맡아 처리하였고 학교를 세우고 운영하여 민족교육을 추진

1912년(민국 1년) 나자구(羅子溝)에 군사훈련을 중점으로 한 '대전(大甸)학교'
가 설립

1913년(민국 2년) 연변간민교육회는 '간민회'로 개칭하고 조선인이 '귀화입
적'하며 일본의 통치에서 벗어날 것을 주장하고 또 문화계몽운동을
전개

1913년(민국 2년) 이상룡(李相龍)이 유하현 삼원포에서 '경학사'를 토대로 '부
민단'이란 반일민족자치단체를 조직

1913년(민국 2년) 3월에 이동춘, 김약연 등 반일지사들은 원래의 '간민교육
회'를 토대로 하여 '간민회'를 설립할 것을 '길림동남로관찰사서'에
제기하여 허락을 받음

1913년(민국 2년) 4월 26일 '간민회'는 국자가(연길)에서 총회를 소집하고 규
약을 채택하였으며 김약연을 회장으로 하는 지도기구를 내옴

1913년(민국 2년) 연길현 용지사 류도구에 '교향(敎鄕)학교'가 건립

1913년(민국 2년) 유림파로 불리는 반일진보인사들은 국자가에서 '서숙개량회'
를 건립하여 신학의 일부 과목을 전수하여 구학에도 크게 영향을 줌

1913년(민국 2년) 음력 5월 단오날, 간도지방 최초로 설립된 조선인 중학교
인 명동중학교를 위시하여 민족교육을 실시하던 학교들이 국자가의
연길교회 밑에 있는 백사장에서 '조선인학교 연합운동회'를 진행

1913년(민국 2년)경 훈춘현성에는 '기독교우회'란 단체까지 출현되었는바 많
은 반일인사들은 종교단체를 이용하여 반일활동을 진행

1913년(민국 2년) 남만 조선거류민은 286,000명이고 신학교는 70여 개소임

1914년(민국 3년) 8월 제1차 세계대전이 폭발함

1914년(민국 3년) 1월 초에 국자가의 순경들은 국자가 서쪽 교외의 '상발원
(祥發源)'에 와서 조선인 집집마다에 '입적비'를 내라고 강박하자 이
에 분개하여 상발원 농민들은 줄을 지어 국자가에 있는 '동남로관찰
사서(東南路觀察使署)'로 진군. 연길현, 화룡현 각지에서 온 '농민계'에
서도 조선인 민중 수백명과 합세하여 관청을 포위하고 '입적비' 강
요자들을 처벌해달라고 청원

1914년(민국 3년) 봉천 당국은 조선농민 김중삼의 건의에 따라 '봉천수리국'
을 세우고 조선인 농민들을 조직하여 13킬로미터나 되는 물도랑을
빼고 혼하물을 끌어들여 1천 헥타르의 논을 품

1914년(민국 3년) '연길현지'에 의하면 각종 사립학교가 150개소에 달함

1914년(민국 3년) 8월 독일에 대한 선전포고를 구실로 산동에 침입한 청도와

교제(膠濟) 철도연선을 강점하여 산동에서의 독일의 지위를 탈취함

1914년(민국 3년) 연변에는 천주교 예배당이 3개소, 천주교 공소 50개소, 교회 학교 17개소, 교도 5,418명에 달함

1914년 좌우에 용정, 연길 그리고 조선족들이 모여 살고 있었던 여러 도시와 마을들에서 근대적인 연극 활동이 활발하게 진행됨

1915년(민국 4년) 1월 18일 북양군벌 원세개는 황제복구를 획책하는 한편 일제가 제출한 중국을 멸망시키는 '21개조'를 접수함

1915년(민국 4년) 연길도윤 도빈은 '획일간민교육판법(劃一墾民敎育辦法)'을 작성하여 조선인사립학교에 실시하려고 함. 주로 교육에서의 동화를 내세우고 기형적인 폐단을 미봉하고 통일, 융합을 달성할 수 있을 뿐 아니라 서로 의사를 소통시키고 말로 감화시킴으로써 은연중의 훌륭한 효과를 보려는 목적

1915년(민국 4년) 중국과 일본은 '남만주와 동부내몽골에 과난 조약'(만몽조약)을 체결하여 '일본신민(日本臣民)'이 이 지구에서 '토지상조권(土地商租權)'을 가진다고 규정

1915년(민국 4년) 소영자 광성중학은 왕청현 라자구에로 전이하여 군사학교로 고침

1915년(민국 4년) '21개 조약'이 체결된 후 일제는 동북의 조선인에 대해 '통제-이용정책'을 실시하면서 조선인에 대해 '치외법권'을 실시

1915년(민국 4년) 4월 10일부터 17일 사이에 길림성 조선인중학교들이 기동선전극 '원흉'을 공연하여 일제의 야만적 침략죄행을 폭로, 단죄함

1915년(민국 4년) 만주의 조선인은 282,070명

1916년(민국 5년) 불완전한 통계에 따르면 연변 4개 현에 156(158)개소의 조선인사립학교와 서당들이 세워졌으며 그 학생 수는 3,836(3,879)명이 됨

1916년(민국 5년) 9월 심양에서 일본자본가가 경영하는 '남만대흥공사'는 정광제와 결탁하여 50만 원을 투자하여 천보산탄광 채굴권을 절취

1916년(민국 5년) 11월 유하진 경찰서를 설치하였는데 그 관할구역에는 중

국인이 600호, 7,000명, 일본인 7호, 12명, 조선인 120호, 700명이 있었음

1916년(민국 5년) 12월 전 동북에 조선인사립학교가 모두 239개소가 있고 연변에는 156개가 있음

1917년(민국 6년) 일본이 연변에 '동양척식주식회사간도출장소'를 설립하고 구제회를 접수하여 관리하면서 농민들의 토지를 약탈

1917년(민국 6년) 3월 용정에 '조선은행파출소'를 내오고 거기에 '간도상업금융주식회사'며 '조선인민회금융부'까지 세움. 연변의 경제명맥을 틀어쥐고 자원을 긁어감

1917년(민국 6년) 6월 16일~18일, 3일간 유하, 통화, 휘남, 해룡 등 4개 현의 사립학교 2,400명 이 삼원포(三源浦)에 집결하여 체육대회를 거행

1918년(민국 7년) 에 들어서면서 반일인사들에 의하여 반일비밀단체가 육속 출현, 연변에서는 지장회(池章會) 등이 국자가에서 '사우계(史友契)'를 조직하였고 이밖에 '철우단(鐵友團)', '철혈광복단(鐵血光復團)' 등 비밀 결사가 대중속에 조직

1918년(민국 7년) '용정구제회'가 '간도구제회'로 발전하다가 '동양척식회사' 로 간판을 바꿈. 당년 토지투자액은 230여 만 원이고 약탈한 토지는 5만 8,000여 무에 달함

1918년(민국 7년) 6월 '중일길회철도차관'이 체결되었다는 소식이 길림성내 각지에 전해지자 연길도립학교, 길림성 성립1중, 제1사범, 농업중학, 육문(毓文)중학에 재학하는 조선인학생들은 한족 등 여러 청년학생들 과 함께 친일매국역적인 단기서(段祺瑞)군벌정부의 죄행을 성토

1919년(민국 8년) 조선에서는 '3·1'운동이 일어나고 중국에서는 '5·4'운동 이 일어남

1919년(민국 8년) 3월 연변에서 발행한 조선문 신문 『일민보』, 『신국보』, 『중외통신』, 『구국일보』, 『조선민보』가 있었음

1919년(민국 8년) 3월 13일 용정부근의 3만여 명의 조선인인민들이 시위행 진을 단행하여 조선의 '3·1'애국투쟁을 성원, 일본침략군과 괴뢰만

주국의 군경들이 군중을 탄압하여 19명을 죽이고 30여 명에게 부상을 입힘

1919년(민국 8년) 3월 28일 『길장일보』에 '남북만조선민족대표 김약연(金躍淵) 등 17명'의 명의로 '공약(公約)' 3장을 발표

1919년(민국 8년) 4월까지 연변 20개 도시와 진의 집거구에서 도합 7만여 명의 대중이 반일집회에 동원됨

1919년(민국 8년) 4월에 상해에서 '대한민국임시정부'가 설립

1919년(민국 8년) 5월 북경에서 '5·4'운동이 일어남. 5월 18일에 연길, 왕청 등지의 중소학교교원과 학생들이 '5·4'운동의 영향 밑에 반제성 토회와 강연회를 소집

1919년(민국 8년) 6월 흑룡강성 밀산현내에는 소련으로부터 온 이동휘에 의하여 군사간부양성소의 성격을 띤 군사학교가 설치되었음

1919년(민국 8년) 6월 남만 유하현 삼원포에서 『한족신문(韓族新聞)』, 상해에서 꾸린 주간 한문신문 『진단(震檀)』이 있었음

1919년(민국 8년) 최명록은 '3·13'운동 후에 봉오동 일대에서 자위단을 조직하고 단장을 맡은 후 무기를 사들이고 군사를 모집. '대한군문도독부'를 세움

1919년(민국 8년) 10월 왕청에서 대한정의단 및 그 산하의 무장조직인 대한군정서를 토대로 '북로군정서'를 세움

1919년(민국 8년) 11월 17일 남만민족주의 단체의 지도자들이 유하현 삼원포에서 한족회(韓族會) 군사부를 토대로 '서로군정서'를 편성. 이상룡이 독판을 맡고 '신흥무관학교' 사생들로 무장 대오를 무음. 남만지방에서 제일 큰 반무장단체로서 독립군을 양성하고 조선국내 및 남만에서 친일세력을 제거하며 조선경내에 있는 일제의 경찰서와 관청을 습격하는 것과 같은 반일무장투쟁을 벌림

1919년(민국 8년)에 들어와서 길림, 요녕 등 성내의 조선인 집거구역에서 '의렬단(義烈團)', '적기단(赤旗團)' 등 비밀결사가 조직

1920년경 연길시 인구는 1907년 8월 대략 1,500명으로부터 3만 명으로 증

가됨

1920년(민국 9년) 1월 4일에 반일단체인 철혈광복단의 윤준희, 최봉설 등이 군자금을 마련하기 위하여 용정 동량(東良)어구에서 조선은행 용정출장소의 송금마대를 습격하여 '15만원탈취사건'함

1920년(민국 9년) 5월 일본침략군이 장작림 정부와 결탁하여 안동과 통화지구에서 반일조선인군중들을 마구 수색체포

1920년(민국 9년) 5월에 국민회군은 홍범도가 거느린 '대한독립군'과 최명록이 거느린 '대한군무도독부'와 연합하여 '북로독군부'를 내오고 부장에 최명록, 부관에 안무. 사령관에 홍범도(洪范圖), 사령관부관에 주건이 각기 취임

1920년(민국 9년) 6월 7일, 홍범도 장군이 인솔한 반일 무장대오는 왕청 '봉오동'에서 조선으로부터 오는 일본 제19사단의 야스가와 대대와 남양수비대를 섬멸

1920년(민국 9년) 9월 12일 일제는 친일비적 코싼(靠山) 통하여 동녕현 노 흑산 일대에 둥지를 틀고 있는 토비 왕사해, 만순 등을 매수하여 훈춘현소재지를 습격하게 함. 즉 '훈춘사건'을 발동. 400여 명의 비적들은 훈춘에 쳐들어가 변방초소에 불을 지른 후 현공서, 세무국, 전보국을 들이침

1920년(민국 9년) 10월 2일 일제는 토비두목들인 진동, 진중하와 만순의 토비무리 400명을 사촉하여 훈춘일본령사분관을 습격하게 함

1920년(민국 9년) 10월 연변에 출병한 일제침략군은 훈춘, 왕청, 연길, 용정, 화룡 및 동녕 등지에서 조선인 반일무장대오와 조선거주지역에 대해 '경신년대토벌'을 감행함. 불완전한 통계에 따르더라도 훈춘, 연길, 화룡, 왕청 4개 현에서 일본침략자들은 조선인 백성 3,500여 명을 살해하고 5,058명을 체포하였으며 가옥, 2,500여 채, 사립학교 30여 개소, 양곡 4만 5,000여 섬을 불태움

1920년(민국 9년) 10월 13일 연길현 북 하마탕에서 반일무장 각파의 연합회의가 열리고 군사행동의 통일을 일치하게 결의

1920년(민국 9년) 10월 21일부터 26일까지 홍범도, 김좌진(金佐鎭) 등이 영솔
하는 반일무장부대들이 일제의 '경신년대토벌'을 분쇄하기 위하여
화룡현 삼도구, 이도구 등지에서 '청산리전역'을 벌림

1920년(민국 9년) 조기공산주의자 이동휘, 박진숙 등은 국제공산당대표들과
함께 상해에 가서 급진적인 조선민주주의자들에게 러시아사회주의
혁명의 경험을 소개하고 맑스주의와 노동혁명사상을 선전함

1920년(민국 9년) 양세봉(梁瑞鳳)이 동북에 들어와 민족의 해방을 위하여 적
극적으로 활약. 1923년 정의부의 군대에서 제3중대 중대장으로 승
급되어 군사 활동에 종사

1920년(민국 9년)대 초 중국동북 지역의 조선인 수가 급증하여 모두 515,865
명에 이름

1921년(민국 10년)에 이르러 길림부근은 물론 영길, 교화, 신참(新站), 서란 남
부지역에 1,500여 호의 조선인이 1,600여 정보의 논농사를 지으며 삶

1921년(민국 10년) 5월 이동휘 등은 상해에서 인쇄소를 꾸리고 맑스주의 서
적들을 조선글로 출판함

1921년(민국 10년) 동북지구의 수전 총면적은 73만 3,700여 무에 달했고 총
수확량은 123만 4,000여 섬이나 됨

1921년(민국 10년) 길림교육청에서는 조선인교육을 정돈할 계획을 작성, 연
변 4개 현에서 학생을 모집하여 중국인의 자녀와 조선인의 자녀들을
함께 공부시킴으로써 동화의 효과를 거두려 함

1921년(민국 10년) 연길현 와룡동에 창동(昌東)강습소, 소영자에 광성(光成)강
습소, 화룡현 대립자(大砬子) 명동(明東)강습소, 자동(子洞)에 정동(正東)
강습소, 훈춘의 북일(北一)학교가 각각 창동학원, 광서중학교, 명동중
학교, 정동중학교로 발전

1921년(민국 10년) 1921년부터 일본은 연변에 경찰서 14개를 증설하고 남만
과 동만에 '조선인민회'를 설립하여 '조선사람으로 조선사람을 제압
하게'한 동시에 '경신년대토벌'시의 피해자를 위로하고 도와준다는
이름으로 '조선인민회'에 '금융부'를 설치하고 고리대를 대대적으로

놓게 하여 조선인인민들을 착취

1921년(민국 10년) 조선 조기의 맑스주의 단체들이 상해와 소련에서 발행한 많은 조선문 간행물들이 조선인의 집거지구에 육속 전파. 조선문 판 '공산당선언'이 상해에서 처음으로 발행

1922년(민국 11년) 조선의 조기공산주의자들이 육속 용정에 와서 각급 학교의 교원과 학생들에게 맑스주의 사상을 전파

1922년(민국 11년) 동북의 조선인 인구는 51만 5,868명 증가

1922년(민국 11년) 동변도 일대 조선인은 25231호, 11만 4345명, 대부분 압록강 상류지구에 집중

1922년(민국 11년) 봉천성(지금의 요녕성)에 159,907명, 길림성에는 490,020명, 흑룡강성에는 66,100명이 있었고 연변의 화룡, 연길, 왕청 등 3개현의 인구는 도합 444,420명이었는데 조선인이 35만으로 80% 차지함

1922년(민국 11년) 화룡현 평강 장흥동에서 임민호를 비롯한 동흥중학교 학생들은 '동구청년회(東球靑年會)'를 조직하고 여러 가지 문체활동을 벌리면서 맑스주의를 선전

1923년(민국 11년) 여름, 조선서울청년회의 주요활동가의 한사람인 김사국은 방한민과 함께 용정에 망명하여 와서 당지의 선진적인 지식인과 함께 '동양학원'을 설립, 동양학원에서 맑스-레닌주의와 사회주의 혁명사상을 대대적으로 선전하고 군중사업을 적극적으로 진행

1924년(민국 13년) 5월 참의부 건립, 10월 정의부의 건립, 1925년 3월 신민부의 건립-참의부, 정의부, 신민부의 창립은 동북에서의 반일단체들의 대통합의 상징으로서 조선인들의 반일투쟁이 새로운 고조기에 들어섰음을 말해줌

1920년대 초 중국 동북지역의 조선인 수가 급증하여 515,865명에 이름

1924년(민국 13년) 6월 동북군벌정부에서 '동변도 각 현의 조선인학교를 폐교할 데 관한 조례'를 발포하여 각지의 조선인학교들에서 한족 교원과 교재를 채용하도록 강박, 그리지 않으면 학교 문을 닫아걸도록

하여 많은 학교들이 할 수 없이 학교운영을 중지함

1924년(민국 13년) 11월 반석에서 길림, 돈화, 반석, 화전 등지의 청년회가 연합하여 '남만한인청년총동맹'을 결성

1925년(민국 14년) 11월에는 중동철도연선의 철령하에서 '북만노청년총동맹'이 결성

1925년(민국 14년) 12월 봉천군벌정부에서 '한국교민관리규약', '한국교민을 고용하여 황무지를 일구어 벼를 심는 것을 관리하는 법' 등을 발포하여 조선인 농민들을 제한하고 박해함

1925년(민국 14년) 6월 11일 조선총독부 경무국장 미쯔야(三矢)와 봉천성 경무처장 우진(宇珍)이 봉천(심양)에서 '조선인 취제 방법에 관한 중일쌍방의 토의결정요강'을 체결함. 즉 '미쯔야협정'을 체결함

1926년(민국 15년) 1월 연변 각지 청년단체들의 대표회의가 용정에서 소집되고 전 연변지역의 청년들을 통일적으로 영도하는 '동만청년총동맹'이 세워짐

1926년(민국 15년) 말 통계에 의하면 조선인 학생수는 6,549명, 학교수는 157개임

1926년(민국 15년) 5월 아성현에서 중동철도연선 각 청년단체대표회의가 열려 '북만조선인청년총동맹'이 세워짐

1926년(민국 15년) 연변의 연길, 화룡, 왕청, 훈춘의 인구는 444,420명이었고 그중 조선인인구는 356, 210명으로서 가장 많은 수를 차지함

1926년(민국 15년) 말 일본간도총령사관의 조사에 의하면 4개 현 농업총수확고는 2,571,649석이다.

1927년(민국 16년) 12월부터 진보적인 신문 『민성보(民聲報)』가 용정촌 신안진(지금의 용정시 신안진)에서 한문과 조문으로 발행됨, 사장은 관준언(關俊彦)이었고 조문판 주필은 주동교(朱東敎), 편집은 심여추(沈茹秋), 주동욱(周東郁)

1927년(민국 16년) 수많은 조선인들이 이미 개척한 땅을 버리고 조선으로 돌아가거나 북만으로 이사함. 1927년(민국 16년) 1년 사이에 동북에

있던 조선인들 중 조선에 돌아간 사람이 569명, 북만지역에 이사하여 간 사람이 1,080명이나 됨

1927년(민국 16년) 10월 3일 용정의 천여 명 학생들이 반일시위를 하자 일제가 이 시위를 진압한 '제1차간도공산당사건'이 일어남

1927년(민국 16년) 11월, 길림지구의 조선인인민들이 주민대회를 열고 '길림한국교민구축문제에 대한 대책연구회'를 조직하고 12월 '귀회선민'을 보호하며 차별시하지 말고 꼭 같이 대할 것을 요구하는 청원서를 성당국에 제기

1927년(민국 16년) 4월 임강(臨江)에서 조선인을 보호한다는 명의로 영사분관을 설립

1927년(민국 16년) 11월 20일 중국 측에서는 교육부령으로 '외국인경영학교취제변법(外國人經營學校取締辦法)'을 제정함

1928년(민국 17년) 1월 봉천에서 남만 23개 지구의 조선인 인민대표회의를 소집하고 조선인주민들에 대한 군벌정부의 박해를 배격할 대책을 토의

1928년(민국 17년) 2월 주동교는 중공 용정촌지부를 건립하였는데 이는 연변조선인지역에서 첫 번째로 건립된 중국공산당 기층 조직임

1928년(민국 17년) 5월 1일 용정, 두도구, 국자가 등지의 혁명적 교원과 학생 그리고 농민대중들은 "일본제국주의를 몰아내자!", "토호렬신을 타도하자!" 등 구호를 웨치면서 '5·1국제노동절'을 기념하기 위한 시위행진을 연합으로 진행

1928년(민국 17년) 5월 12~26일 길림성 화전현에서 전동북 각 단체를이 참가한 전민족유일당조직촉성회의가 소집, 회의에서는 유일당조직방략을 집중적으로 토론

1928년(민국 17년) 7월 길돈선, 길장선 철도의 3,000여 명 노동자들은 군벌과 철도국관원들이 노동자들의 예비금을 제멋대로 빼돌리고 점유한데 항의 하여 동맹파업을 단행

1928년(민국 17년) 8월 중공동만구위원회가 건립되고 그 산하에 9개 지부, 22명의 당원이 있음

1928년(민국 17년) 9월 전 동북 3차당원대표대회에서 만주성림시위원회를
　　　　중공만주성위로 고치기로 결정, 진위인이 성위서기로 됨

1928년(민국 17년) 9월 2일 고려공산청년회 동만도위원회에서는 국제청년절
　　　　을 계기로 용정 및 주변의 수천 명 청년들을 동원하여 반일 시위를
　　　　벌이자 일제가 진압한 '제2차간도공산당사건'이 일어남

1928년(민국 17년) 10월 15～17일 연길, 화룡, 왕청, 훈춘 등지의 각계층인
　　　　민들은 '로농상학연합회'를 내왔으며 모임을 가지고 길회선철도(돈화
　　　　－도문강구간)의 부설권을 일본에 넘겨준 봉천군벌과 길림당국의 매
　　　　국행위를 성토

1929년(민국 18년) 1월 5일 연변의 철도보호대표단은 남경에 가서 길돈선철
　　　　도를 연장하려는 일제의 음모를 파탄시키고 인민자체로 자금을 모아
　　　　철도를 부설할 문제를 가지고 정부당국에 향하여 청원을 함

1929년(민국 18년) 4월 조선공산당을 재조직할 것을 연원하는 각 파 대표들
　　　　은 길림성 돈화에 모여 '일국일당' 원칙에 따라 국제공산당 조선공
　　　　산당지부를 취소하기로 한 국제공산당 제6차 대표대회의 결정과 국
　　　　제공산당 중앙집행위원회 정치부 서기국에서 채택한 '12월테제'정신
　　　　에 따라 조선공산당을 재조직하기 위한 준비사업위원회를 내옴

1929년(민국 18년) 민족 유일당 조직촉성운동이후 '3부(참의부, 정의부, 신민
　　　　부)'는 해체되고 남만에서는 조선혁명당과 국민부, 북만에서는 한국
　　　　독립당과 한국(韓族)총연합회가 각지 재조직

1929년(민국 18년) 6월 4일 중공중앙 정치국회의에서 유소기를 중공 만주성
　　　　위 서기로 임명

1929년(민국 18년) 9월 주덕해는 용정부근에서 화룡현 공립소학교 교장 김
　　　　광진(김근)의 소개로 혁명대오에 참가하여 혁명활동을 시작함

1929년(민국 18년) 10월에 중공중앙의 지시를 받고 파견되어 온 상해한인지
　　　　부의 이국화(홍남표)와 기명시(김희성)가 중공북만특위의 지도 밑에
　　　　당조직건립사업을 시작

1929년(민국 18년) 9월에 조선혁명당이 창립되고 양세봉(梁瑞鳳)이 소속한 부

대는 조선혁명군으로 개칭됨, 양세봉은 조선혁명군 제3중대장으로 임명

1929년(민국 18년) 말 조사에 의하면 연변 4개현(연길, 화룡, 왕청, 훈춘)에 시장이 30개 있음

1930년(민국 19년) 1월, 중공만주성위의 령도 밑에 하르빈에서 열린 조선인 여러 맑스－레닌주의 단체연석회의에서 반제반봉건투쟁을 공동으로 진행하며 중국공산당에 가입할 문제 등을 토의함

1930년(민국 19년) 3월부터 중국의 조선공산주의자들은 국제공산당의 '일국일당'의 조직원칙에 따라 원래의 조직들을 해산하고 개인의 신분으로 중국공산당에 가입함, 이때로부터 조선인 인민들은 중국공산당의 영도 밑에 중국혁명에 직접 참가하여 제국주의, 봉건주의 및 관료자본주의를 때려 엎는 투쟁에 뛰어듦

1930년(민국 19년) 4월 5일에 내린 '<5 · 1>에 대한 사업결의'의 지시에 따라 중국공산당의 영도 밑에 '5 · 1절'을 계기로 성세 호대한 '붉은5월투쟁'을 벌임

행동구호 : '일본제국주의를 타도하자!', '국민당군벌정부를 타도하자!', '토지혁명을 실시하고 쏘베트정부를 수립하자!'

1930년(민국 19년) 6월에 중공 반석현임시위원회가 건립되고 8월 하순에는 정식으로 중공만주성위원회가 직속된 반석현 위원회로 됨

1930년(민국 19년) 동북3성인구의 3%를 차지하는 조선인인민들은 당시 동북3성 벼 산량의 90.1%를 생산. 수전 면적은 900여 만 무로 확대되었으며 벼의 생산량은 1,300만 섬에 달함

1930년(민국 19년) 4월 9일 중공만주성위에서 '전 만주농민투쟁강령', '재만한인노농운동에 대한 결의초안' 및 '재만조선인 공산주의자들에게 고하는 글'을 발포하여 파쟁을 극복하고 중국공산당에 가입하여 여러 민족 인민들과 함께 반제반봉건투쟁을 진행할 것을 조선인공산주의자들에게 호소

1930년(민국 19년) 3월과 4월에 화룡현 내풍동에서 시위투쟁계획을 작성하

고 붉은 수기와 수만 장의 삐라를 찍어 살포, 두도구 주변의 수천 명 농민들은 세 길로 나뉘어 두도구에 들어가 시위투쟁을 벌림. 시위투쟁은 일제의 피비린 탄압을 받았고 수백 명의 간부와 군중들을 체포한 '제4차간도공산당사건'이 일어남

1930년 영안으로 전이한 주덕해는 중국공산주의 청년단에 가입했으며 영안, 밀산, 벌리 등 현에서 항일구국투쟁에 종사하였고 1931년 5월에 중국공산당 당원으로 됨

1930년(민국 19년) 5월 27일에 길림성 화룡현 평강 약수동, 장인강, 두도구 일대의 1,000여 명 군중들은 신춘의 지도 밑에 약수동 상촌에서 성대한 집회를 가지고 쏘베트 정부의 창립을 선포

1930년(민국 19년) 5월 30일 밤 약수동, 장인강, 세린하, 이도구와 영풍 등지의 군중들은 당 조직의 지도 밑에 두도구를 포위하고 이도구, 삼도구와 용정으로 통하는 전화선을 끊어놓았으며 두도구의 조선인민회 사무실과 사도구 중평촌 보광소학교를 불태워버렸으며 두도구에 주재하는 일본영사분관을 습격

1930년(민국 19년) 8월 1일 길－돈철도 연선에서 폭동대오를 조직하여 일제히 당지 지방군벌들의 병영을 습격하여 무장을 탈취함

1930년(민국 19년) 8월 13일 화룡현 평강에서 연변 제1차 당원대표대회가 소집되어 중공연화중심현위원회가 정식으로 건립. 10월에는 중공동만특위가 건립되고 그 산하에 연길, 화룡, 왕청, 훈춘 4개 현위원회에 19개 구위원회가 망라되어 전 연변의 반제, 반봉건투쟁을 영도함

1930년(민국 19년) 8월말 중공연화중심현위원회에서는 '중공 만주성위원회'의 지시에 따라 각지의 농민대중들을 동원하여 추수폭동을 일으키기로 결정

1930년(민국 19년) 9월에 연길과 화룡현에서 시작한 '추수봉기'가 재빨리 전 동만에 파급됨. 이번 농민봉기는 일제와 봉건세력에 심대한 타격을 주었으나 투쟁조건이 아직 구비되지 못한 상황임에도 불구하고 맹동적으로 싸웠기에 투쟁을 실패

구호 : '일제기관을 파괴하자.', '친일세력을 타도하자', '봉건지주를
　　　 타도하고 토지혁명을 실시하자.', '쏘베트정권을 세우자.', '적
　　　 색유격대를 건립하자.'

1930년(민국 19년) 9월부터 이듬해 1월까지 연변에서는 중국공산당의 영도
　　　 밑에 토지혁명과 유격대창건을 목적으로 한 대규모의 농민폭동이 일
　　　 어났는데 이것을 '간도농민폭동'이라고 함

1930년(민국 19년) 10월 12일 왕청현 백초구에 주둔한 동북구 관병은 "공산
　　　 당과 내통한다."는 죄명으로 당지 조선 유민 30여 명 체포하여 연길
　　　 에 압송함

1930년(민국 19년) 11월 길림성에서는 교육부를 통하여 조선인학교를 규제
　　　 하기 위하여 '간민사립학교취제법(墾民私立學校取締法)'을 제정 공포

1930년(민국 19년)에 이르러 조선인은 이미 흑룡강성의 54개 현에 분포되어
　　　 있었고 인구는 397세대에 48, 326명에 달함

1930년(민국 19년) 만주의 조선인 607,119명, 흑룡강성의 조선인은 44,463
　　　 명임

2. 일제의 동북침략시기 중국에서의 조선인

1931년(민국 20년) 1월 11일 중공만주성위 서기 유소기가 하르빈에 도착함,
　　　 이달 하르빈에서 중국공산당과 조선공산당의 각파 대표가 참가한 연
　　　 석회의를 열고 만주에 있는 조선인들과 여러 민족 인민들이 손잡고
　　　 공동으로 반제 반봉건투쟁을 진행할 문제와 조선공산당 당원들을 중
　　　 국공산당에 받아들인 문제를 토의

1931년(민국 20년) 1월 23일 동만지구에서 일본제국주의의 노예교육정책과
　　　 민족차별정책을 반대하는 성세호대한 반일애국학생운동이 일어남,
　　　 룡정의 은진, 대성, 동흥, 명신 등 중학교의 교원들과 학생들은 동맹

휴학을 하고 반일성토대회를 열고 시위행진을 진행

1931년(민국 20년) 5월 간도 연길현 교육국을 시켜 '사립학교 취제에 관한 규칙' 10개조를 제정하여 시행하여 조선인을 중국에 동화시키려는 교육을 끈질기게 추진

1931년(민국 20년) '9·18'에 일본이 '유조구사건'을 조작하여 중국의 동북에 대한 침략전쟁을 일으킴. 9월 22일, 중공중앙에서 중국을 침략하는 일본제국주의를 반대하는 선언발표

1931년(민국 20년) '9·18'사변 당시 봉천 즉 심양에 거주하고 있던 조선인 160여 명이 전쟁피해로 목숨을 잃고 128명이 부상을 입었으며 190여 명이 행방불명

1931년(민국 20년) 중국정부 조선이주민을 제한하고 정착한 조선인들에게 박해하여 동북조선인 인구는 63만 982명

1931년(민국 20년) 12월 19일에 있은 '홍경사건(신빈사건)'으로 하여 조선혁명군은 엄중한 손실을 입고 매우 어려운 처지에 놓임

1931년(민국 20년) 63만 명을 넘는 이주민들이 중국 만주 땅에 밀려들어와 살고 있었음

1931년(민국 20년) 통계에 의하면 반일지사 및 민중이 경영하는 동북각지의 학교는 280개로 학생 수는 7,070여 명이었으며 종교계학교가 108개로 학생이 6,433명이었음

1931년(민국 20년) 9·18사변 전까지 동북에 거주하고 있는 조선사람의 총 수는 100여 만에 달해 동북 총 인구의 30분의 1을 차지함

1931년(민국 20년) 9월 연변지구에는 연길주재 길림성특파행정전원림시판사처가 설치, 4개현 행정사무를 관할

1931년(민국 20년) 조선총독부는 '선인이민사회건설계획안(鮮人移民社會建設計劃案)'을 마련하여 만주로의 이주정책을 적극적으로 추진

1932년(민국 20년) 1월에 일본제국주의는 이른바 '만몽문제처리방침요강'을 조작하여 동북3성 각지의 한간, 군벌들을 긁어모아 '동북행정위원회'를 내옴

1932년(민국 20년) 1월 만철(滿鐵)지방농무과에서 '재만주이민책요강'을 제정

1932년(민국 21년) 봄, 연변 여러 민족 인민들이 동만특위(東滿特委)의 영도 밑에 춘황투쟁과 일본제국주의의 주구를 청산하는 투쟁을 벌임

1932년(민국 21년) 봄, 중공반석중심현위원회 '특무대(즉 개잡이대)' 대장 이 홍광은 특무대와 반일회성원들을 영솔하여 '쌀빼앗기투쟁'을 벌임

1932년(민국 21년) 3월 1일 일본제국주의가 '부의'를 '집정'으로 하는 동북 에 괴뢰정권 '만주국'을 세우고 '만주국건국선언(滿洲國建國宣言)'을 발 표하여 '신국가'를 중국과 탈리한 '독립국가'인 것처럼 분식

1932년(민국 21년) 3월 1일 50여 명으로 구성된 일본군 '토벌대'는 왕청현 대감자에 짓쳐들어와 30여 명의 무고한 백성을 살해

1932년(민국 21년) 3월 일본제국주의는 동만에서 첫 '대토벌'을 감행하여 항 일군중을 대대적으로 체포하고 학살하였으며 '해란강대류혈사건'등 학살사건을 많이 조작

1932년(민국 21년) 4월부터 이른바 '간도파견대'를 연변에 출병시켜 연변인 민들에 대한 발광적인 '소탕'을 들이대어 '해란강대참안'과 같은 수 십, 수백 차의 참안을 빚어냄

1932년(민국 21년) 봄 일제군경들은 기신촌 북산언덕에 11명의 혁명자들을 이곳에 끌고 가서 하나 하나씩 굴 안에 밀어 넣고 생매장하여 죽임

1932년(민국 21년) 봄부터 가을까지 연길, 화룡, 왕청, 훈춘 등 현에서 선후 하여 당이 영도하는 항일유격대를 창건. 금천, 해룡 등지의 조선인인 민들이 당의 영도 밑에 '해룡반일유격대'를 창건

1932년(민국 21년)부터 1933년 3월까지 선후하여 일제는 381차의 '토벌'을 감행하고 4,000여 명의 무고한 백성들을 살해함

1932년(민국 21년) 5월 7일 양림은 성당위원회의 지시에 따라 이동광, 이홍 광 등과 함께 유명한 '하마하자반일봉기'를 조직

1932년(민국 21년) 5월 연변에서의 조선인사립학교(종교계통의 사립학교는 제 외)가 그전 해의 109개로부터 28개로 감소되었는데 폐교된 학교가 77개로서 70%를 차지하며 학생은 1,546명, 교원은 111명 감소됨

1932년(민국 21년) 7월 만철경제조사회 제2부 제1반은 '재만선인근본대책'을 작성, 조선이민을 제한하는 동시에 조선지식인의 천입을 더욱 방비함

1932년(민국 21년) 8월 일제관동군은 만철경제조사회를 시켜 '재만조선인이민대책요강'을 만들게 하고 조선인에 대한 '통제－안정정책'을 제정

1932년(민국 21년) 9월 15일 일본은 '만주국'을 승인하고 강제적으로 '일만의정서(日滿議定書)'를 체결. '의정서'에는 과거 일본인이 향유하고 있던 일체 권리를 확인하며 양국이 함께 국가를 보위하며 일본군대는 '만주국' 내에 주둔하며 '만주국'의 국방, 치안, 외교는 일본이 관리하고 이에 필요한 경비는 '만주국' 정부에서 부담. 철도, 항만, 수로, 항공은 일본 혹은 일본이 지정한 기관에 교부하며 일본인이 '만주국' 각급 관리를 담임한다고 규정

1932년(민국 21년) 하반 년 연변 4개 현(연길, 화룡, 왕청, 훈춘)과 반석현에서 선후하여 '항일유격근거지'를 창설하고 '쏘베트정권'을 세우고 혁명위원회를 내옴

1932년(민국 20년) 가을, 연변 여러 민족 인민들이 '중공동만특위'의 영도 밑에 대규모적인 추수투쟁을 벌려 승리를 전취

1932년(민국 21년) 10월부터 이듬해 봄까지 일제가 많은 병력을 파견하여 동만 유격근거지에 대한 제2차대 '토벌'을 발동, 항일유격대가 당의 영도 밑에 적의 '포위토벌'을 분쇄

1932년(민국 21년)에 이르러 동북의 조선인학교가 377개로 감소되었고 원래의 학교 총수의 근 47%나 하강됨

1932년(민국 21년) 봄부터 1933년 봄까지 일만군경들은 화련리를 중심으로 한 연길현 해란구에 대해 94차의 '토벌'을 감행하여 공산당원과 항일군중 1,700여 명을 살해

1932년(민국 21년) 10월 31일 '만몽이민계획요강'을 작성함. 만주의 이민은 주요하게 일본 내지의 사람과 재향군인 및 남녀청년으로 구성됨. 여기에는 '만(滿), 선(鮮)남녀청년'도 포함

1932년(민국 21년) 만주국이 건립된 후 일제의 통치구에 속해 있던 조선인 학교는 조선총독부의 관할 하에 들어갔고 반일 경향을 지니는 학교를 운영하지 못하게 함

1933년(민국 22년) 용정에서 이주복, 강경애, 김국진, 박화성, 천청송 등이 발기로 조선인 문학동인회 '북향회(北鄕會)'가 결성

1933년(민국 22년) 봄 일본이 연변에서 '집단부락'정책을 실시하여 항일유격대와 인민군중과의 연계를 끊어버리려고 시도하고 또 '동양척식회사'를 통하여 '자작농창정법'을 실시. 조선인 빈고농민들이 일본식민회사의 소작농으로 전락

1933년(민국 22년) 11월, 일본침략군이 많은 병력을 파견하여 동만 유격근거지에 대한 제3차대 '토벌'을 발동, 유격근거지의 군대와 인민들이 당의 영도 밑에 적의 '토벌'을 격퇴

1933년(민국 22년) 8월 25일에 『만몽신문』이 창간되었는데 이는 국한문판의 일간신문이고 관동군의 기관지. 1937년 '7·7사변' 후『만몽신문』을 『만선일보』로 고침

1934년(민국 23년) 3월 1일 일본제국주의의 획책 밑에 '정부조직법'을 개정하여 '민주제'를 '제정군주제(帝政君主制)'로 고치고 '부의'를 강박하여 이른바 '황제즉위조서'를 발표하게 하여 '황제'의 지위에 오르게 하고는 국명을 '만주제국', 연호를 '강덕'으로 고침

1934년(민국 23년) 통계에 따르면 동북 벼 총 수확고의 90.1%가 조선인 농민에 의해 생산됨

1934년(민국 23년) 11월 5일, 림강현 사도구 이차에서 중공남만 제1차 대표대회를 소집하고 중공남만임시특위를 내옴. 이홍광을 서기로 임명하였으며 독립4사를 동북인민혁명군 제1군으로 확대, 편성할 것을 결정

1934년(민국 23년) 11월 25일, 관동군특무부의 조직 하에 '제1차개척민회의'를 소집하고 다시 새롭게 '적극적으로 일본 개척민을 받아들이고, 조선개척민을 통제 지도하며 중국인 개척민을 조정한다.'는 관동군의 입장을 천명함

1934년(민국 23년) 도문에서 목단강까지 기차가 통하고 1936년에는 도문에서 가목사까지 기차가 통하자 목단강지구와 합강지구에 조선인 이민이 많이 늘어남

1935년(민국 24년) 1월, 조상지와 이복림이 영도하는 주하 '동북반일유격대 하동지대'가 동북인민혁명군 제3군으로 확대, 편성됨

1935년(민국 24년) 안수길은 그의 집에 기숙을 하고 있던 광명중학교 영어교사 이주복(李周福)과 함께 해란강 기슭을 산책하다가 뜻을 모아 '북향회'라는 문학동인회를 만들기로 함. 1년 반 이후 이주복은 용정에서 '북향회'를 만듬, 문예동인지 '북향(北鄕)'은 1935년에 제1호를 내고 1936년에 2~4호까지 모두 3권을 냄

1935년(민국 24년) 9월 '재만조선인교육개선안'에서 '9 · 18'사변 전의 '재만조선인 교육은 일본의 정책을 떠났기 때문에 실패하였다.'고 하면서 '사변이 좋은 시기에 교정(敎程) 개혁을 틀어쥐어야 한다.'고 함

1935년(민국 24년) 길림성조선인 사립학교는 231개로서 '9 · 18'사변 전의 308개(종교단체가 꾸린 사립학교를 포함)보다 77개가 감소되었으며 43.6%가 하강

1935년(민국 24년) 통계에 따르면 연변 각 지방에 건립된 '집단부락'은 144개이고 1만 2,362세대를 '수용'함

1935년(민국 24년) 흑룡강성에는 조선인이 19,049세대, 87,350명이 59개 현에 분포됨

1936년(민국 25년) 1월 항일부대 수뇌자회의가 탕원현에서 소집되었는데 이 회의에서 '동북항일련군'을 조직할 것을 결정함

1936년(민국 25년) 8월 일본관동군이 이른바 '동만조선인지도요강'과 '선농취제요강'을 제정하고 해마다 1만 세대, 5만여 명의 조선파산농민들을 '치안'이 비교적 '안정'된 연변 및 동변도의 23개 현에 이주시킨다고 규정, 조선인의 거주 지구를 확정하고 집단부락을 만들어 엄격히 통제할 것을 계획함

1936년(민국 25년) 9월에 조선총동부와 만주국은 조선인의 이주를 보다 계

획적으로 추진하기 위하여 조선의 서울과 괴뢰만주국의 신경(장춘)에 각각 조선이민 경영기구인 '선만척식주식회사'와 '만선척식유한주식회사'를 세움

1936년(민국 25년) 10월 중경에서 한국청년전지공작대가 결성됨, 그들은 서안으로 가기 전 항일전선 제1선의 장병들에게 겨울옷을 장만하여 보내려는 목적으로 중경 대량자 청년회관에서 문예공연을 함

1936년(민국 25년) 장백산유격구에서 '붉은기', '전투기발', '서광', '레닌기발' 등이 나옴

1936년(민국 25년) 동북의 조선인인구는 85만 4,411명

1937년(민국 26년) 일제는 동북지구에서 이른바 '치외법권(治外法權)'을 철폐한 후 종래의 남만철도주식회사에서 경영해오던 만철연선 14개 조선인보통학교를 제외하고 자기들이 직접 장악해오던 조선인학교에 대해 교육행정권을 '만주국'정부에 이양

1937년(민국 26년) 초 중공 장백현위가 나옴

1937년(민국 26년) 3월 10일 위만주국정부에서는 '학교교육에서 철저하게 일본어를 보급할 데 관한 지령'을 공포

1937년(민국 26년) 4월 1일 '안동, 봉천 두 개성 移住鮮人統制規定'을 실시함. 조선이민은 조선총독부에서 발급한 이주증명서가 없으면 중국의 동북에 천입할 수 없으며 일본과 만주국 각 기관에 협조를 요구해야 함. 조선이민은 반드시 집단부락에 집중하여야 하고 기타 각 지역에 산재해 살 수 없음

1937년(민국 26년) 5월 일제는 식민지 노예교육을 진일보 확립하기 위하여 '학교령' 및 '학교규정'을 제정, 공포하고 교육취지를 '도의의 확립', '일만일덕일심', '실학의 기초', '민족협화'로 삼음

1937년(민국 26년) 5월 2일 '신학제'의 기본법령인 '학제요강', '학사통칙', '국민학교령', '국민학사 및 국민의숙에 관하여', '구민우급학교령', '대학령', '사도학교령', '직업학교령', '사립학교령' 등 일련의 교육법령을 반포. 주요내용은 조선인학교들에서 조선말과 글을 취소하고

일본어로 된 교재를 쓰고 일본어 교수시간을 대폭 늘이는 것임

1937년(민국 26년) 10월 21일 용정의 『간도일보』(1920년 창간)와 신경의 『만봉일보』(1933년 창간)가 병합되어 『만선일보(滿鮮日報)』로 발족. 안수길은 8년 동안 『만선일보』의 기자로 일함, 일종의 만주국 기관지로서 만주국의 건국이념과 국책사업에 대한 홍보를 담당, 재중조선인 작가들의 유일한 작품발표 무대

1937년(민국 26년) 7월 일본제국주의가 조선인인민들에 대하여 민족동화정책을 강박적으로 실시

1937년(민국 26년) 신학제가 공포되었고 새 교과서가 편찬됨, 교과서는 민족사상의식과 조국 관념을 타파하고 친일정서를 조장

1938년(민국 27년) 일본제국주의는 조선인학교의 소학교 고급학년 이상의 학생은 일본말을 해야 하고 조선어문을 사용하여서는 안 된다는 규정한 '조선교육령'을 발포

1938년(민국 27년) 3월 3일 제3차 '조선교육령'에 의하여 만철에서 경영한 14개 보통학교는 일본인을 위한 학교와 동일하게 '심상(尋常)소학교'로 명칭을 고치고 수업 년 한을 6년으로 함. 황민화교육을 강행, 동북3성을 강점한 초기부터 조선인학교에서 일어를 국어라고 하면서 일어교수시간을 대폭 늘인 반면에 조선어교수시간을 대폭 줄임

1938년(민국 27년) 4월 자진 제재한다는 기만적 수단으로 각급 학교에서의 조선어과를 완전히 취소

1938년(민국 26년) 5월 괴뢰만주국정부에서 '국가동원령'을 발포하여 조선인인민들을 강압적으로 '근로봉사대', '협화청년의용봉사대'에 편입시켜 고역에 시달리게 함

1938년(민국 26년) 7월 일본관동군은 조선인 이민범위를 확대하기로 결정하고 '조선인 농민처리요강'을 반포. 주요내용은 조선인 이민을 의연히 해마다 1만 세대 씩 받아들이되 이민지역을 중－소 국경지대와 특정지역 외의 전 동북의 39개 현으로 확대하는 동시에 이민형태를 집단이민, 집합이민, 분산이민 등 3개 부류로 획분함

1938년(민국 26년) 가을부터 1939년 봄에 이르기까지 일제침략자들은 '3성 련합대토벌', '삼강성대토벌' 등 대규모적인 '토벌'을 감행. 일제침략자들은 이르는 곳마다에서 살인, 약탈, 방화를 일삼으면서 하늘에 사무치는 만행들을 저지름

1938년(민국 26년) 9월 11일 일제는 조선인의 성씨를 일본 성씨로 바꾸는 '창씨개명' 정책을 발포하여 조선인들이 자기의 이름을 쓸 권리마저 박탈하고 모든 조선인들을 '황민'으로 동화시키려고 함

1938년(민국 26년) 동북각지의 집단, 집합 이민은 5,955호, 24,156명에 달함

1939년(민국 28년) 10월 친일문학단체 '조선문인협회'가 결성됨

1939년(민국 28년) 11월 10일 총독부 제령 제19호로 '조선민사령'을 개정하여 조선 사람의 성명제를 일본식의 씨명제로 한다고 규정

1939년(민국 28년) 동북의 조선인인구는 106만 5,528명

1939년(민국 28년) 총독부 제령 제19호로 '조선민사령'을 개정하여 조선사람의 성명제를 일본식의 씨명제로 한다고 규정함

1939년 12월 연변은 보갑제를 취소하고 가, 촌, 툰을 설치

1940년(민국 39년) 3월 25일, 1로군 제2방면군이 안도현 홍기하에서 일제와 괴뢰만주국의 마에다 삼림경찰토벌중대를 전멸, 겨울, 동북항일련군 각 로군 소속부대가 연이어 소련 경내로 이동

1940년(민국 39년) 후부터 위만주국 학교에서 조선어과가 취소당함, 일상생화에서 일어를 사용어로 할 것 강요함

1940년(민국 39년) 조선총독부 안에 '조선이주협회'를 내오고 필요한 지구에 분회를 내옴. 협회의 임무는 개척민 사업에 대한 조사와 연구, 개척민 훈련, 개척유공자 장려 등

1940년(민국 39년) 흑룡강성은 조선인이 3만 세대가 넘었고 인구는 153, 357명에 달함

1940년(민국 39년) 만주의 조선인은 1,1145,018명

1940년(민국 39년)대부터 공적업무에서는 물론 사생활에서도 남녀로소를 가리지 않고 모두가 일본말만을 쓰도록 노골적으로 강요함

1941년(민국 30년) 3월 조선에서 발표한 '국민학교령'에 근거하여 심상소학
교들은 '재만국민학교'라고 개칭, 수업 년 한을 6년으로 함

1941년(민국 30년) '국민학교규정'에 따라 조선에서처럼 학교에서의 조선어
의 사용과 교육을 취소함, 민족교육을 위한 모든 사립학교를 폐교

1941년(민국 30년) 6월에 반포된 '만주개척정책기본요강'에 따르면 집단이
민, 집합이민은 해마다 1만 세대의 절반을 점하여야 하였는바 새로
운 규정에 따라 재래의 집단이민은 집합이민으로 취급되고, 새로운
집단이민은 '일본개척단법'에 따라 조직되는 '개척단이민'이 됨

1941년(민국 30년) 8월, 일본이 '양곡출하제'를 실시하여 침략전쟁에 수요되
는 양곡을 농민들에게 전가시키고 강박적으로 '수매'함으로써 농업
산량이 해마다 내려감

1941년(민국 30년) 12월 8일, 일본제국주의는 태평양전쟁을 일으킨 후에 중
국인민을 더 발광적으로 약탈하고 압박, 착취함

1941년(민국 30년) 훈춘 국민고등학교 학생들이 비밀리에 '조선문예보급회'
를 내오고 강령을 채택함. 거기에는 '조선어를 보급할 것, 조선어 보
급을 위한 간행물을 발행할 것, 조선어 보급을 저해하는 모든 장애
와 싸우며 비밀을 보수할 것'이라고 적혀 있음

1942년(민국 31년) 5월, 일본제국주의는 '징병령'을 발포하여 강박적으로 조
선인청년들을 침략전쟁에 몰아넣음

1942년(민국 31년) 10월 1일 일본제국주의는 조선에서 '조선어학회사건'을
조작하여 대규모적으로 조선어학회의 핵심인물인 이극로, 이중화,
장지영, 최현배, 한징, 리윤재, 리희승, 정인승, 김윤경, 권승욱, 리석
린 등을 체포함

1943년(민국 32년) '강제징병제'를 실시하면서 일어강습소와 조선청년특별훈
련소를 꾸려 학습과 훈련이 끝나면 조선인청소년들을 일제침략전쟁
에 내몰음

1943년(민국 32년) 만주의 조선인 1,414,144명

1944년(민국 33년) 이르러 동북3성에서 사는 조선민족이주민은 165만 8천

여 명에 달하였고 산해관 지역에 사는 조선민족이주민은 8만 명에 달함

1944년(민국 33년) 안수길의 소설집 『북원』이 간도 연길의 예문당에서 간행

1944년(민국 33년) 8월 18일 팔로군 기열료군구의 파견을 받고 심양에 파견 되었던 조선인간부 한청은 100여 명의 청년들로 심양조선의용군 독립지대를 결성

3. 해방전쟁시기의 중국에서의 조선인

1945년(민국 34년) 6월까지 216만 명이 넘는 조선 이주민들이 중국 만주 땅에 들어와 살고 있었음

1945년(민국 34년) 8월 동북 조선인 집거구를 해방하기 위하여 중공중앙은 화북지구에서 대일 작전하던 조선의용군을 동북에 파견

1945년(민국 34년) 8월 8일 소련이 일본에 선전포고를 하고 동북항일련군이 소련 붉은군대와 긴밀히 배합하여 동북을 해방

1945년 8월 12일 팔로군 총사령 주덕장군은 6호 명령을 발표하여 연안에 있는 조선의용군 사령 무정과 부사령 박일우, 박효삼에게 조선의용군을 통솔하여 팔로군과 함께 동북으로 진출하여 적위(敵僞)를 소멸하고 동북의 조선인들을 조직하여 조선해방의 임무를 달성하도록 함

1945년(민국 34년) 8월 15일 일본제국주의 무조건 투항을 선포

1945년(민국 34년) 8월 17일 지하당조직의 영도 밑에 하르빈에서 '반일조선민족독립동맹북만특위'가 정식으로 결성. 8월 30일, 하르빈에서 조선인들의 혁명조직—'건국청년회'가 결성

1945년(민국 34년) 8월 하순에 자발적으로 조직되었던 원 사타자 조선청년의용군과 철령조선청년 의용탄이 연합하여 '철령의용군'을 조직

1945년(민국 34년) 8월 20일 하르빈에서 조선독립농맹 북만특별위원회가 성립됨

1945년(민국 34년) 9월 1일 흑룡강 각지의 조선인인민들이 당의 영도 밑에 육속 농민협회를 결성함

1945년(민국 34년) 9월 반일조선민족독립동맹 북만특위대표회의가 하르빈에서 소집

1945년(민국 34년) 9월 초 목단강에 진주한 항일연군 선견대의 김광협은 목단강시 '조선인민민주동맹'의 지지와 협력 밑에 조선인청장년 50여 명을 선발하여 '고려경찰대'를 조직

1945년(민국 34년) 9월 10일 목단강시에서 고려중학, 고려여자중학이 성립됨

1945년(민국 34년) 9월 18일 연변에 도착한 항일연군 연변분견대는 여러 지방의 자발적인 무장대오를 받아들여 10월에 강신태를 사령원으로 하는 '연변경비사령부'를 내옴

1945년(민국 34년) 9월 23일 연길에서 연변 노동자, 농민, 청년, 여성 대표대회의를 열고 '연변 노동자, 농민, 청년, 여성총동맹'을 정식으로 결성

1945년(민국 34년) 10월 '연변 노동자, 농민, 청년, 여성총동맹'을 '연변민주대동맹'으로 고침. 동시에 목단강에서 '민주동맹'을 결성하고 통화에서 '민주연맹'을 결성함

1945년(민국 34년) 10월 20일 중공동북위원회의 비준을 거쳐 강신태(姜信泰)를 위주로 하는 '중공연변위원회'가 성립. 서기는 강신태, 조직위원은 강동수(姜東洙), 선전위원은 지희겸(池喜謙), 11월 '중공연변위원회'를 '중공연변지방위원회'로 개칭

1945년(민국 34년) 10월 하순 조선의용군과 연안조선혁명군정간부학원 사생이 심양에 도착

1945년(민국 37년) 11월 초에 길림지역에는 중공길림시특별지부와 조선인분지부의 영도 밑에 400여 명의 조선청년들을 위주로 한 길림보안대 제7대대가 편성

1945년(민국 37년) 11월 2일 심양에서 조선의용군 전체 군인회의에서 무정 장군은 전군이 3개 지대로 편성하여 동만, 북만, 남만일대에 배치하

기로 함

1945년(민국 37년) 11월 빈현의 길흑보안총대의 조선독립대대는 조선의용군 제3지대로 재편성되었는데 주덕해동지가 정위로 임명

1945년(민국 37년) 11월 상순에 중공중앙 동북국과 중공길림성사업위원회에서는 웅문도 등 32명의 한족 노간부들을 연변에 파견하여 사업을 하게 함

1945년(민국 37년) 11월 19일 주덕해동지의 인솔 하에 조선의용군 3지대는 하르빈에 도착함

1945년(민국 37년) 11월 20일, 연변 여러 민족 각 계층 인민대표회의가 연길시에서 소집되었는데 이 회의에서 '간도임시정부'를 해산하고 '연변정무위원회'를 선거함

1945년(민국 37년) 11월 21일, '연변정무위원회'에서는 연변정무위원회 제1차 회의를 소집하고 길림성 '연변행정독찰전원공서'를 내오고 '10대 시정방침'을 채택하고 정식으로 인민민주정권의 탄생을 선포

1945년(민국 37년) 11월 빈현의 길흑보안총대의 조선독립대대는 조선의용군 제3지대로 재편성되었으며 주덕해동지가 정위로 임명

1945년(민국 37년) 11월 관내에서 파견되어온 의용군은 청원, 유하, 통화, 신빈, 환인 등 현의 조선인청년들을 받아들여 심양에서 의용군 제1지대를 건립, 1946년 2월에는 조선인항일영웅 이홍광 동지를 기념하기 위하여 이 지대를 '이홍광지대'라고 이름을 고침

1945년(민국 37년) 11월 20일 중공연변지위의 영도 밑에서 연길에서 연변 각 민족 각 계층 인민대표대회회의를 열고 '연변정무위원회'를 선거

1945년(민국 37년) 11월 23일 '연변행정독찰전원공서'는 정식으로 간도성의 사무를 접수하고 인민정권의 기능을 행사

1945년(민국 37년) 12월 25일 화룡보안퇀과 용정보안퇀은 소련홍군의 배합 밑에 화룡현 송화평 탄광에 둥지를 틀고 있던 곽영춘 토비무리를 진공하여 40여 명의 토비를 격사하고 50여 명을 포로함

1945년(민국 37년) 12월 28일 모택동동지께서 '공고한 동북근거지를 창설하

자!'라는 지시를 내려 '국민당의 점령중심에서 비교적 멀리 떨어져 있는' 동만, 북만 및 서만에 공고한 군사적, 정치적 근거지를 창설하여 역량을 축적하며 수시로 국민동반동파의 군사적 진공을 격퇴할 준비를 갖출 것을 요구함

1945년(민국 37년) 12월 돈화를 지나가던 조선의용군 제5지대는 조선인독립대대와 협동작전을 벌려 돈화현성을 들이치고 토비보안사령부를 부신 후 두목인 류화일을 사로잡았으며 기대작의 토비무리를 소멸

1945년(민국 37년) 12월 '연변행정독찰전원공서'에서는 '연변철도관리국'을 설치하고 노동자들을 동원하여 기차가 제대로 통하도록 함

1945년 겨울부터 1946년 여름까지 튼튼한 동북근거지를 창설하기 위하여 당의 영도 밑에서 토비를 숙청하고 한간, 주구를 반대하고 청산하는 투쟁을 벌림

1945년 '8 · 15'해방 때는 흑룡강성의 조선인이 5만 세대 좌우였고 인구는 25만 명 좌우였으며 조선인마을은 기본상 고정됨

1946년 1월 조선인방송이 실험방송 이후 7월부터 연길신화방송이름으로 정식 방송

1946년 2월 우리 경비 1톤은 왕청의 묘령, 천교령 일대에서 토비를 포위토벌하고 토비톤장을 780명 생포

1946년 초 연변지구에는 '불꽃극단', '길동군구 정치부문공단(후에 연변문공단으로)' 등 조선인 문예단체가 건립되어 토지개혁과 참군참전, 전선지원을 노래한 각종 문예종목프로와 시가를 창작하여 민족문화를 발전시킴

1946년 2월 3일 통화지구의 일본군 잔여세력은 국민당특무조직과 결탁하여 반혁명무장폭동을 일으킴 참가한 비도들은 도합 3,800명이었는데 그중 일본군이 2,000명임

1946년 3월 '일본침략군과 괴뢰만주국의 토지를 처리할 데 관하여'란 지시를 반포하자 각지에서 한간, 주구를 반대하고 청산하는 투쟁과 소작료와 이자를 인하하는 투쟁에 결부시켜 토지를 분배하는 군중운동을

벌림

1946년 4월 동북 보안사령장관사령부 '조선교민처리임시방법'을 반포하여 동북의 '조선교민'을 돌려보내는 사업을 상세히 규정함

1946년 4월 하순, 동북 민주연군이 장춘을 공략하고 적 수천 명을 섬멸, 우리 군이 하르빈에서 국민당지방군대의 무장을 해제

1946년 4월부터 9월까지의 반년동안 국민당반동파는 1,516개의 조선인 공상기업소가 몰수당하거나 차압함. 6만 9,730여 헥타르의 경작지를 몰수함

1946년 5월 4일 중공중앙에서는 '청산, 감조 및 토지문제에 관한 지시'(5·4 지시)를 내려 동북 각지를 조선인 집거지역들을 비롯한 근거지들에서 토지개혁운동을 일으킴

1946년 5월 해방군이 영길현 쌍하진에서 철퇴할 때 쌍하진향에서만 하더라도 130여 명이 인민해방군에 참가하였는데 이것은 전향 청년 총수의 80% 이상을 점함

1946년 5월 15일 목단강 보안퇀의 조선인부대인 제2영은 국민당 잔여비도와 토비들이 결탁하여 일으킨 반혁명폭동을 진압

1946년 6월 우리 인민해방군은 동만과 북만 근거지에서 공개적으로 활동하던 큰 무리들의 토지를 기본적으로 숙청함

1946년 6월 장개석은 '정전협정'을 찢어버리고 전면적인 내전을 발동하여 사평, 장춘 등지를 점령하였으며 화동, 화북을 대거 진공함

1946년 6월 4일 조선인학교인 연길시 제2중학교에서는 131명의 남녀학생들이 집체로 참군

1946년 7월 우리 군이 동만, 남만 지구에서 공개적으로 활동하는 많은 정치토비를 기본적으로 소멸. 동만, 북만 해방구에서 토지혁명운동을 진행하기 시작

1946년 7월 장개석반동파는 160만의 군대를 동원하여 해방구에 대한 전면적인 진공을 발동

1946년 7월 7일 중공중앙동북국에서 '정세와 임무에 관한 결의'를 발포하여

각급 당 조직에 농민들을 조직, 발동하여 한간, 주구를 반대하고 청
산하며 소작료와 이자를 인하하며 양곡과 토지를 분배하는 투쟁을
벌려 동북근거지를 창설하고 공고히 할 것을 요구

1946년 8월 19일 '동북각성시(특별시)민족정책공동시정강령'을 반포. 제18조
에 '소수민족의 언어문화, 종교, 신앙과 풍속을 존중한다.'는 규정을
제기

1946년 8월 중공길림성위와 성 정부는 연길에 옮겨오면서 연길에 '연길신화
방송국'을 세움(1951년 4월 연변인민방송국으로 고침)

1946년 9월 연변전원공서 교육처의 주최 하에 연길시에서 중소학교 각 학과
목교재를 편집하고 심사하는 '연변교육연구회'가 결성

1946년 9월 동북행정위원회에서는 '동학운동을 전개할 데 관한 지시'를 내
림. 연변지위, 전원공서에서는 동북국의 지시에 의한 연변 각 지방의
동학지도위원회를 내오고 연변 각 민족 인민들에게 한 차례 전례 없
던 동학 학습열조를 일으켜 문맹을 퇴치할 것을 호소

1946년 10(9)월 13일 연길시 각 문화단체 대표 40여 명은 연길시 제2중학교
에 모여 '연길한글연구회'를 창립함과 동시에 각 학교와 문화단체에
'한글연구회' 분회를 두기로 결정

1946년 11월 26일 연길시 제2중학교에서 '연길조선문교재편집위원회'가 창
립, 이호원이 주임, 임민호가 부주임으로 당선, 24명의 위원

1946년 말에 이르러서는 연변 5개 현에 소학교 365개소였고 교원은 2,190여
명이었으며 학생은 9만 8,450명에 달함

1946년 7월에 시작된 연변의 토지개혁은 세 개 단계를 거쳐 1948년 4월에
승리적으로 끝남

1947년 3월 '한글연구회'에서 시집 『태풍』을 출간

1947년 3월 24일 연변교육출판사가 창립. 각 학회의 조선어문연구와 교재연
구를 기초로 소학교의 조선어문, 산술, 자연 등 교과서와 중학교의
조선어문교과서를 출판하여 전 조선인 중소학교에 공급

1947년 7월 북만지역에서의 토비숙청투쟁은 1년 반 남짓한 간고한 전투를

거쳐 기본적인 승리를 거둠

1947년 요녕과 길림의 국민당통치구에 있던 조선인은 20만 2,131명

1947년 국민당통치구에 거주하고 있는 조선인 인민들 중에서 8,468명이 체포되었으며 2,042명이 살해됨

1947년 10월 10일 중공중앙에서 '중국토지법대강'을 반포

1947년 조선어 교육은 조선인 중학교의 과정안에서 초중 6시간, 고중 4시간이 배정, 중국어는 각각 3시간 배정됨

1948년 연길, 화룡, 왕청 3개 현에 41개소의 중학교가 세워졌는데 교원 424명, 학생 1만 1,470여 명임

1948년 2월 길림, 영길, 반석, 화전, 이통, 쌍양과 요녕성의 새로 해방된 지구들에서도 선후하여 토지개혁을 진행

1948년 3월 소수민족사업을 강화하기 위하여 동북행정위원회에 민족사무처를 설치. 북만 각 현 정부에서도 연이어 '민족과'를 설치하여 민족사업을 관리하게 함

1948년 4월 연변지구의 토지개혁 운동은 승리적으로 결속

1948년 5월 동북 행정위원회 민족사무처장 주덕해는 송강성 조선인 중등교육회를 소집하고 민족교육문제에 대해 지시

1948년 10월 요심전역이 승리하자 동북 전 경내가 해방됨. 겨울부터 이듬해년 초까지, 각지에서 연이어 민족 인민대표회의를 열고 각급 인민민주정부를 선거하여 내옴

1948년 12월 21일 성위에서는 길림시에서 민족사업좌담회를 열고 3년간에 당의 민족정책과 방침, 문화교육 등 면에서의 민족 사업을 검사하고 총화하면서 연변의 고급 중학교 및 민족대학을 꾸릴 데 관한 방안을 토의

1948년 말까지 연변지구에는 5,244명의 당원이 있었는데 조선인당원이 3,834명으로서 당원총수의 73.1%를 점함. 구급간부 가운데서 조선인간부의 비율이 83.9%를 점함

1948년 통계에 의하면 연변인구 76만 7,512명 중에서 조선인은 59만 1,071

명으로 총 인구의 77%를 차지함

1949년 중국 조선인인구는 약 120만 명

1949년 '훈민정음'에 대한 학술적 가치가 있는 장편 연구 논문 「한글하토기원설」을 원 연변대학 오봉협 선생님이 발표

1949년 1월 동북행정위원회가 심양으로 옮겨간 후에 원 동북행정위원회 민족사무처 성원들이 연변으로 조동됨. 중앙민정부에 민족과가 설치됨

1949년 2월 길림시에서 동북3성조선인 각계층대표들이 참가한 민족사업회의를 소집하고 금후의 사업방침문제를 토의

1949년 4월 1일 전국에서 맨 처음으로 세워진 소수민족대학 연변대학이 연길에 세워짐, 사범학부, 의학부, 농학부로 나눈 신형의 종합대학 창립, 교수는 전부 조선언어문자로, 교장은 주덕해, 부교장은 림민호

1949년 4월 23일 인민해방군이 국민당의 22년간의 반혁명통치중심이었던 남경을 해방하자 국민당 반동통치는 끝장을 선고

1949년 6월 주덕해동지가 조선인인민들을 대표하여 전국 새 정치협상회 성립준비회의에 참가

1949년 6월 15일 연변교육출판사에서는 동북조선족소학교 교과서 편찬연구회를 소집. 동북 각지에서 모여온 55명의 중소학교 교원들이 이 회의에 참석

1949년 9월 중국 인민정치협상회의 제1기전국위원회 제1차 회의가 북경에서 소집. 주덕해동지가 이 회의에 참가함

1949년 9월 제1차 전국정치협상회의에서 '공동강령'을 통과. '공동강령'에는 '중화인민공화국경내의 각 민족은 모두 평등한 권리와 의무가 있다.', '각 소수민족은 모두 자기의 민족 언어문자를 발전시키고 자기의 풍속습관과 종교신앙의 자유가 있다.'고 규정, 조선인 대표로 주덕해가 참가

1949년 연변에는 647개의 소학교가 있었으며 이중 561개가 사립학교임. 중학교 31개소 가운데 22개 학교가 조선인 사립학교임

1949년 동북지구에 조선인 소학교 1,531개소, 중학교 70개소, 사범학교는 4

개소로 됨

1949년 10월1일 중화인민공화국의 창건을 선고

1950년 통계에 따르면 해방전쟁시기 동북 3성에서 조선인청년들이 도합 6만 2,942명이 참군하였는데 이는 당시 동북조선인인구 총수의 5.7%를 점함

1951년 조선인학교교과서에 한자사용을 취소하기로 결정하고 1953년 가을부터 시작하여 정식으로 조선어교과서에 조선어로 씀

1952년 9월 3일 '연변조선족자치구'가 창립. 자치구는 연길시, 연길, 훈춘, 화룡, 왕청, 안도 등 5개 현을 관할함. 조선족 인구는 자치구 총 인구의 74%, 조선족 간부는 전 자치구 간부의 78%를 점함

1953년 제1차 전국인구조사 때 흑룡강성의 조선인인구는 23만 1,510명으로 전국 조선인 인구의 22.66%를 차지함

1954년 공화국 제1부 헌법에 '각 민족은 자기의 언어문자를 사용하고 발전시킬 자유가 있다.', '연변조선족자치구'를 '연변조선족자치주'로 개칭 자치주 창립 시 산하에 연길시, 연길현, 화룡현, 왕청현, 훈춘현, 안도현이 있었고 인구는 85만 4,000명이었음, 그중 조선족이 53만 명으로서 62%를 차지

1958년 9월 15일 장백조선족자치현을 창립

고영일(2007), 『중국조선족통사』, 대서출판 백암.

고영일 주필(2002), 『중국항일전쟁과 조선민족』, 도서출판 백암.

국제고려학회 아세아분회(1999), 『중국조선족공동체연구』, 연변교육출판사.

권기영(1989), 「사회언어학의 발생과 발전 및 그 전망」, 중국조선어문.

권　립(1996), 『중국조선족사연구』, 연변대학출판사.

권철·김병민·채미화·허휘훈(1999), 『문학작품선(4)』, 동북조선민족교육출판사.

권태환(1996), 『세계의 한민족 : 중국』, 서울 : 통일원.

김경일(1995), 『중국조선족문화론』, 요녕민족출판사.

김귀방(1990), 『연변경제사』, 연변인민출판사.

김광억(1993), 「중국동북지방 조선족의 현황과 역할」, 중국연구1.

김덕모(1988), 「한어와 조선어의 접촉 및 그 상호영향에 대하여」, 조선어연구2.

김덕모(1990), 「조선말사용에 나타나고 있는 한어의 영향에 대하여」, 중국에서 한국어
　　　　교육2.

김동훈·김창호(1986), 『조선족문화』, 길림교육출판사.

김동소·최희수·이은규(1994), 『중국조선족 언어연구』, 한국 전통 문화 총서 6, 효성
　　　　여대 한국 전통 문화 연구소.

김병호(1993), 『중국조선족인구간논』, 중앙민족대학출판사.

김병호(1994), 『중국의 민족문제와 조선족』, 서울 : 학고방.

김병호(1994), 「중국조선족마을 연구」, 조선학 민족출판사.

김상국(1996), 「중국조선족천입사연구현황에 대한 견해」, 중국조선인사연구, 권립 주편.

김석배(1997), 「중국조선족의 문화특질」, 한국동북아논총 제4집.

김신홍(1959), 「해방후 조선어어휘의 발전에 대한 단편적인 소견」, 어문참고자료 9.

김영모(1992), 『중국조선족사회연구』, 한국복지정책연구소

김영옥(1991), 「해방전쟁시기 연변에서의 조선말과 글의 사용과 보급」, 중국조선어문
　　　　제6호.

김영옥(1992), 「20세기초 연변에서의 우리 글의 사용과 보급(1, 2)」, 중국조선어문 제
　　　　4, 5호.

김영옥(1993), 「항일전쟁시기 연변에서의 우리글」, 중국조선어문 6호.

김영황(2006), 『민족문화와 언어』, 과학백과사전출판사.

김운일(2006), 『중국조선족연극사』, 신성출판사.

김인호(2005), 『조선말역사 6』, 사회과학원출판사.

김일성회고록(1992~1998), 『세기와 더불어(1-8)』, 조선로동당출판사.

김재기(2003), 「중국동북3성 조선족 집거구의 현황과 특성에 관한 연구」, 한국동북아
        논총 28집.

김종국(1999), 『세기교체기의 시각에서 본 중국조선족』, 연변인민출판사.

김종국(2000), 『중국특색조선족문화연구』, 요녕민족출판사.

김창국(1991), 『동북항일근거지사연구』, 연변인민출판사.

김철수·강룡범·김철환(1998), 『중국조선족력사연구』, 연변인민출판사.

김해룡(1999), 『광복전중조연극사비교연구』, 동북조선민족교육출판사.

남일성·방학철·임창길(1995), 『중국조선어문교육사』, 동북조선민족교육출판사.

로주철 등(1997), 『조선민족문화연구』, 요녕인민출판사.

리득춘(1988), 『조선어어휘사』, 연변대학출판사.

리득춘(1992), 『중조언어문자관계사』, 동북조선민족교육출판사.

민경찬(2000), 「중국조선족의 항일군가와 일본의 노래」, 한국음악사학보 25집.

민병석(1968), 『식민지 조선의 유이민에 대한 소고』, 서울대 외교학과 석사논문.

박갑수(1990), 「중국에서의 한국어 교육기관에 대한 연구」, 중국에서의 한국어교육 Ⅱ.

박규찬 주필(1991), 『중국조선족교육사』, 동북조선민족교육출판사.

박영석(1982), 『한민족 독립운동사 연구』, 일조각.

박충록(2003), 『해방전후 중국 조선민족문학연구』, 민족출판사.

북경대학조선문화연구소(1995), 『언어사』, 민족출판사.

서영섭(1990), 「중국에서의 조선어사용현황과 거기에 제기되는 문제」, 중국에서 한국
        어교육2.

선덕오·조습·김순배(1990), 『조선어방언조사보고』, 연변인민출판사.

송관덕(1995), 『연변조선족의 민족관계』, 한국복지정책연구소출판.

신용하(1989), 『한국근대사회사연구』, 일지사.

신주백(1999), 『만주지역 한인의 민족운동사(1920~1945)』, 아세아문화사.

심예추(1987), 『연변조사실록』, 연변대학출판사.

심혜숙(1992), 『중국 조선인 취락지명과 인구분포』, 연변대학출판사.

심희섭·전학석·리윤규·김상원(1993), 『중국조선어실태조사보고』, 민족교육출판사.

양소전(1987), 『중조관계사논문집』, 세계지식출판사.

양소전·리철환(1992), 『중국동북조선족혁명투쟁자료회편』, 요녕민족출판사.

연변인민출판사(1984), 『중국의 우리민족』, 연변인민출판사.

의보중(1999), 『조선이민과 동북지구수전개발』, 장춘출판사.

이광규(1994), 『재중한인』, 일조각.

이영찬(1988), 「1920~1930년대 한국인의 만주이민 연구」, 서울대 사회학과 석사논문.

이종목(1999), 「중국조선족의 교육현황과 문제」, 현대사회과학연구 12.

이현정(2001), 「조선족의 종족 정체성 형성 과정에 관한 연구」, 비교문학연구 제7집 제2호.

장춘식(2005), 『일제강점기 조선족 이민문학』, 민족출판사.

장흥권(1994), 「사회언어학의 시점에서 본 연변지명의 변천상」, 조선학 민족출판사.

전학석(1997), 『조선어방언학』, 연변대학출판사.

전학석·남일성·방학철·최창범(2000), 『중국조선족언어문자 교육 사상 상황연구』, 연변대학출판사.

정덕준 외(2006), 『중국조선족 문학의 어제와 오늘』, 푸른사상사.

정신철(1999), 『중국조선족 사회의 변천과 전망』, 요녕인민출판사.

정판룡(1999), 『중국조선족과 21세기』, 흑룡강조선민족출판사.

정판룡·최응구 주필(1995), 『언어사(중국조선민족문화사대계1)』, 민족출판사.

정협연변주문사자료위원회(1985), 『연변문사자료 3, 4, 5, 6』, 연변인민출판사.

정협연변주문사자료위원회(1999), 『해방초기의 연변』, 요녕민족출판사.

조선인략사 편찬조(1986), 『조선족략사』, 연변인민출판사.

조성일·권철(1990), 『중국조선족문학사』, 연변인민출판사.

주봉호(2006), 『중국 조선족사회의 변화와 과제』, 한국동북아논총.

중국조선인민족발자취총서 발간위, 『개척』, 『불씨』, 『봉화』(1-8) 등, 민족출판사.

천수산(2001), 『새세기 새탐구』, 연변인민출판사.

최윤갑(1959), 「해방 후 조선어어휘의 발전에 대한 간단한 고찰」, 어문참고자료 9.

최윤갑(1992), 『중국에서의 조선어의 발전과 연구』, 연변대학출판사,

최윤갑(1994), 『중국, 조선, 한국에서의 조선어차이에 대한 연구』, 연변인민출판사.

태평무(2001), 『세계속의 조선어(한국어) 대비연구』, 요녕민족출판사.

풍공달(1983), 『연변의 이중 언어현상을 론함』, 민족어문.

하미경(1997), 『중국조선족 항일설화 연구』, 국어국문학 34권, 문창어문학회.

한상복·권태환(1994), 『중국 연변의 조선족』, 서울대학교출판사.

허경진·허휘훈·채미화 편(2006), 『중국조선민족문학대계(7-13)』, 보고사.

허동진(1998), 『조선어학사』, 한글학회.

현룡순·리정문·허룡구(1985), 『조선족백년사화(1, 2, 3)』, 요녕인민출판사.

황익주(1999), 『조선족의 사회조직과 그 변화』, 한국문화인류학회.

저자 소개

김 광 수(金光洙, Jin-Guang Zhu)
1965년 중국 안도현 출생
1994년 연변대학교 조선언어문학학부 문학석사과정을 마치고 본교에 취직
2001년 『조선어 계칭의 역사적 고찰』로 문학박사학위를 받음
현재 연변대학 교수, 박사생 지도교사, 중국조선어학회 상무이사, 연변대학언어연구소 소장
『남북한전문용어비교연구』(2004), 『조선어발달사』(3인 공저, 2006), 『조선어문법』(2인 공저, 2008)
등 저서와 「중국조선어 새명사술어 분석」(2008) 등 논문을 발표함

해방 전 중국에서 조선어의 변화 발전 연구

인 쇄 2009년 3월 20일
발 행 2009년 3월 30일
지은이 김광수
펴낸이 이대현
편 집 이소희
펴낸곳 도서출판 역락
　　　　서울 서초구 반포4동 577-25 문창빌딩 2층
　　　　전화 02-3409-2058(영업부), 2060(편집부)
　　　　팩시밀리 02-3409-2059
　　　　이메일 youkrack@hanmail.net
　　　　등록 1999년 4월 19일 제303-2002-000014호

ISBN 978-89-5556-653-6 93710
정 가 15,000원

* 잘못된 책은 교환해 드립니다.